我們最幸福

★

Nothing to Envy

Ordinary Lives in North Korea

Barbara Demick
芭芭拉・德米克——著　黃煜文 祁怡瑋——譯

세상에부럼없

contents

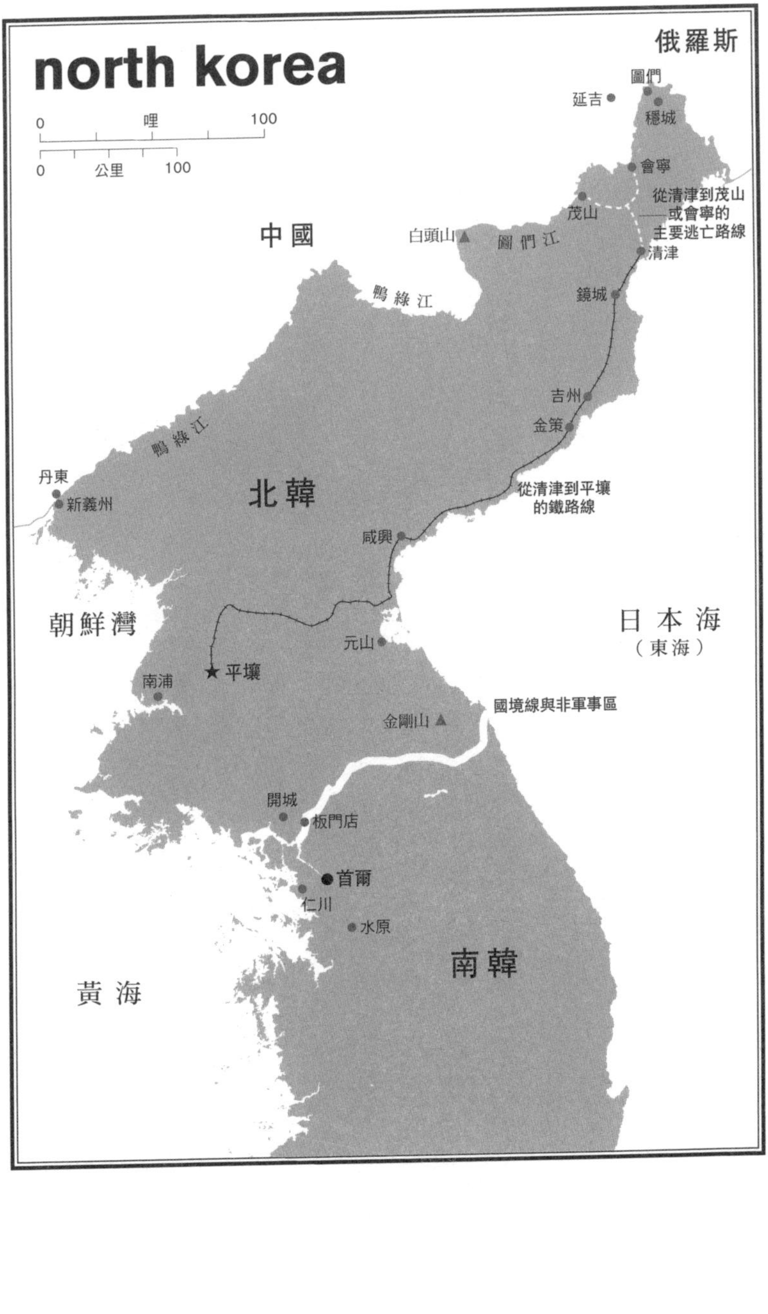
north korea
0
哩
100
0
公里
100
俄羅斯
圖們
延吉
穩城
會寧
從清津到茂山
或會寧的
主要逃亡路線
茂山
白頭山
圖們江
中國
清津
鴨綠江
鏡城
吉州
金策
鴨綠江
丹東
新義州
北韓
從清津到平壤
的鐵路線
咸興
朝鮮灣
日本海
（東海）
元山
平壤
南浦
國境線與非軍事區
金剛山
開城
板門店
首爾
仁川
水原
南韓
黃海

推薦序一
看得到星星的國度

梁文道（香港知名評論家）

從人造衛星拍攝的圖片來看，整個東北亞的夜空有一片奇異的黑暗地帶。除了一小個光點之外，這片地帶的其他地方幾乎都呈墨色，就好像是東亞世界熱鬧光芒中突然凹陷進去的一塊黑洞。可想而知，這片地帶晚上不點燈，不只不排放二氧化碳，而且還沒有光害；站在那裡抬頭一看，肯定是繁星燦爛。這片地帶就是朝鮮民主人民共和國了。

《洛杉磯時報》記者芭芭拉．德米克（Barbara Demick）的《我們最幸福》備受好評，寫得引人入勝，這幀衛星照片就是她書寫北韓的起點了。北韓的黑暗夜空是個再強烈不過的象徵，它能說明許多事情，首先當然是它的貧困。

光是上世紀九〇年代的大饑荒就可能餓死了過百萬人，活著的人只有兩種，一種是軍人和幹部等特權階級，另一種是善於從雜草和野樹裡吸取營養的強悍百姓。他們究竟窮困到什麼地步呢？書中有一個細節可以說明。當那些挨不住肚餓要涉過圖們江跑到中國找東西吃的人被逮住了之後，邊境守軍得在隨手取來的木片上頭做審訊筆錄，因為就連他們也不夠紙用。可是，北韓曾經沒有這麼壞，六〇年代它的工業實力還算強，一般人的物質生活要比南韓好。芭芭拉・德米克沒有深究這中間到底發生了什麼事？因為《我們最幸福》不是一本全面的北韓史，她要做的是難度更高的北韓人民日常生活的經驗紀錄。

近年內地有一小部分人喜歡吹捧北韓，其中還包括我認識的著名學者，他們老說北韓福利好，人人享受全面醫保，可是德米克筆下「宋太太」（書中人物皆為化名）的經歷卻非如此。話說當時宋太太的先生任職鐵道宣傳部門，是國家的喉舌，然而國家再也發不出薪資了，於是一家人陷入飢餓困境，一一病死。最後死的是宋太太的兒子，她把他抬到醫院，醫生也開了處方，可是買藥的錢足夠換回一公斤玉米；宋太太選擇了玉米。許多年後，這一直是宋太太揮之不去的夢魘，她認為兒子是被自己害死的，而不是這個國家。她曾深深相信北韓是世界上最好的地方，正如一首「愛國歌曲」所說的：「我們在這世上沒有什麼可以忌妒人家的。」

那些悲慘故事的情節我們中國人都不陌生，所以也用不著再花費筆墨介紹了，這個世界其中一樣至為荒謬的現象便是人間最淒慘的悲劇其實都很像，不值得複述太多。反倒是北韓政權洗腦工程之徹底能夠叫人長見識。

小學生的數學習題是這樣的：「八個男孩和九個女孩正在為金日成唱頌歌，請問總共有多少個小孩在唱歌呢？」而歷史課，大一點的學校都會特設一間明涼乾淨並且有暖氣的「金日成研究室」，小朋友一進去上課就會自動變得乖，課前還得肅立，一齊向金主席玉照鞠躬：「謝謝你，父親。」後來又有「金正日研究室」，在裡面上的歷史課把實際生在蘇聯的金正日說成是在白頭山誕生，因為那是朝鮮傳說中神之子降生的地方。不只如此，他哇哇墜地的那一刻，天上還顯現了兩道彩虹呢。除此之外，每逢金氏父子誕辰，學校都會派發平日難得一見的糖果巧克力，這樣孩子們就知道親愛領導人的恩典了，好比久經訓練的小狗自會認得鈴聲代表食物。

每一個家庭都有官方發下來的金氏父子照片，裝在玻璃鏡框裡面，而且附贈白布；維持懸掛玉照的牆面整潔是國民應盡的義務，用那塊白布抹拭玻璃上的灰塵則是許多家庭每日必行的重要儀式。偶而會有人來檢查。假如背景夠好買得起電視，上門檢查的人還會更多，因為他們要確保調頻器上的封條沒被動過，那個封條能讓電視收不到北韓以外的電波信號。的確，近年有些人是從中國走私光碟機和ＤＶＤ，荷里活電影與南韓電視劇也有了一小批粉絲，不過很多人只是圖它們好看，並不相信可悲的南韓會真的人人有手機滿街私家車，也不相信腐朽資本主義政權會讓百姓生活過得那麼好，他們認為「那一定只是宣傳」。德米克判定「這個政權的力量來自於把國家隔離在世界之外」。

我那些支持「主體思想」的北京朋友大概不願意看到中國為北韓帶來的壞影響，但真有少部分人是透過中國才了解到外面的世界長個什麼樣。那些光碟固然是從中國來的，走私市場上的好貨也是從中國來的，就連少數來回兩國的掮客也證言隔江那一岸的農民家裡頭都有電視和電話，而且絕非做秀騙人的樣板。不是說朝鮮人擁有全人類最優秀的基因嗎？怎麼同樣搞「社會主義」大家差得這麼遠？政府的解釋是中國已經走了歪路，遠離正確路線，不足為訓。再沒多久，他們乾脆宣布走私ＤＶＤ是顛覆判國罪，最高可處死刑。

另一項能令中國人感到親切的，是絕大多數北韓人都能清楚記得一九九四年七月八號金日成死的那天自己正在幹什麼，那種歷史性的時刻。後來官方組織了長達十天的哀悼活動，任職幼稚園老師的美蘭每天都要去廣場哭兩回，一回是和自己的同事，另一回是帶自己的學生。就算再傷慟，這麼十天大哭二十回恐怕也很難流得出淚了，所以美蘭開始有空注意旁人的反應，她發現一個日日哭得人仰馬翻的五歲小女孩原來只是裝哭，她先把口水吐在手掌，然後再抹到臉上去。身為老師的美蘭逮住了她追問原因，小孩答道：「我媽說假如我不哭，我就是壞人了。」而廣場上還真有便衣在捉哭不出來的「壞人」，可見眼淚的重要。事實上，那陣子甚至有部宣傳片告訴國民只要哭得夠誠懇，「說不定金主席是會回來的」。書中另一位人物「金醫生」的父親還真活活地難過到絕食身亡，他說：「如果像金日成這樣的偉人都能死去，為什麼我這個百無一用的凡人還得活著浪費糧食？」

這一大片星空固然遮住了自己人的耳目，但外人又何嘗能夠把它看透？去過北韓的人都曉得當地對遊客的「照顧」是何等地無微不至，住要住在指定酒店，行要有導遊伴行，想要毫無中介地接觸居民幾乎絕無可能。德米克提醒我們，在平壤旅行你必須小心觀察，仔細一看便會發現金日成雕像臺階上那名少女不太對勁，她長得太好看，臉珠紅嫩，衣飾依人，如此靜好地坐在那裡看書，豈不正巧是幅特地用來拍照的圖景？再等一會兒，還有一個士兵走來，立在雕像前面彎腰獻花，一臉崇慕，這也是個極為感人的場面（除了這位士兵沒穿襪子）。如果再待著不走，說不定還能看到更多戲碼呢，這可真是個懂得表演的國度。

說了這麼多，我們必須面對一個很根本的問題，那便是這一切故事到底從何而來？德米克小姐又憑什麼知道北韓人民的日常生活？很無奈地，她只能採訪到六個輾轉叛逃到南方的北韓人，儘管她下了不少工夫收集資料，用去十五年時間追訪那六個人；但這依然保證不了他們的證言和自述皆是未經扭曲的事實。再怎麼講，他們可都是「叛徒」呀，難道就沒有一點立場轉變所帶來的影響嗎？更何況德米克的文筆實在太好，好到像小說一樣，那就更加叫人生疑了。

然而捨此之外，別無他途，那一片黑暗是不可穿越的，一個連領導人太子大名都是祕密，搞得外界猜得很費力的國家，你拿它有什麼辦法？還是跟隨德米克聽故事吧，比方說之前提到的美蘭，與她青梅竹馬俊相之間的愛情故事。對這一對青年而言，漆黑的朝鮮夜空是最好的掩護，可以讓沒有其他地方可去的他們每晚趁著夜色出門，一路聊天一路散步，一直走到市郊的田埂小徑……。那是比得上《山楂樹之戀》的純情，兩個人在一起六年才開始拖手，再過十年才有過唯一一次的接吻，德米克說：「在位處維珍尼亞州蘭尼的CIA總部，或者在大學的東亞研究系裡頭，人們通常又能遙距地分析。他們不曉得在這個黑洞中間，就在這個餓死過數百萬人的陰冷黑暗的國家裡面，原來也有愛情。」

它本該是段韓劇般的愛情故事。美蘭與俊相的家庭背景不同，職業前途也差得很遠，雙方家長都不會認可這段關係；而且兩個人後來分住兩個地方，男的是「現代化典範」平壤裡的未來棟梁，女的是北邊國界處的幼兒教師，每年只能見上兩面。但真正的悲劇並不來自這些劇情上想像得到的限定，而在他們頭上那片夜空。

先是美蘭一家出逃，但美蘭就是不敢對俊相啟齒，甚至連最後的再見都沒有。俊相知道這事之後十分痛苦也十分沮喪，因為「她竟然比我先走一步」，原來他也早萌此心。果然幾年之後，他倆終於在首爾重逢，只是美蘭早為人婦，一切都已經太遲。這是一對從小玩到大的戀人，這是一對推心置腹無所不談的知己，可是他倆卻誰也不敢告訴對方自己心中的真正想法，對這個國家的真正想法。

推薦序二

揉合歐威爾式的白色恐怖與卡夫卡式的超現實，我所經歷的北韓

謝哲青（文史工作者）

二〇〇三年仲夏，美軍占領巴格達，推翻薩達姆．海珊政權。嚴重急性呼吸道症候群（SARS）在全球迅速蔓延，在中國大陸、東南亞與加拿大多倫多人人自危。就在全球籠罩在某種不可言喻的莫名恐懼的當下，透過一次難得的機緣，我進行了生平第一次拜訪三十八度線以北的禁域——朝鮮民主主義人民共和國，也就是大家口語中習慣稱呼的「北韓」。

踏出機艙，走進平壤順安國際空港的第一印象：簡單、乾淨、陳舊，機場本身是社會主義式的機能建築，在裡面的每位工作人員臉上都掛著親切可掬的笑容，不過就在咫尺之外，面無表情的哨兵用某種異樣而令人不安的眼神，注視著人群裡的一舉一動。通關之後，現場的指導員要我們交出所有的手提電話、內建全球定位系統的相機、數位攝影機及手表，同時也將長鏡頭、大口徑以及專業級的相機扣關，並以審慎嚴肅的口吻再三申誡：不可以獨自行動、不可以

隨意攝影拍照，只能在限制的視線範圍內活動，不可以和當地人攀談，最重要的是，不可以批評共和國永遠的主席金日成與偉大的領袖金正日，他們談到金日成與金正日時，目光總是閃爍不定，令我不禁懷疑，他們是否聽見自己所說的每一句話，相信高層領導的每一個字呢？

從機場前往平壤沿途，看不見廠房煙囪，也沒有電線杆、高壓線等工業設施。河水清澈見底，山岡連綿起伏，風光清新秀麗，沿途所見之人，除了修路工外，似乎都在為農事奔忙，不時出現的牛車告訴旅行者這是農村最重要的交通工具，偶爾還會有人抬起頭來用爽朗的笑容，用力地揮手，向我們打招呼。這短短的十五分鐘，「土地平曠，屋舍儼然。有良田美池、桑竹之屬，阡陌交通，雞犬相聞。其中往來種作，男女衣著，悉如外人；黃髮垂髫，並怡然自樂。」儼然是淵明筆下桃花源裡那種太平和樂的安詳寧靜。但是在視線所及的遠方，可以清楚看見壕式的火炮營地與烽火台型的戰鬥碉堡，提醒著我們朝鮮與世界的戰爭還沒結束。

進入市區，迎接旅行者的是鋪天蓋地而來的紅色標語：「偉大領袖金日成主席永遠活在我們心中」、「偉大領袖金日成主席萬歲／我們永遠愛戴金正日將軍」、「永遠高舉金日成主席主體思想旗幟奮勇前進」、「主體思想光芒照亮世界」、「三百天奮鬥／朝鮮勞動黨萬歲」，城市的每個角落都可以看見共和國的紅旗飄搖，社會主義所虛擬欣欣向榮的奮發氣象無所不在。街上另一個常見的是415與216這兩組數字，這是金日成和金正日的生日。

接下來的旅行是官方所定制式行程：掛滿金氏父子、馬克思、列寧畫像的金日成廣場與人民大學習堂、象徵共和國政治與社會最高指導原則的主體思想塔、千里馬銅像、史達林巴洛式的平壤地鐵、歌功頌德的平壤凱旋門、祖國統一三大憲章紀念塔、人民文化宮、東平壤大劇院、懷念偉大領袖的錦繡山紀念宮、永生塔……這些巨大的建築載體，筆直寬敞的街道、難以計數的石材與堅硬線條，從建築的形式、布局到命名，充斥著對個人崇拜的迷戀與意識形態的張揚。所有的空間現場，偏執而虛榮，全都是中央集權主義的特徵，也是屬於法西斯主義，民族主義的建築語彙。

在令人驚歎與生畏的建築之間，人們沉默地移動。站在整齊劃一的街道盡頭，感覺不出絲毫生命奮發的活力。北韓人的生活沒有希望，沒有明天，至少，在我短短的旅行期間，我看不見期待。我們被限制不能與當地人交談，讓我們失去了深入了解在地人的內心真正的想法；制式的參訪路線，我看到的是自我欺騙的社會主義烏托邦；揉合著歐威爾式的白色恐怖與卡夫卡式的超現實，這就是我經歷的北韓。

離開以後，我為這片土地上的人民感到悲憫與哀戚，腦海中盡是他們熱切但是空洞的眼神。在奢華威權的都市之前，世界看見建造者的動機、雄心、抱負與不安全感，但隱身在宏偉的背後，是無數待在神曲（Divine Comedy）候判所（Limbo）的靈魂。芭芭拉．德米克以詳實細膩的筆法，為我們世代留下一份誠摯真切的文字紀錄，朝鮮人民主義人民共和國不再只是衛星空照圖裡的虛空。

作者的話

二〇〇一年，我成為《洛杉磯時報》（*Los Angeles Times*）駐首爾（Seoul）通訊記者，負責報導兩韓消息。當時，對美國記者而言，要訪問北韓極其困難。即使後來我成功進入北韓，卻發現採訪幾乎是不可能的。西方記者身旁總是跟著「看管者」，他們的工作是確保不會出現未經授權的對話，訪客只能遵照他們挑選的紀念碑來巡迴參觀。記者不准與一般平民接觸。在照片與電視裡，北韓人看起來就像機器人一樣，在軍事閱兵中踩著正步前進或集體表演體操來表現對領袖的忠誠。凝視著照片，我想辨識出隱藏在這些毫無表情的臉孔後面的內心世界。

在南韓，我開始訪談那些投奔到南韓或中國的北韓人，朝鮮民主主義人民共和國（Democratic People's Republic of Korea）真實生活的圖像因此浮現。我為《洛杉磯時報》寫了一系列文章，我把焦點放在這些曾在北韓極北端城市清津居住過的居民身上。我相信，如果我能跟某個地方的許多民眾對談，我可以更輕易地證明各種事實。我想找到一個地方是不同於北韓政府處理過再展示給外國觀光客觀看的景象，即使這意謂著我要寫作的是個越界的地方。清津是北韓第三大城，一九九〇年代中期它曾遭受最嚴重的饑荒打擊。此外，這座城市幾乎完全不對外國人開放。我很幸運，能遇到許多不可思議的清津人，他們條理清晰而且願意抽出時間接受訪談。《我們最幸福》這本書就是從這一連串訪談文章中發展出來的。

本書根據七年來與北韓人的對話寫成。我改動其中一些人的名字，為的是保護那些仍在北韓生活的人。所有對話均取材自一人或多人的在場陳述。我盡力求證我得知的故事，並且將這些口述故事與公開報導的事件相對照。對於我未親身造訪的地方，我的描述來自於脫北者的說法、照片與影像帶。北韓有太多地方外人無法得知，我不會愚蠢地認為自己所說的一切完全正確無誤。我希望未來有一天北韓能夠開放，如此我們就能親自印證那裡到底發生了什麼事。

南北韓夜間衛星照片

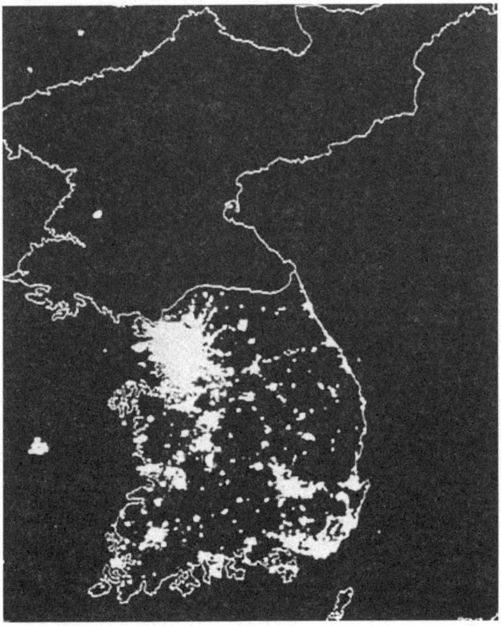

chapter 1
holding hands in the dark

第 一 章
在 黑 暗 中 手 牽 著 手

★

如果你觀看遠東地區的夜間衛星照片，會狐疑地發現其中有塊缺乏亮點的黑色區域。這片黑色地帶就是朝鮮民主主義人民共和國。

在這塊神祕黑洞的兩側，南韓、日本與現在的中國閃爍著繁榮的亮點。從數百哩高空往下看，廣告看板、車燈與街燈，以及連鎖速食店的霓虹燈，看起來就像許多小白點，顯示這些地區的民眾已成為二十一世紀的能源消費者。但在這片光點的中間有塊與英格蘭面積相當的黑色地帶。一個擁有兩千三百萬人口的國家，為什麼看起來像海洋一樣空洞，真是令人百思不解。北韓簡直就像個無人地帶。

北韓陷入黑暗是一九九〇年代初期的事。隨著蘇聯解體，原以廉價燃油支撐老共黨盟友的措施也跟著中斷，於是北韓搖搖欲墜的無效率經濟開始崩潰。發電廠一間間地關閉。燈光熄滅。飢餓的人民偷偷刮取電線桿上的銅線以換取糧食。當夜幕低垂，地面上的景物蒙上一層灰霧，低矮的民房也被黑夜所吞噬。整個村子完全隱沒在薄暮中。即使是用來展示的首都平壤，夜裡走在大街上，也黑得看不到兩旁的建築。

看著什麼都沒有的北韓，令人聯想到文明電力還無法抵達的非洲或東南亞偏遠村落。然而北韓並非未開發國家，而是一個陷入停擺的已開發世界。你可以看到北韓曾經開發的證據，在任何一條北韓主要道路上看看在頭上懸晃的東西，就可以知道少了什麼，曾一度覆蓋全國的電力網路只剩下電線的殘骸。

中年以上的北韓人還清楚記得，過去他們擁有的電力（與糧食）遠多於他們在南韓的親美親戚，然而現在他們夜裡卻只能呆坐在黑暗中，這種對比增添了屈辱的感受。一九九〇年代，美國曾表示願意協助北韓解決能源需求問題，前提是北韓必須放棄核武計畫。但後來布希政府指控北韓違反承諾，能源援助於是不了了之。北韓人不僅苦澀地埋怨黑暗，也責怪美國的禁令。他們無法在夜裡閱讀，也無法看電視。「沒有電，我們無法產生文化，」一名壯碩的北韓保安人員語帶指責地對我說。

但黑暗也有好處。特別是對於想偷偷與某人約會的青少年來說。

當大人們上床睡覺，在冬天時，有時會在七點這麼早的時間就寢，正是溜出家門的大好良機。黑暗提供了北韓在有電時期無法擁有的隱私與自由。在神奇的隱形斗篷掩護下，你可以隨心所欲，不用擔心父母、鄰居或祕密警察的窺伺。

我遇過的許多北韓人告訴我，他們是如何學著去喜愛黑暗，但其中有位少女與她的男朋友的故事最讓我印象深刻。她十二歲時遇到鄰鎮一名比她大三歲的男孩。她的家庭在北韓錯綜複雜的社會控制體系裡屬於下層階級，如果被人在公開場合看到他們兩個人在一起，不僅會影響男孩未來的前途，也會傷害女孩的名聲。所以他們的約會只能在黑暗中不斷散步。反正他們沒別的事可做；在他們開始約會的一九九〇年代初期，因為停電，所以餐廳或電影院都不開放。

他們通常在晚飯後見面。女孩告訴男朋友不要去敲前門，怕被她的姊姊或弟弟問東問西，也怕鄰居們好管閒事。女孩一家人擁擠地生活在一棟狹長的建築物裡，後方是由十二個家庭共同使用的外屋。民宅與街道隔著白牆，但這堵牆的高度只不過剛好能遮住視線。男孩在牆後頭找了一處無人注意的地方，恰好這時天色已暗。鄰居洗碗與使用廁所的聲響掩蓋了他的腳步聲。他會花幾個鐘頭等她，也許兩到三個小時。但這並不要緊。時間在北韓相當緩慢，而且也沒有人戴表。

女孩一找到機會，就擺脫家人出來跟他會合。走到屋外，女孩仔細往暗處裡瞧，起初看不見他，但確定他一定在那兒。她無須花費心思化妝，反正在黑暗裡什麼也看不見。有時她只穿學校的制服：寶藍色的裙子，長度足以遮住膝蓋，白色短上衣與紅領結，這些衣物的布料全是容易起皺的合成材料。她還太年輕，還不懂得注意自己的外表。

起初，他們沉默地走著，不久就開始低語，而在走出村子之後，他們放鬆心情，開始正常地對話。他們一直保持一條手臂的距離，直到確定沒有人能認出他們為止。

就在離鎮不遠的地方，有一條穿越灌木叢通往溫泉勝地的道路。這個溫泉勝地曾經非常知名：它的一百三十度泉水曾吸引滿載一輛輛想治療關節炎與糖尿病的中國遊客的遊覽車前來，如今這座溫泉已無人聞問。入口處有個平靜足可照人的矩形池子，池旁圍著一圈石牆。穿過溫泉地的這條道路沿邊生長著松樹、雞爪槭，以及女孩的最愛——銀杏樹，秋天時芥末黃的葉子紛紛落下，葉的形狀是完美的東方扇子形。附近丘陵的林木被急需柴火的民眾砍伐殆盡，但溫泉附近的樹林實在太美麗，當地人心生崇敬，此地因而免於斧鉞之災。

不過，這處溫泉地疏於管理。樹木未予修剪、石椅碎裂、路面鋪石像蛀牙似的東罅西漏。到了一九九〇年代中期，北韓幾乎所有事物都已年久失修而不堪使用。這個國家曾有過一段美好的時光。但在夜裡，一切的不完美都不是那麼明顯。污濁而長滿雜草的溫泉池子，在夜空映照下顯出了光輝。

北韓的夜空值得一觀。這裡的夜景或許是東北亞最美麗的，在整個大陸上，它是唯一免於煤煙、戈壁沙塵與一氧化碳污染的地方。過去，北韓工廠造成大量雲霧，這種情況已不復見。現在已無任何人工照明與天上的繁星爭輝。

這對小情侶整夜散步，他們走過的地方全散落著銀杏葉。他們聊些什麼？他們的家庭、他們的同學、他們讀過的書——無論什麼話題，都能讓他們興致盎然。幾年後，當我問女孩她人生中最快樂的回憶時，她告訴我這幾個夜晚的事。

這種事不會顯現在衛星照片上。無論在維吉尼亞州蘭利的中央情報局（CIA）或在大學的東亞系，人們經常隔著一段距離來分析北韓。他們從未停下來想想，在這塊黑洞中央，在這個陰鬱黑暗的國度裡，除了數百萬人死於饑饉外，還有愛情的存在。

我遇到女孩時，她已經是個三十一歲的女人。美蘭（本書使用的化名）六年前逃出北韓，現在在南韓生活。我為了撰寫有關脫北者的文章，所以才向她提出訪談的要求。

二〇〇四年，我擔任《洛杉磯時報》駐首爾新聞處處長。我負責報導的範圍涵蓋整個朝鮮半島。南韓的採訪工作相當容易。南韓是世界第十二大經濟體，是個繁榮而偶有混亂的民主國家，而且擁有亞洲最具攻擊性的記者群。南韓政府官員會告訴記者自己的手機號碼，而且不介意記者在非辦公時間打電話給他。北韓則是另一個極端。北韓與外界的聯繫主要仰賴朝鮮中央通訊社（Korean Central News Agency）提供的連篇辱罵，該社有個渾名，叫「大辱罵者」（Great Vituperator），因為它總是以荒謬浮誇的言詞痛罵「帝國主義的美佬雜碎」。美國為協助南韓而參與韓戰（一九五〇到一九五三年），這場戰爭是冷戰的第一場戰火，至今美國仍在該國屯駐四萬士兵。對北韓而言，這場戰爭彷彿從未結束，它對美國的恨意仍相當直接而鮮明。

美國公民罕能獲准進入北韓，美國記者入境的可能性更低。二〇〇五年，當我終於獲得簽證造訪平壤時，我與一名同事被引領沿著一條制式的參觀路線遊覽，我們參觀的主題是金正日以及他去世的父親金日成的輝煌事蹟。陪伴我們的是兩名身穿深色西裝的瘦削男子，兩人都叫朴先生。北韓特地為外國訪客派了兩名「看管者」，目的是讓這兩人彼此監視，以免他們遭到收買。兩名看管者異口同聲地複誦官方新聞媒體的誇大詞彙。（「感謝我們親愛的領袖金正日」，他們對話時總是突兀而固定地插進這句話。）他們跟我們說話時總是將目光別開，我懷疑他們是否相信自己所說的話。他們真正的想法是什麼？他們是否真如自己所言那樣敬愛他們的領袖？他們是否有充足的糧食可吃？他們下班回家從事什麼活動？生活在世上最專制的政權底下是什麼感覺？

顯然，要在北韓境內得到答案是不可能的。我必須與離開北韓的人交談，也就是那些脫北者。

二〇〇四年，美蘭住在位於首爾南方二十哩的水原，這是一座充滿活力而嘈雜的城市。水原是三星電子（Samsung Electronics）總部與許多製造業群聚設廠的所在地，這些公司的產品是絕大多數北韓人難以想像的——電腦螢幕、CD－ROM、數位電視、快閃記憶卡。（有一份經常被引用的數據指出，兩韓的經濟差異至少是一九九〇年德國統一時兩德差距的四倍。）這座城市充滿噪音與雜亂，各種顏色與聲響不協調地湊合在一起。與絕大多數南韓城市一樣，水原的建築物是一群醜陋水泥箱子拼湊而成的，上面還裝飾著各種俗不可耐的招牌。高層公寓從擁擠的鬧區往外延伸數哩，街上到處可見Dunkin' Donuts、必勝客以及許多販賣韓國仿冒品的商店。後街充斥著賓館，招牌上寫的不外乎情色摩鐵與愛情小棧等用來宣傳計時休息的文字。交通堵塞已成常態，經常可見數千輛現代（Hyundai）汽車——經濟奇蹟的另一項成果——在自宅與購物中心之間吃力地前進。由於水原經常塞車，所以我選擇從首爾搭火車前往該地，大約三十分鐘的車程，然後轉搭計程車緩慢地朝水原少有的一處寧靜地點移動，這是一間坐落在十八世紀古城對面的烤牛肋排餐廳。

起初我認不出美蘭。她看起來完全不像印象中的北韓人。當時南韓約有六千名脫北者，從他們身上很容易看出與南韓社會格格不入的特徵，例如裙子穿得極為破舊以及新衣服上未剪的標籤，但美蘭的外表卻與其他南韓人沒什麼兩樣。她穿著時髦的棕色毛衣配搭針織褲，並且給了我一種羞怯的印象（但就像其他人一樣，這種印象證明是錯的）。她的頭髮往後梳，整齊地以萊因石髮夾固定。她的外表無可挑剔，除了下巴長了幾顆痘子以及肚子些微隆起，她已經有了三個月的身孕。一年前她嫁給南韓人，一名民間的軍方僱員，他們即將迎來第一個孩子。

在此之前我已與美蘭約好共進午餐，藉此多了解一點北韓的學校制度。她在逃離北韓之前曾有幾年時間在一座煤礦城鎮擔任幼稚園老師。現在她則在南韓攻讀教育碩士學位。這是一場嚴肅的對話，有時還相當沉重。當她提到自己眼睜睜地看著五、六歲的孩子餓死時，我們望著桌上的菜餚難以下嚥。她的學生一個接一個地死去，而她只能教導他們身為北韓人是幸福的。金日成從二次大戰結束兩韓分裂後開始統治，直到一九九四年去世為止。金日成死後被尊奉為神，他的兒子暨繼承人金正日則是神的兒子，就像基督一樣。美蘭從此成為北韓洗腦體系的嚴厲批判者。

這個話題持續了一兩個鐘頭，接下來我們轉而談論可能有些人認為不太重要的典型女孩話題。美蘭的沉著與坦率使我鼓起勇氣向她提出比較私人的問題。北韓年輕人有什麼娛樂？她在北韓有過快樂的時光嗎？她在北韓有男朋友嗎？

「妳的問題很有趣，」她說。「我前幾天才夢到他。」

她形容這名男孩身材高大但手腳敏捷，蓬鬆的頭髮覆蓋著前額。她逃出北韓後，驚喜地發現南韓有個叫柳俊相的青春偶像像極了她的前男友。（於是我使用俊相這個名字來稱呼他。）他很聰明，就讀平壤最好的大學，未來將成為一名科學家。而這也是他們不能在公開場合被人看見的原因之一。他們的關係會破壞他的前途。

北韓沒有賓館。男女之間不許隨意發生親密關係。不過，我還是小心翼翼地打探他們的關係到達什麼地步。

美蘭笑了。

「我們交往了三年才牽手。之後又過了六年才接吻」，她說。「我做夢也沒想過更進一步。離開北韓那年，我二十六歲，而且還是個老師，但我不知道怎麼樣才會懷孕。」

美蘭坦承自己經常想起初戀情人，而且對於自己離開的過程帶著些許悔恨。俊相曾是她最好的朋友，她把自己的夢想與家裡的祕密全告訴他。儘管如此，美蘭還是對俊相隱瞞了她人生最大的祕密。她從未告訴他，自己有多麼厭惡北韓以及自己根本不相信教導學生的一切宣傳。更重要的是，她從未告訴他，她的家人正計畫逃離北韓。不是她不相信他，而是在北韓這種國家，再怎麼小心也不為過。如果俊相告訴別人，而別人又告訴別人……嗯，你永遠不知道會發生什麼事，到處都有人竊聽。鄰人告發鄰人，朋友告發朋友。即使是情侶也可能彼此揭發。如果祕密警察得知他們的計畫，她的家人將會被送到山上的勞改營裡。

「我不能冒險，」她對我說。「我甚至連一句再見也沒說。」

在我們初次見面之後，美蘭與我經常聊起俊相。她是個幸福的已婚婦女，當我第二次見到她時，她已身為人母，但每次談到俊相，她講話的速度就會加快，臉上泛著紅暈。我覺得只要我提起這個話題，美蘭總是心情不錯，我想這是因為她沒辦法跟任何人討論這件事的緣故。

「他後來怎麼了?」我問。

她聳聳肩。韓戰結束已經五十年,南北韓民眾仍無法適當交流。就這點來看,南北韓完全不同於東西德或其他類似處境的國家。南北韓之間不通電話,不通郵,當然也無法使用電子郵件。

美蘭自己也有許多未解的疑問。他結婚了嗎?他還想著她嗎?他是否恨她不告而別?俊相是否認為逃走的美蘭是祖國的叛徒?

「無論如何,我想他一定能夠理解,但我實在無法得知他的想法,」美蘭回答說。

美蘭與俊相在十幾歲時相遇。他們都住在清津的郊區,清津是朝鮮半島東北部一座工業城市,距離俄國邊境不遠。

北韓的地貌像極了東方水墨畫。山川景致極為美麗,與美國西北太平洋沿岸非常類似,但就是少了色彩。從冷杉、杜松與雲杉的墨綠色到花崗石山巔的乳灰色,這是一碟色調有限的調色盤。亞洲農村典型由數方稻田拼貼而成的蓊鬱景象,只能在短暫數月的夏日雨季才能見著。秋季綠意轉瞬即逝。除此之外,一年到頭幾乎所有景物都是黃色與褐色,其餘顏色都被瀝除殆盡。

你在南韓看見的喧囂,在此全不存在。這裡幾乎看不到招牌,汽車也很少。法律不允許民眾擁有汽車,不過其實也沒幾個人買得起。就連牽引機也很罕見,只看到毛色蓬亂的耕牛拖犁耕田。民宅的樣式簡單,只求實用,顏色相當單調。韓戰之前的房子所剩無幾,絕大多數都是在一九六〇年代與七〇年代以水泥與石灰石興建的，而且依照職業與階層分配給民眾。在城市，有所謂的「鴿籠」，也就是低矮公寓裡的單房單位。在鄉村，民眾一般居住在單層建物裡，稱為「口琴」，成排的單房住屋彼此緊挨，就像構成口琴氣室的小方格。有時候，門框與窗框會漆上醒目的藍綠色，但絕大多數都刷上白色石灰或灰濛的顏色。

在《一九八四》(*1984*) 一書中，喬治．歐威爾 (George Orwell) 想像了一個未來主義的反烏托邦世界，在這個世界裡，只有在宣傳海報上才找得到顏色。北韓的情況就是如此。在描繪金日成的圖像時，北韓特別使用了鮮豔的海報色彩，並且呈現出社會主義寫實的畫風。偉大的領袖坐在長凳上，對著簇擁在自己身旁穿著明亮衣裳的孩子們露出慈祥的微笑。他的臉龐放射出黃色與橙色的光線：他就是太陽。

紅色只保留給無所不在的宣傳標語。韓文使用一種獨特的由圓圈與線條構成的字母。各式紅色文字以一種急迫的姿態從灰色景物中一躍而起。這些紅色文字橫行原野，盤踞於花崗石絕壁，像里程碑一般標記著主要道路，還舞動於火車站及其他公共建築物的頂端。

金日成萬歲！

김일성 만세！

金正日，二十一世紀的太陽！

21세기의 태양 김정일장군 만세！

自立自強。
우리 서으로 살자.
堅持黨的領導！
당이 결심하면 우리는 한다！
在這個世界上，我們最幸福。
세상에 부럼 없어라.

十幾歲的美蘭沒理由不相信這些標語。她的父親是個卑微的礦工。他們家很窮，但他們認識的每個人都跟他們一樣窮。由於外界所有的出版品、電影與廣播都被禁止，所以美蘭一直以為世界上別的地方的人生活得並不比他們好，而且絕大多數可能過得比他們還苦。美蘭不止一次從收音機與電視得知，南韓人在親美傀儡朴正熙及其繼承者全斗煥的統治下過著悲慘的生活。他們也聽說中國的修正共產主義不如金日成的純正共產主義來得成功，而且數百萬的中國人正在挨餓受苦。總之，美蘭覺得自己很幸運能出生在北韓，能得到領袖如父親般的關愛照顧。

事實上，美蘭成長的村子在一九七〇年代與八〇年代情況並不差。北韓的村落千篇一律，這座村子也不例外，它約有一千名居民，在中央計畫的統籌管理下，每一座村落大小幾乎相同，唯有位置取決於偶然。這座村子距離東海（日本海）只有六哩，當地人因此偶爾可以吃到新鮮的魚蟹。村子剛好位在清津工業區的外圍，不僅鄰近清津，而且擁有開闊的田地可以種植蔬菜。

在北韓這樣一個缺乏農耕地的國家，擁有這種地形是很幸運的。金日成有許多度假別墅，其中有一處就位於村子附近的溫泉勝地。

美蘭是最小的女兒，在她上面還有三個姊姊。一九七三年，當她出生之時，如同十九世紀的英格蘭，當時珍・奧斯汀（Jane Austen）在《傲慢與偏見》（*Pride and Prejudice*）提到一個擁有五名女兒的家庭所遭遇的困境，北韓也不例外。北韓與南韓都深受儒家傳統影響，必須由男丁傳承香火與照顧年老的父母。美蘭的父母最後終於擺脫無子的悲劇，在美蘭出生後三年生下一名男嬰，但這也意謂著他們的小女兒將成為家中被遺忘的孩子。

根據美蘭父親的身分，美蘭家被分配住進口琴屋的一個住房單位。入口直通著小廚房，廚房兼做為暖爐房。將木材與煤炭鏟入爐床中，暖爐產生的火力可以用來烹飪，並且藉由一種名叫「溫突」的位於地板下的設施來溫暖住宅。廚房與主房之間隔著一扇拉門，全家人晚上睡在主房的炕蓆上，白天炕蓆則捲起收妥。男孩的誕生使這個家增為八人——五名子女、父母與祖母。於是美蘭的父親賄賂人民委員會的主任，讓他們得到鄰接的住房單位，並允許他們在兩房毗連的牆壁上開一道門。

家庭空間比較寬廣之後，就要對男女做出區隔。在吃飯時間，女性會擠在廚房邊低矮的木桌旁，吃的是粗玉米粉，這種食物比米來得廉價而較無營養，是北韓人的主食。父親與兒子兩人坐一桌，吃的則是白米飯。

「我以為生活原是如此，」美蘭的弟弟錫柱後來這麼對我說。

姊姊們注意到了，卻不聲張，但美蘭卻大哭並且抱怨不公平。「為什麼只有錫柱能穿新鞋？」她質問。「為什麼媽媽只關心錫柱不關心我？」

他們會叫她閉嘴而且不理會她。

這不是她第一次反抗加諸於年輕女性的各種非難。在當時的北韓，女孩子不許騎腳踏車。這是一種社會污名——人們認為女孩騎腳踏車不堪入目而且帶有性暗示——朝鮮勞動黨三令五申，想使其在技術上成為非法。美蘭對這項規定視若無睹。她從十一歲起就騎著家裡僅有的一輛二手日製腳踏車前往清津。只要能擺脫村子給她的壓迫，任何地方她都願意去。這段路對一個孩子來說相當辛苦，大約三小時的上坡路，只有一部分是柏油路面。男人們騎著腳踏車試圖趕上她，咒罵她的無恥。

「妳這個蕩婦，」他們對著她叫嚷。

有時候，一群青少年疾馳到路上想撞倒她。美蘭會大聲斥責他們，對方用什麼話罵她，她就用同樣的話回罵。最後，她學會不去理會這些人，繼續踩著踏板前進。

對美蘭來說，她的家鄉只有一個地方可以讓她喘息——電影院。

北韓每座城鎮，無論多小，都有電影院，這是因為金正日深信電影是灌輸群眾忠黨愛國不可或缺的工具。一九七一年，金正日三十歲，他主掌黨的宣傳煽動部，負責國家的電影製播。

他在一九七三年出版了《論電影藝術》(*On the Art of Cinema*)，書中闡述他的理論：「革命藝術與革命文學是啟迪民眾為革命任務奮鬥的最有效方式。」

在金正日指示下，位於平壤郊區的朝鮮電影製片廠擴充成占地一千萬平方呎的片廠。該廠一年生產四十部電影。每部電影的主題千篇一律：通往幸福的道路是自我犧牲壓抑個人為全體謀福利。資本主義是純粹的墮落。當我於二〇〇五年參觀片廠時，我看到首爾典型街頭的實物布景，兩邊都是破敗的店面與陪酒酒吧。

無論電影是不是純粹的宣傳，美蘭仍喜歡看電影。在北韓小鎮成長的她，說是電影迷也不為過。從她年紀大到足以獨自上電影院開始，她就向母親要錢買電影票。票價很低——只要朝鮮圓五角或幾分錢，大概就跟一瓶汽水一樣。美蘭幾乎每一場電影都看。有些電影對孩子來說是猥褻了點，例如一九八五年的電影《哦，我的愛》(*Oh My Love*)，片中隱約出現男女接吻的鏡頭。實際上，女主角羞怯地壓低陽傘，因此觀眾完全看不到兩人的嘴唇接觸，但這已足以讓這部電影被列為限制級。好萊塢電影當然不許在北韓播映，其他的外國電影亦然，偶爾會例外放映俄國電影。美蘭特別喜歡俄國電影，因為俄國電影比北韓電影少了點宣傳而多了點浪漫。一個正值做夢年紀的女孩，到電影院觀賞銀幕羅曼史，或許不可避免會在那裡為自己找到真實的事物。

美蘭與俊相相識於一九八六年，當時還有足夠的電力放映電影。文化廳是鎮上最宏偉的建築物，興建於一九三〇年代，也就是日本占領朝鮮半島的時期，以當時流行的華麗風格建成。

兩個高聳寬廣的樓層足可容納一個夾層，戲院立面懸掛著巨大的金日成肖像。法令規定偉大領袖的所有肖像都必須與建築物的立面切齊。文化廳可以做為電影院、戲院與演講廳。在國定假日，例如金日成的生日，文化廳會舉辦比賽，選出最合乎偉大領袖典範的鎮民。其餘時間，戲院會播放電影，每隔幾個星期平壤就會送來新的片子。

俊相對電影的熱中不亞於美蘭。只要聽說新電影上映，他會第一個衝去看。促成他們相遇的電影，片名叫《新政府的誕生》（*Birth of a New Government*）。這部電影以第二次世界大戰的滿洲為背景，描述朝鮮共產黨在年輕的金日成領導下組織起來，反抗日本的殖民統治。反日的抵抗行動在北韓電影是個常見的主題，如同早期好萊塢電影的牛仔與印第安人。這部電影應該會吸引許多人前來觀賞，因為擔綱的女演員是當紅的女明星。

俊相很早就到了戲院。他有兩張票，一張是自己的，另一張則是給他的弟弟。他在外頭來回踱步的時候，剛好看見美蘭。

美蘭站在湧向售票口的群眾後面。北韓的電影觀眾多半年輕而粗魯。這場電影的群眾尤其粗暴。年紀較大的孩子往隊伍前面擠，他們構成一道人牆，後頭年紀較小的孩子無法接近售票口。俊相走進人群，想看清楚那女孩的長相。她正懊惱跺腳，看起來似乎要哭了。

北韓的美女應該是皮膚白皙，而且是愈白愈好，圓臉蛋，與微弓的嘴，但俊相眼前這名女孩顯然不符標準。她的臉形長而帶著稜角，高鼻梁，顴骨輪廓明顯。對俊相來說，她看起來就像外國人，帶著一股桀驁不馴的氣質。她看著售票口前面的亂象，眼神冒著憤怒。她不同於其他女孩的行事低調，例如笑的時候以手摀嘴。俊相從她身上感受到一股充滿活力的不耐，彷彿她還沒被北韓的生活所擊倒。當下他就迷上了她。

十五歲的俊相早已感覺到自己對異性產生興趣，這令他感到困擾，但他從未將目光集中在某個特定女孩身上——直到現在。他看過的電影已能讓他跳脫真實的處境，想像在銀幕上，自己與這名女孩首次相遇會是什麼景象。他日後回憶時，會為這幅場景平添幾許夢幻般的特藝彩色（Technicolor），腦海中的美蘭也將煥發著異樣的光采。

「真不敢相信小鎮上會有這樣的女孩，」他自言自語地說。

他在人群外圍繞了好幾圈，仔細地端詳她，對於接下來該怎麼做陷入長考。他是書生，不是戰士。要他擠到售票口顯然行不通。此時他突然產生一個念頭。電影就要開始，而他的弟弟還沒到。如果他把額外這張票賣給她，她就必須坐在自己身邊，因為這兩張票是指定席。他又繞了一圈，思忖著該怎麼向她提出邀請。

最後，他還是無法鼓起勇氣向這名陌生女孩說話，只能沉默地走進電影院。當銀幕出現電影女主角奔馳於雪地之上的影像時，俊相覺得自己錯失大好良機。飾演英勇反抗軍戰士的女主角留著一頭男孩般的短髮，縱馬疾馳於滿洲大草原，吶喊著革命口號。俊相忍不住想著戲院外的女孩。當電影終了，銀幕開始播放演職員名單時，他立刻衝出去找她，但女孩已經離開。

逃難中的韓戰難民

chapter 2
tainted blood

第 二 章
帶 有 污 點 的 血 統

★

十五歲的俊相是個瘦高用功的男孩。他小時候在數學課與科學課得到最高分。俊相的父親似乎是個鬱鬱不得志的知識分子，對自己的子女充滿期望，尤其是天資聰穎的長子。他的夢想是讓俊相離開地方省分前往平壤深造。如果俊相晚於九點回家或功課落後，父親會很快抽出預藏的棍子教訓這個不聽話的孩子。他必須在高中保持名列前茅，在清津通過為期兩星期的嚴酷考試，並且擠進人人稱羨的學校，例如金日成大學。雖然俊相才剛念高一，卻已面臨生涯規畫的第一道關卡，他沒有時間約會，更甭說初嘗禁果。他只能將青春期的蠢蠢欲動擱在一旁。

俊相試著揮去腦中不該有的念頭，在這個最不方便的時刻，他必須避免一切讓他分心的事。但無論怎麼努力，他就是無法忘記短髮女孩踩腳的倩影。他對她一無所知。她叫什麼名字？她是否如記憶中一樣美麗？或者這只是記憶在跟他開玩笑？事實上他連如何打聽她的芳名都不知道。

然而令人驚訝的是，要覓得她的蹤跡竟然出乎意料地容易。美蘭是那種會吸引男孩目光的女孩，她的短髮是很明顯的特徵。俊相光用描述的方式就能讓一兩位朋友認出她的身分。拳擊課堂上有個男孩剛好就住在跟美蘭家同一排的口琴屋，而且跟美蘭家只隔了兩戶。俊相與這個男孩閒聊，向他打聽消息，並且僱用他擔任自己的私人偵探。鄰里間低聲談論著有關美蘭與她的姊姊們的蜚短流長。人們經常說誰比誰更漂亮。她們有著北韓人人稱羨的高挑身材，而且也很有天分。大姊是歌手，另一個姊姊畫畫。她們全是運動健將，擅長排球與籃球。鄰居們七嘴八舌地說，這些女孩這麼美麗伶俐，可惜她們的家庭背景太卑微了。

問題出在她們的父親，一名憔悴寡言的男子，他跟鄰居一起受僱在礦坑工作。他是一名木匠，負責修理用來支撐礦坑內部的木柱橫梁。這座礦坑生產用來製作陶器的高嶺土。外表看來平凡無奇的他，唯一特殊之處是他相當有自制力。當礦工們咕嚕喝下讓五臟六腑為之糾結的玉米酒（如果他們買得起的話）與燒酒（韓國米酒）時，美蘭的父親卻滴酒不沾。他不想喝下會讓他漏了口風而將過去的事情和盤托出的東西。

美蘭的父親太佑生於一九三二年，他出生的地點後來成為敵國南韓的領土。無論相隔多遠，韓國人總是認為祖先出生的地方才是自己的故鄉。太佑來自忠清南道，此處位於朝鮮半島的另一面，瀕臨黃海。這是一個充滿翠綠水田的恬靜鄉野，與嚴峻的清津相比，這裡極適合人居。他的村落位於瑞山市郊，這個小村子不過是一排座落在棋盤水田隆起阡陌上的平房。回到一九四〇年代，一切物品都是用泥巴與稻草製成的，就連男孩在街上踢的球也不例外。稻米是村子的靈魂與生計來源。種稻是件辛苦的工作，從整地、育苗到插秧都必須胼手胝足才能完成。村裡沒有人是富有的，但太佑家比其他人家過得好一點。他們的茅草屋比別人家稍大一些。太佑家有兩千坪的土地，坪是韓國的面積單位，兩千坪約合一點六英畝。他們靠一間小磨坊貼補家用，鄰居會拿稻米與大麥過來磨粉。美蘭祖父的地位甚至讓他有能力娶兩個老婆，這種做法在當時並不罕見，不過只有第一次婚姻才有法律效力。太佑是第二任妻子的長子，也是家中唯一的男孩。他有兩個可愛的妹妹，經常跟著他在村子內外閒晃，當妹妹出落成亭亭玉立的女孩時，他開始感到苦惱，但他的朋友卻雀躍不已。

太佑在朋友中年紀不是最長，卻是天生的領袖。當男孩們玩起打仗遊戲時，太佑總是擔任將軍。朋友稱他是小拿破崙。他的兒時朋友，現在仍住在村子裡的李正勳說：「他的個性率直果斷。命令堅定明確，大家都聽他的。而且他很聰明。」

太佑上了小學，之後又進了中學，一直念書到十五歲為止，一般農家的兒子都是如此。學校教導的語言是日文。日本於一九一〇年吞併韓國並且罷黜最後一任韓國皇帝之後，便循序漸進地壓抑韓國文化強制推廣日本文化。在占領初期，村裡的老人被迫剪去留長的髮辮，韓國男性傳統上會在頭頂綁髮髻，然後戴上黑帽。他們被要求改取日本姓名。日本人課徵重稅，強取豪奪半數以上的收成，宣稱這是為支援太平洋戰爭的必要之舉。年輕男女被裝船運往日本從事戰爭生產，女孩則被迫賣淫，美其名為「慰安婦」，其實是為軍隊提供性服務。稻農痛恨日本人，他們做什麼事都要經過日本人同意。

一九四五年八月十五日，裕仁天皇透過廣播宣布日本投降。這則消息花了幾天的時間才傳到村裡。男孩們聽到消息，馬上跑到日本人駐守的營區，發現早已人去樓空，只留下日軍倉促未能帶走的個人物品。占領結束了。村民沒有錢慶祝，但他們歡欣鼓舞地走上街頭，彼此祝賀與歡呼。

「朝鮮萬歲，」他們吶喊著。

韓國人相信他們重新掌握自己的命運。他們要收復自己的國家。

當日本天皇透過廣播宣讀投降詔書時，在地球另一端的華府，兩名年輕軍官圍繞著國家地理學會（National Geographic Society）地圖討論著朝鮮問題。華府沒有人清楚這塊名不見經傳的日本殖民地。直到德國與日本的戰後占領計畫詳細擬定之後，朝鮮問題才浮上檯面。日本人統治朝鮮已有三十五年，一旦突然撤離將在此地形成危險的權力真空。美國擔心蘇聯可能奪取朝鮮並以此為跳板攫取更大的戰利品，也就是日本。儘管蘇聯是美國的二戰盟友，但華府對蘇聯的不信任感卻與日俱增。蘇軍於日本投降前一週由北方入侵朝鮮，而且準備繼續南進。美國為了安撫蘇聯，同意暫時將朝鮮北半部交由蘇聯託管。這兩名軍官想讓美國保有韓國的首都首爾——其中一位是迪恩・拉斯克（Dean Rusk），後來當上美國國務卿。於是他們想了一個簡便的方式分割半島，他們隨便在地圖上沿著北緯三十八度線畫了一條分界線。

這條分界線與韓國的歷史或地理幾乎完全沒有任何關聯。朝鮮半島如同小巧的拇指從中國延伸出來，它是個格局完整的地理區域，東臨日本海，西濱黃海，北以鴨綠江與圖們江和中國為界。沒有任何自然分界可將半島一分為二。在日據時代之前的一千三百年間，此地一直在朝鮮王朝的統治下形成統一國家，而這個王朝也是世界歷史上最長命的王朝之一。在朝鮮王朝之前，曾有三個王國爭奪半島的領導權。朝鮮半島政治上的分裂，其界線的畫分通常是南北向，東半部親日，西半部親中。南北分裂完全是外來的產物，它是在華府憑空想像而且沒有任何韓國人參與下強加在韓國人身上。據說當時的美國國務卿愛德華・斯特提紐斯（Edward Stettinius）無論如何都要在朝鮮半島建立一個附庸國。

韓國人對於自己像德國一樣遭到分割感到憤怒。畢竟他們不是二次大戰的發動者，而是受害者。當時的韓國人以一種自我否定的方式描述自己是「夾在一群鯨魚之間的小蝦米」，只能在超級強國的夾縫中求生存。

美蘇兩強都不願讓步以促成一個獨立的韓國出現。韓國人自己也分裂成十餘個敵對派系，其中有許多同情共產黨。地圖上的臨時界線很快成為既成事實。一九四八年，在七十歲的李承晚領導下，大韓民國（Republic of Korea）成立，李承晚是一名脾氣火爆的保守派人士，也是普林斯頓大學博士。金日成，一名由莫斯科當局支持的抗日鬥士，在大韓民國建立後隨即宣布成立朝鮮民主主義人民共和國，也就是北韓。這條沿著北緯三十八度線畫定的國界將形成長一百五十五哩、寬二點五哩，由刺絲蛇籠、戰車陷阱、戰壕、灌木叢、堤防、壕溝、火砲與地雷構成的灌木叢林。

南北雙方都宣稱自己才是合法的韓國政府，於是戰爭勢不可免。一九五〇年六月二十五日拂曉，金日成的軍隊在蘇聯戰車部隊支援下，以狂風暴雨之勢穿越邊界。他們很快攻下首爾，然後往南席捲，南韓最後只剩東南沿海城市釜山負隅頑抗。九月，在道格拉斯・麥克阿瑟（Douglas MacArthur）將軍指揮下，四萬美軍大膽地於仁川發動兩棲登陸，一舉扭轉共產黨的勝局。除了美國與南韓，還有十五國部隊加入聯合國軍隊，其中包括英國、澳洲、加拿大、法國與荷蘭。他們奪回首爾並且朝平壤與更北的地區挺進。然而，當聯合國軍隊逼近鴨綠江時，中共卻加入戰局，使聯合國的攻勢遭遇挫敗。兩年多的戰事帶來的只是挫折與僵持。到了一九五三年七月二十七日簽定停戰協定時，已有近三百萬人死亡，整個半島也被戰火夷為平地。停戰後的國界仍維持在北緯三十八度線附近。即使以二十世紀含糊不清的戰爭標準來衡量，這也是一場徒勞而無人滿意的戰爭。

共產黨入侵時，太佑十八歲。他的父親在戰爭爆發前去世，他成為母親與妹妹們的重要支柱。南韓人對這場戰爭缺乏準備，只有六萬五千名軍隊處於備戰狀態，大約僅是北韓軍力的四分之一。南韓需要盡可能徵召體格強健的男子服役。有些稻農同情北韓，因為他們聽到謠言說共產黨會無償分配土地給農民。日本戰敗之後，農民的經濟處境並未獲得改善，但絕大多數的年輕人對政治並不感興趣。「我們當時根本不知道什麼是左派右派」，李正勳回憶說。無論他們的政治立場為何，他們沒有別的選擇，只能接受南韓軍隊的徵召。

太佑最後升到了中士。他的部隊的最後一場戰鬥發生在金化郡村子附近，也就是三十八度線以北約二十五哩處。金化是美軍取的一個名叫「鐵三角」的綽號的其中一個點（平壤與鐵原是另外兩個點），這是一處戰略谷地，四周圍繞著花崗岩山脈。韓戰末期，金化發生了幾場最激烈的戰鬥，中國試圖將前線往南推進，希望藉此促成停戰。一九五三年七月十三日晚間，中國以三個師大約六萬人的兵力向聯合國與南韓部隊發動突襲。晚間七點三十分左右，共軍開始轟炸聯合國部隊；十點左右，共軍發射照明彈，讓士兵能看見「滿山遍野的數千名敵軍」，一名美軍士兵日後提到這起攻擊時寫道。四周響起了軍號聲，他們可以看見中國軍隊正朝他們衝殺過來。「我們感到難以置信，那幅景象宛如動作片裡的場景，」一名前南韓士兵日後表示。在此之前已經連續下了一個星期的雨，「血水混雜了雨水，從山上流洩下來」。

當部隊被中國軍隊團團包圍時，被分配擔任醫務兵的太佑正用擔架運送南韓士兵。此時距停戰協定簽訂只剩兩個星期，但太佑連同其他約五百名南韓首都師士兵卻淪為戰俘。

他身為南韓人的人生實際上已經結束。美蘭的父親從來不提他在戰俘營中發生了什麼事。可以想見他所遭受的情況不會比共產黨其他戰俘好多少。許宰錫從戰俘營裡逃了出來，他在回憶錄中寫著，他們被關在骯髒的戰俘營裡，不准洗澡也不許刷牙。頭髮長滿蝨子，未受治療的傷口爬滿了蛆。他們一天只吃一餐米飯與鹽水。

停戰協定簽訂後，交換戰俘時，共軍釋放了一萬兩千七百七十三名囚犯，當中有七千八百六十二名是南韓人。數千乃至於數萬名戰俘未能返家，太佑是其中之一。根據許宰錫的回憶錄，他們在平壤車站上火車，以為要往南返鄉，結果卻往北來到緊挨中國邊境的煤礦山。在內政部建設單位的名義下，新戰俘營設立在礦區旁邊。採煤在北韓不只是骯髒，而且極度危險，因為礦場經常坍塌或失火。「戰俘的生命不如一隻蒼蠅，」許宰錫寫道。「每天我們走進礦坑時，我總是怕得發抖。就像一頭走進屠宰場的牛，我不知道自己是否能活著回來。」

一九五六年，北韓內閣發布一項命令，允許發放北韓公民證給南韓戰俘。這意謂著最糟的時刻已經過去，但也意謂著他們將永遠無法返鄉。最糟的還是在煤礦坑，它的開採太草率，經常發生坍塌與火災。太佑被派到茂山郡鐵礦場，這是咸鏡北道一處鄰近中國邊境的多砂小鎮。在礦場工作的之前全是南韓人，他們集中住在宿舍裡。

住在宿舍的工人中有一名女性，十九歲，單身。以一名未婚女子來說，年紀算是相當大。她太瘦，算不上漂亮，但果斷的舉止帶有一股吸引人的氣質；她的性格與動作散發著活力。她急於結婚，原因只是為了擺脫同住的母親與妹妹們。戰後，可供婚配的男子非常少。宿舍管理人把她介紹給太佑。雖然太佑的身材不比她高，但他說話溫柔。雖然太佑的外表被礦坑弄得髒污，但仍保持著紳士氣質。女孩憐惜這名寂寞的年輕人，於是他們在同年結婚。

太佑很快融入北韓生活。對他來說，要融入相當容易。韓國人喜歡說自己是一個民族。他們的長相看起來沒什麼差別。平壤口音經常被嘲笑與釜山帶有喉音的方言頗為類似。戰爭造成的離散徹底混合了韓國人口。害怕遭受共黨迫害，數萬名韓國人從三十八度線以北逃往南方，其中包括地主、商人、基督教教士以及過去與日本合作的人士。少數同情共產黨的民眾往北遷徙。其他無數對政治並無特定立場的民眾只是或戰或逃地流離於南北之間。

誰能認得出誰是北韓人與誰是南韓人？婚後不久，太佑與新婚妻子被遷到另一處位於清津附近的礦區，他在那裡完全沒有認識的人。對任何人來說，沒有理由懷疑他有不尋常的背景，但在北韓特殊的國情下，總是有人知情。

戰後，金日成的首要之務是鏟除異己。他從可能威脅他的領導權的高層人士下手。他罷免許多掌握武裝部隊的同志，這些人過去曾在中國東北領導反日鬥爭。他還下令逮捕在南韓創立共產黨的成員。這些人在戰時極為重要，但現在目的達到，他們也免不了狡兔死走狗烹的命運。一九五〇年代，許多人在這個愈來愈類似古代中華帝國的北韓遭到整肅，金日成的領袖地位也變得不可動搖。

金日成接著將注意力轉向平民。一九五八年，他下令推動一套詳密的計畫，依照政治可靠度將所有北韓人分類，他野心勃勃地重組全國人口。當中國紅衛兵在一九六〇年代與七〇年代文化大革命期間將「走資派」連根拔除，並且造成鄰人相互告發的混亂恐怖統治時，北韓人則是有條不紊地走向錯誤。每個人必須依據八項背景調查來加以分類。你的「成分」——這種等級制度的名稱——要考慮你的父母、祖父母乃至於二代表親的背景。忠誠調查依幾個不同階段（這些階段有著鼓舞人心的名稱）來進行。「黨核心的密集領導」是第一階段。在隨後幾個階段中，例如一九七二年到一九七四年間的「了解人民計畫」，這些類別又再加以細分。

儘管套用了二十世紀社會工程的術語，這個過程其實與過去幾個世紀以來讓韓國社會停滯不前的封建制度頗為類似，只是做了一些更新。過去，韓國人受制於幾乎與印度種姓制度一樣嚴謹的等級制度。貴族身穿白衣，頭戴黑色馬毛高帽，奴隸則脖子上套著木箍。昔日的階級結構受中國哲學家孔子學說的深刻影響，孔子認為人必須恪守社會等級的金字塔。金日成吸取儒家思想中最不人道的元素，並將其與史達林主義結合。在金字塔的頂端，由金日成及其家族取代皇帝的位置。往下則依序是五十一項分類，可以概括為三大階級：核心階級、動搖階級與敵對階級。

敵對階級包括「妓生」（女性娛樂人員，如同日本的藝妓，她們可能對出手闊綽的顧客提供更多服務）、算命師與「巫堂」（薩滿，在王朝時代也屬於下層階級）。另外還包括政治嫌疑犯，關於這點，在根據脫北者證詞寫成的北韓人權白皮書中有著明確定義。

出身富農、商人、實業家、地主或私有資產已被充公者的家庭；親日與親美分子；反動派官僚；投誠北韓者……佛教徒、天主教徒、遭開革的公務員、在韓戰中協助南韓者。

身為前南韓士兵，太佑的等級接近整座金字塔的底部，但不是最底部的位置，因為殿底的人（大約二十萬人，占總人口的百分之一）終其一生要在以蘇聯古拉格為範本設立的勞改營中度過。北韓的下層階級不許生活在做為櫥窗的首都平壤，也不許居住在較適合人居的南方鄉野，這裡的土壤較肥沃，氣候也較溫暖。太佑做夢也不可能加入勞動黨，就像中國與蘇聯的共產黨一樣，只有成為朝鮮勞動黨員才能享受輕鬆高薪的工作。

與太佑一樣屬於敵對階級的民眾遭到鄰居的密切監視。北韓民眾被組織成所謂的「人民班」——就字面意義來說是「人民團體」，由二十戶左右的家庭組成，任務是彼此監視與管理鄰里。「人民班」有一名推選的領導人，通常是一名中年婦女，由她向高層報告任何可疑的事物。對於下層北韓民眾來說，改善身分地位幾乎是不可能的。個人檔案收藏在國家安全保護部的各地辦公室裡，而且為了避免有人大膽竄改紀錄，又另藏一份於山巒起伏的兩江道。這個階級制度唯一的流動是往下。即使你屬於核心階級，但唯有統治家族與黨幹部的親戚才屬於這個階級，你也可能因行為不檢而被降級。但是一旦你屬於敵對階級，你終身都會是這個階級。無論你最初有什麼污點，這個污點會跟著你一輩子，永遠不會消失。就像古代朝鮮的階級制度，家族的出身成分是世襲的。父親的罪就是子女與孫子女的罪。

北韓人稱這些人為「不純」——「髒污的血統」或不純分子。

美蘭與四名手足的血液裡將帶著污點。她們必須預期自己的前途將與父親一樣受到限制。

小時候，美蘭還不知道這場早在她出生之前就已降臨在她身上的災難。她的父母覺得最好的做法是不要對孩子提起父親的故鄉在南韓的事。讓她們承受自己不能上最好的學校或從事最好的職業的實情有什麼意義？為什麼要妨礙她們用功讀書、練習樂器或在運動上有傑出表現呢？

北韓人未被告知自己屬於哪一種類別，所以美蘭家的問題並未馬上凸顯出來，但孩子們卻懷疑自己的父親與眾不同。他是個古怪而孤獨的人，似乎背負著沉重的負擔。他沒有認識的親戚。他不只是不談論過去，而是什麼都不提。他對問題回以單音節的答案；他把自己的聲音壓低到像是耳語。當太佑用雙手工作、在房屋四周修繕，或者是專注於一項能讓他有藉口不說話的計畫的時候，他看起來最愉快。

從太佑身上已看不出昔日那名扮演將軍大搖大擺的跛扈小男孩的蹤影。所有該講的話全由他的妻子代勞，而女兒們也從母親遺傳了高大的身材與運動神經。如果孩子需要管教，要向鄰居埋怨，都由太佑的妻子出面。就算他自己有意見，也是隱忍不說。如果他們有幸能拿到報紙（報紙在北韓算是奢侈品），太佑會在家中唯一一盞四十瓦的燈泡下靜靜閱讀。他對勞動黨官方報紙《勞動新聞》或地方報紙《咸北日報》提到金日成最近的偉大成就做何感想，我們不得而知。他曾相信過北韓政府嗎？或者，他被說服了嗎？

美蘭經常對父親的被動感到憤憤不平。日後她才曉得這是父親的生存之道。他採取低姿態以避免不必要的注意。數千名前南韓士兵試圖融入北韓社會，但許多人卻不幸犯了錯誤。美蘭的母親後來告訴她，她的父親有四名好友在礦坑工作，全是南韓人，卻因為細故而遭到處決，屍體還被扔在亂葬崗上。身為敵對階級成員，人們不可能對你網開一面。提到金日成時語帶諷刺，或是提到南韓時流露出鄉愁，這些都會引火自焚。談及韓戰以及誰引發這場戰爭尤其是禁忌。在官方歷史上（北韓也只有官方版的歷史），侵略者的是聽命於美國的南韓，而不是越過北緯三十八度線的北韓。「美帝命令傀儡政權李承晚發動韓戰」，《勞動新聞》表示。記得一九五〇年六月二十五日發生什麼事的人（有哪個韓國人忘得了呢？），知道閉嘴才是明智之舉。

當孩子們進入青少年時期，父親的背景造成的阻礙逐漸明顯。到了十五歲，義務教育結束，學生開始申請進入高中就讀。無法進入高中的孩子就被分配到工作單位、工廠、煤礦坑等諸如此類的地方。但美蘭的姊姊們相信自己絕對可以獲准繼續接受教育。她們聰明、漂亮、有運動細胞，而且受到老師與同學的喜愛。如果她們不是那麼有天分，那麼否決她們可能會更容易些。

美蘭的大姊美姬擁有女高音的優美歌喉。當她高唱韓國人喜愛的感傷民謠或金日成頌歌時，鄰居們都會過來聆聽。她也經常參與公共活動的演出。歌唱才能在北韓極受重視，因為很少有人擁有立體聲音響設備。美姬的美貌甚至讓藝術家慕名前來為她畫像。幾乎每個人都認為她一定會獲准進到表演藝術高中就讀。當美姬遭拒絕時，她哭了好幾天。她們的母親肯定知道箇中緣由，但她還是跑到學校去理論一番。校長很同情，但也無能為力。她解釋說，唯有「成分」較佳的學生才能獲准就讀。

美蘭沒有姊姊們的藝術或運動才能，但她的成績優秀而且相貌出眾。美蘭十五歲時，有一群服裝陰沉面容嚴肅的男女來到她的學校。這些人是勞動黨中央第五部的成員，負責走遍全國尋找年輕女性擔任金日成與金正日的私人僚屬。一旦被選上，女孩會被送到軍事訓練營接受訓練，然後再分發到領袖位於全國各處的行館服務。如果正式成為領袖的僚屬，那麼這些女孩將無法獲准返家，但她們的家人可以獲得鉅額的補償。這些女孩的工作內容是什麼，沒有人有確切答案。據說有些是擔任祕書、侍女與演藝人員，還有謠傳說是成為情婦。美蘭是從朋友口中得知這些消息，朋友的表姊曾經雀屏中選。

「妳知道，金正日與金日成也是男人，就像其他人一樣，」美蘭的朋友小聲對她說。美蘭會心地點頭，但困窘地承認她對這檔事完全不懂。北韓女孩到了她這個年紀還不曉得情婦是幹什麼的，只知道無論做什麼事，只要能服務領袖就是無上光榮。唯有最聰明與最美麗的女孩才能獲選。

招募員走進教室，全體學生都在桌前端正坐好，安靜等候。一排排桌子，每張桌子前坐著兩名女孩。美蘭身穿中學制服，腳上穿著帆布運動鞋。招募員魚貫走入每一排走道，有時駐足仔細觀看。當他們來到美蘭桌旁，突然放慢腳步。

「妳，起立，」一名招募員說道。他們示意美蘭跟著他們到教師休息室。到了休息室，她發現已有四名女孩在那裡等候。他們查看美蘭的檔案，對她打量了一番。五呎三吋（一百六十公分），美蘭是班上個子最高的幾個女孩之一。他們一連問她好幾個問題：成績如何？最喜歡的科目是什麼？身體健康嗎？有受過傷嗎？美蘭冷靜地回答他們的問題，她覺得自己回答得還算得體。

美蘭再也沒有遇到這些人。她雖然不想被帶離自己的家，但遭到拒絕總是不太好受。

此時，孩子們才了解他們的家庭背景是問題所在。他們開始懷疑自己的父親是來自南韓，因為他在北韓完全沒有親人，但他是在什麼狀況下來到北韓呢？他們猜想父親一定是投誠的共產黨員，英勇地追隨金日成的部隊來到北方。然而最後卻是由美蘭的弟弟讓真相浮上檯面。錫柱是個熱切而額頭經常泛著皺紋的年輕人，他苦讀數月希望能考進師範學院。他幾乎答對了每個問題。當他被告知未獲錄取時，他憤怒地質問考官，要對方給個解釋。

真相是殘酷的。孩子們一直被灌輸北韓官方的歷史。美國人是魔鬼的化身，南韓人是可悲的小跟班。他們看過國家遭美軍轟炸後慘不忍睹的照片。他們讀的文章提到美國與南韓的士兵是如何殘忍輕蔑地將刺刀刺進無辜平民的身體。學校課本充滿敵人如何燒死、碾死、刺死、射死與毒死人民的故事。知道自己的父親是跟美國佬並肩作戰的南韓人，實在令人難以接受。錫柱第一次讓自己喝個爛醉。他離家出走，在朋友家住了兩個星期之後，朋友才勸他回家。

「他畢竟是你的父親，我想這點不用我說你也知道，」朋友努力說服他。錫柱將這些話謹記在心。就像其他韓國男孩一樣，特別是獨子，錫柱知道他必須尊敬父親。他回家，向父親下跪請求原諒。這是他第一次看見父親哭泣。

孩子們不僅很晚才發現父親的真相，而且還是最後一個知道的。鄰里間早有傳聞說他過去是南韓士兵，人民班也曾接獲指示要對他們家特別注意。俊相幾乎是在得知這名電影院前面的女孩姓名的同時，也聽到了傳言。他很清楚與美蘭這種身分的女孩交往會影響自己的前途。俊相雖然不膽怯，卻是個負責任的兒子，他也與其他北韓人一樣恪守儒家的道德觀念。他相信自己出生在這個世上就是為了服侍他的父親，因此為了實現父親的野心，他必須進入平壤大學就讀。他不僅必須拿到高分，在品行上也必須毫無瑕疵。即使是一丁點差錯都會讓他毀於一旦，因為他們家的背景也有問題。

俊相的父母出生於日本，到了二戰末期，在日朝鮮人總計達到兩百萬人之譜。這些人是韓國社會的代表人物，包括了到日本求學的菁英、被迫徵召到日本進行戰爭生產的人，以及移民工人。有些人因此致富，但他們在日本畢竟是少數民族，因此經常受到歧視。在日朝鮮人急欲返回祖國，但要回哪個祖國？韓國分裂之後，在日朝鮮人也分成兩派，一派支持南韓，另一派同情北韓。親北韓派與一個名叫朝鮮總聯（在日朝鮮人總聯合會）的團體緊密聯繫。

對於這些民族主義者來說，北韓似乎比較像是真正的祖國，因為它跟日本的殖民歷史一刀兩斷，反觀李承晚的親美政府卻重用不少與日本合作的人士。此外，直到一九六〇年代晚期，北韓的經濟似乎比南韓繁榮得多。北韓的宣傳讓人聯想起這麼一幅景象：臉頰紅潤的孩子在原野嬉戲，全新的農業設備拖曳著豐收的莊稼，在睿智的金日成領導下，北韓成為創造奇蹟的新國家。今日，人們可以輕而易舉地認出這類色彩明亮的海報不過是社會主義的宣傳把戲，但在當時，人們可是深信不疑。

超過八萬人被北韓的宣傳所吸引，俊相的祖父母是其中之一。他的祖父是日本共產黨黨員，甚至因為左派信仰而在日本入監服刑。由於年老體衰，自覺無助於新國家的建設，於是他讓自己的長子來到北韓。一九六二年，俊相的父親搭乘渡輪橫越日本海，經過二十一個小時，終於抵達這個勇敢的新世界。他是一名工程師，因此受到重用，並且被派往清津附近的工廠工作。幾年後，他遇到一名優雅的年輕女孩，她也是在同一個時期跟著父母從日本來到北韓。俊相的父親長相平凡無奇，斜肩而且臉上長了麻子，但他很聰明而且有文化。他的家人說他長得像海盜，但說話像詩人。他以溫和與堅持不斷地向這名纖細的女子求婚，最後終於讓她點頭。

俊相的父母攢了足夠的金錢使他們過著比一般北韓人更好的生活。他們為自己爭來一間獨棟的屋子——這件奢侈品使他們擁有一塊可以種植蔬果的園圃。直到一九九〇年代，北韓人民還無法擁有自己的耕地。俊相家中有五個木製大衣櫃，裡面塞滿高級的日製被褥與衣物。（北韓人跟過去傳統的亞洲人一樣，仍然在地上鋪著一層草蓆睡在上面，白天的時候把草蓆捲起來收到櫃子裡。）北韓人喜歡用家中衣櫃的數量來衡量富有程度，五個衣櫃表示這個家的確很有錢。俊相家也比鄰居擁有更多的電器用品，電扇、電視機、縫紉機、八軌錄音機、照相機，甚至還有電冰箱。尤其冰箱在北韓算是罕有之物，大多數家庭都無法冷藏生鮮食品。

不過最不尋常的還是俊相居然養了一隻寵物，一種被稱為豐山犬的白色粗毛朝鮮狗，外表類似於狐狸犬。雖然鄉間有些韓國人把狗當成農村動物來飼養，而且大部分拿來食用，例如韓國人會烹煮一道味道辛辣的燉狗肉，菜名叫補身湯，但還沒有聽說過有人把狗當成家中的寵物。畢竟，誰負擔得起每個月額外的飼養費呢？

事實上，這群從日本回歸北韓的民眾被稱「北朝鮮人」（日本稱北韓為北朝鮮，這些人因此被稱為北朝鮮人），他們生活在與北韓人格格不入的世界裡。這些人有著獨特的口音，而且不與外人婚配。雖然以日本的生活標準衡量，他們還談不上富裕，但與一般北韓平民相比，他們足以過著富足的生活。北朝鮮人腳踩皮鞋身穿上好羊毛衣來到這個新國家，與此相對，北韓當地民眾則是一雙帆布鞋與一身破損不堪的聚酯衣物。北朝鮮人的親戚定期從日本匯日圓過來，這些外幣可以在特定的強勢貨幣商店購買電器用品。有些人甚至從日本運汽車過來，只不過這些交通工具很快就因為沒有備用零件而故障，最後只能捐給北韓政府。北朝鮮人返國數年後，他們在日本的親戚也會固定帶著金錢與禮物搭乘渡輪萬景峰九十二號來北韓探望他們。這艘渡輪由親北韓的朝鮮總聯經營，北韓方面也非常歡迎這類航班，因為這麼做可以讓外匯源源不斷地進入北韓。政府會對親戚的匯款徵收部分金額。北朝鮮人雖然富有，但他們在北韓的社會地位很低。即使他們放棄了在日本的優渥生活，宣誓效忠共產黨，但他們還是被歸類為敵對階級。只要他們不是勞動黨員，就算再有錢北韓政府也不信任。他們是極少數被允許與外界接觸的北韓居民，光是這點就足以證明他們不可靠；北韓政府的力量來自於它有能力讓它的民眾與外界完全隔離。

這些來自日本的新移民很快就對北韓的一切感到幻滅。最早抵達北韓的移民寫信回日本，警告其他人不要過來，但這些信件都遭到攔截與銷毀。許多北朝鮮人，其中包括朝鮮總聯的一些知名人士，最後在一九七〇年代初期遭到整肅，領導人被處決，他們的家人則被發配到勞改營。

俊相曾在偶然間聽到父母低聲談到這些事。他們要把你帶走的時候，事前完全沒有任何徵兆。深夜，一輛卡車停在你家門口。你只有一兩個小時的時間打包行李。俊相生活在恐懼之中，這種懼怕已經內化成他人格的一部分，他雖然無法言語，卻總是表現在他的行為上。他會直覺地留意自己的一言一行。

俊相謹慎行事以避免他人的覬覦。他穿著日本製的厚羊毛襪，但大多數孩子連襪子都沒得穿，於是他用長褲遮掩雙腳，避免讓人查覺。他描述自己是一隻敏感的動物，有著不斷抽動的大耳朵，總是留意著掠食者的動靜。

雖然俊相家有溫暖的毛衣、電器用品與毛毯，但他們卻不比美蘭家快樂。俊相的母親在離開日本時還是個美麗而受歡迎的少女，但隨著年華老去，她對於自己流逝的青春歲月感傷不已。在生了四個小孩之後，她的身體一直無法恢復往日的健康。夜晚，俊相的父親獨自坐著抽菸，憂鬱地嘆氣。他們之所以如此，並不是擔心隔牆有耳——獨棟房子的好處就是能擁有一定程度的隱私——而是因為他們不敢表達內心真正的感受。他們不敢走出家門說他們想離開這個社會主義天堂，回到資本主義的日本。

無法說出口的心事縈繞著這個家庭：隨著日子一天天過去，他們愈來愈覺得當初返回北韓是一件大錯。他們知道要回到日本已是不可能，惟今之計，只能逆境求生。唯一能挽救這個家的方法就是參與體制並且試著提高自己的社會階層。這個家的希望全落在俊相身上。如果他能進入平壤大學就讀，或許會有機會獲准加入勞動黨，屆時就能洗清他們家曾經身為日本資產階級的罪愆。持續的壓力使俊相變得神經質而且優柔寡斷。他一直想著在電影院門口遇見的那名女孩，思索著該怎麼接近她，但最後什麼事也沒做。

美國密蘇里號（Missouri）戰艦砲轟清津，一九五〇年十月

chapter 3
the true believer

第 三 章
真 正 的 信 仰 者

★

清津是一座惡名遠播的城市，即使以北韓人的標準來看，這裡也是一處不適人居的地方。這座擁有五十萬人口的城市位於花崗岩隆起地帶與日本海（韓國人稱為東海）之間的曲折海岸地區。這裡的海岸線與緬因州（Maine）的海岸一樣充滿蜿蜒之美，閃耀的海水既深且冷，出海捕魚一定得搭乘堅固一點的船隻，否則猛烈的波濤很可能讓你丟了性命。狂風呼嘯的山區難以種植作物，冬天的溫度可以降到華氏零下四十度。只有低窪的海岸地區才能種植稻米，稻米是韓國人的主食，韓國文化也以稻米為中心而發展。韓國人在歷史上總是以能否掌握權力來做為一個人成功的標準——這是歷史悠久的亞洲傳統，急欲擺脫農村進入朝廷。清津實際上已快超出韓國地圖之外，它的位置靠近國土的極北方，從這裡前往俄國城市海參崴反而比到平壤來得近。即使到了今日，從清津開車到平壤雖然距離只有兩百五十哩，卻要花上三天的時間才能抵達，途中必須經過凹凸不平的山路與危險的U形彎道。

朝鮮王朝時代，韓國的首都（位於今日的首爾）離清津更遠。觸怒國王的大臣往往被流放到這個偏遠的邊陲地帶。或許受到基因庫中強烈不滿現狀的傾向影響，今日咸鏡北道的居民向來以強悍不屈著稱。

咸鏡北道是極北的省分，以圖們江與中國及俄國為界。直到二十世紀為止，人口一直非常稀少，也少有經濟價值。該省人口在過去數百年間很可能數量遠不及老虎，韓國有許多嚇唬孩子的民間傳說，裡面的野獸多半取材於此地。然而今日野生動物的數量早已不如以往。日本拓展帝國版圖的野心也改變了此地的命運。咸鏡北道剛好位在日本入侵滿洲的路線上，日本經由此地占領滿洲，最後開啟了第二次世界大戰。日本人也垂涎於茂山附近大量未開採的煤鐵礦，他們也需要船舶將擄獲的戰利品從朝鮮半島運回日本本土。清津（這個地名源自於中文，意思是清淨河流的渡口）原本只是個小漁村，日本人將其改造成每年能吞吐三百萬噸貨物的港口。日本占領半島期間（一九一〇到一九四五年），在清津港建立了大煉鋼廠，並且在清津以南開發了羅南，這是一座計畫城市，有著棋盤式街道與大型現代化建築。日本帝國陸軍第十九師團總部就設在羅南，日後這支部隊將協助入侵中國東北。繼續沿著海岸往南，日本在咸興市建立了大規模的化學工廠，生產火藥與肥料。

一九五〇年代，共產黨掌權之後開始重建在歷次戰爭遭到轟炸的工廠，並且宣稱這些工廠是他們建立的。日本製鐵位於清津的煉鋼廠被改名為金策鋼鐵廠，它成為北韓境內最大的工廠。金日成表示，東北地區展現出來的工業力量，充分證明了他的經濟成就。直到今日，清津居民對於自己城市的歷史一無所知，事實上，清津這座城市似乎也沒有太多過去可談，因為北韓政權把日本人的建設完全一筆勾消。清津在朝鮮民主主義人民共和國統治下，聲望與人口持續增長，到了一九七〇年代，清津成為國內第二大城，擁有九十萬人口。（一般相信清津的人口已經滑落到五十萬，排名被咸興超越，成為全國第三大城。）

清津，有時又稱「鐵城」，這座鋼鐵產業興盛的城市，經濟與戰略地位日漸重要。清津的工廠生產鐘表、電視機、合成纖維、藥物、機器工具、牽引機、犁、鋼板與軍火。捕獲的螃蟹、烏賊與其他海產則專供出口。清津港轉而做為造船之用。北韓人接收了清津南北海岸的日本軍事設施，並且建造了飛彈基地，這些飛彈的目標對準了日本。鄰近的村落仍然像人口垃圾場一樣，專門用來傾倒那些被流放的人士，例如敵對階級與動搖階級，美蘭的父親便屬此類，他們全被遷到煤礦城鎮居住。然而，這麼重要的城市不能交給不可靠的人。政府需要從核心階級挑選出忠誠的幹部，以確保清津能嚴守黨的路線。清津擁有自己的統治菁英。這些菁英聚居於一處，他們與被放逐者的居住地點雖不相鄰，卻也極為接近。這兩個分居北韓社會兩端的階級之間的互動，將使清津產生獨特的動力。

金日成擁有許多真正的信仰者，宋熙錫是其中之一。她是一個工廠工人，四個孩子的母親，也是北韓的模範公民。宋熙錫滔滔不絕地複誦金日成的語錄，毫無任何懷疑。她是個對規則一板一眼的人。宋太太（她後來這麼稱呼自己，北韓婦女沒有冠夫姓的習慣）熱情擁戴北韓政權的程度，令人不禁懷疑她是不是曾擔任過宣傳影片的女主角。在她年輕的時候，看起來是有點像——她長得一副典型北韓婦女的樣子。金正日的製片廠導演選角的時候應該會喜歡她這個類型的女子：宋太太的臉看起來像餃子一樣豐滿厚實，乍看之下以為她吃得很好，但事實上並非如此，她的嘴形微弓，看起來快樂無憂，不過內心卻隱藏著悲傷。她的鼻子小而圓，眼神明亮而認真，看起來值得信賴而誠懇——事實上她確實如此。

即使情勢已經相當明顯，整個體制虧待了她，宋太太卻堅信不移。「我只為金日成元帥與祖國而活。別無他念，」當我們第一次見面時，她這麼對我說。

宋太太生於一九四五年八月十五日，二戰的最後一天。她成長於清津火車站附近，父親是一名技師。韓戰爆發，火車站成了美國領導的聯合國軍隊主要轟炸的目標，企圖癱瘓共產黨在沿海的補給線與交通運輸。美國密蘇里號與其他戰艦在日本海上不斷往返，輪番對清津與其他沿海城市進行砲擊。美國戰機從頭上呼嘯而過，令孩子們感到驚恐。有時候飛機低空掠過，宋太太甚至看得到飛行員。白天，宋太太的母親拉著六名子女到山上去，以免遭到轟炸。晚上，他們返家睡在鄰居在屋外挖掘的防空洞裡。宋太太總是躲在薄薄的毛毯下顫抖，依偎著母親與其他兄弟姊妹尋求保護。有一天，她的母親留下他們獨自去找他們的父親。在夜晚來臨前，出現了猛烈的轟炸，鐵路旁的工廠被夷為平地。母親哭喪著臉回來，雙膝一跪，把頭埋在地上。「你們的父親死了，」她把孩子全叫來身邊，嚎啕大哭。

父親的死使宋太太獲得「祖國解放戰爭殉難者」子女的血統。宋家甚至還獲頒一張證書。這為她的心靈印上了不可磨滅的反美印記，這也是北韓意識形態的核心。在飽嘗戰亂之後，宋太太對勞動黨的嚴格控管甘之如飴。而她的窮困當然使她有資格成為金日成口中受壓迫下層階級的一員。這樣一名有著完美共產黨血統的女孩，擁有一段完美的婚姻也是理所當然。經由勞動黨官員的介紹，她認識了未來的丈夫。宋太太的未婚夫長博也是勞動黨員——對她來說，嫁給非勞動黨員是無法想像的。長博的父親是北韓情報人員，建立了不少軍功，他的弟弟已經加入北韓公安部。長博畢業於金日成大學，被安排從事新聞工作。在北韓，記者是一份聲望很高的職業，因為記者是政府的喉舌。「依照黨的指示寫作才是英雄，」金正日表示。

長博是個魁梧的男子，與同世代的北韓人相比顯得格外高大。宋太太身高僅達五呎（一百五十二公分），站在他的身旁宛如小鳥依人。這兩個人是匹配的一對。這對英俊美麗、政治正確的年輕夫妻照理可以輕易獲得在平壤居住的資格。平壤是北韓唯一有外國人頻繁造訪的城市，所以政府強力要求當地居民要留給外人良好的印象，意識形態也必須健全。然而當局最後並沒有讓他們留在平壤，反而要他們成為清津忠貞分子的一員，於是他們移居清津，居住在當地最好的地段，享受各種特權。

北韓理論上推行平等主義，但實際上房地產卻是根據階級背景登記簿上的階序原則加以分配。不宜人居的地區分布在清津南部接近煤礦與高嶺土礦之處，工人們住在這裡，他們的住宅是外表用石灰粉刷過的口琴式住房。愈往北走，房屋蓋得愈是華麗。沿著主要道路行經羅南時，建築物更是高聳，有的甚至達到十八層，這是當時最現代的建築。建築師甚至留下了電梯井，不過他們卻沒有找時間裝設電梯箱。這種針對戰後公寓做的建築設計出自東德建築師的手筆，他們還依照韓國的民情風俗做出一些調整。在各樓層之間預留空間，以便在地板下安裝韓國傳統的暖氣設備。此外，每棟公寓的每個住房單位都裝設擴音器，用來廣播社區的注意事項。

清津遠不如平壤現代，但卻擁有自己獨特的權力風格。清津做為咸鏡北道首府，政府與勞動黨辦公的官署極為雄偉。這座官僚中心有著秩序井然的棋盤式街道。這裡設有大學、冶金學院、礦業學院、農業學院、藝術學院、外語學院、醫學院、三所師範學院、十二家戲院，與專門介紹金日成生平的革命歷史博物館。位於東部港口對面的是專供外國遊客休憩的天馬山飯店，俄國領事館也在附近。清津市中心的街道與廣場採取了莫斯科與其他共產國家城市常有的過度寬闊的浮誇風格，以彰顯政府的權力凌駕於個人之上。

貫穿全城的主要大道稱為一號道路，這條道路非常寬闊，可以輕易容納六線道的車輛，但前提是清津要有這麼多的車子。在道路兩旁，每隔一段距離就有一棵巨大的懸鈴木與金合歡，如同站崗的哨兵。樹幹的下半部都漆上白色，白漆的用途是什麼，每個人說法不一，有人認為是防止病蟲害，有人說是保護樹木免於高溫曝曬，也有人說是為了表示這是政府財產，不准砍來當柴火。路旁的邊石也漆成白色。樹與樹之間豎立著常見的宣傳標語，樹木與牌子後面則是高聳的路燈，不過這些路燈卻很少有亮起的時候。路旁的人行道跟香榭麗舍大道一樣寬——原本就是要設計成大道的樣子，不過許多行人卻選擇走在馬路上，反正沒有幾輛車。路上沒有號誌燈，只靠穿上制服的交通警察像做體操似的用手臂來回機械式的比劃，指揮三三兩兩的車輛。沿著大道來到一處丁字路口，就到了咸鏡北道戲劇院，這座雄偉的建築物上面垂掛了一幅高十二呎的金日成肖像。走到戲劇院後面，這座城市突然到了盡頭，東北部的中岳在此攔住了去路。近年來，開始有人把這座山當成墳地，許多樹木都被砍伐當成柴火，但仍不失為愉悅的休閒場所。事實上，即便到了今日，清津的鬧區乍看之下似乎還不錯，但只要仔細觀察就會發現地面滿布著從建築物掉落的混凝土塊，路燈東倒西歪，看起來相當危險，路面電車的車殼則是千瘡百孔。造訪清津的少數遊客往往浮光掠影地看過去，完全沒有注意到這些破敗的景象。

宋太太的住處位於八層樓的二樓，但這棟大樓沒有電梯。她第一次看到這棟房子的時候感到很驚訝，屋內居然配有水管管線。一九六〇年代，北韓人普遍沒有看過這麼現代的東西。暖氣設備跟傳統韓國房屋一樣是從地板下方加熱，不同的是，這棟公寓是利用水力發電廠加熱的水通過大樓內部的管線來溫暖整棟房子。這對年輕夫妻的家具並不多，他們擁有兩房，一間他們住，另一間給數量逐漸增添的孩子們住。他們的長女玉熙於一九六六年出生，又過了兩年，次女出生，然後是三女。當時，北韓的醫療已經發展得相當充分，絕大多數的城市婦女都在醫院生產。宋太太雖然外表柔弱，身體卻相當健壯，她在沒有產婆協助下，自行生下所有的孩子。其中有個孩子是在路邊生的，當時宋太太正提著一籃洗好的衣服回家。她頭一回生孩子，婆婆煮了一鍋黏稠的海藻湯給她喝，這是傳統的韓國偏方，能幫剛生孩子的母親補充鐵質。第二次，宋太太又生了女兒，這回她的婆婆可就不高興了，她直接把海藻交給宋太太，要她自己煮。第三胎又生女的，她婆婆一氣之下不跟她說話。

「妳的肚子註定生不出兒子，」婆婆臨走時撂下這句尖刻的話。

宋太太並不洩氣。第四胎出生時，她剛好一個人在家。當天她因為肚子痛所以提早下班，但她閒不下來，於是開始擦地板。突然一陣刺痛傳遍全身，她趕緊衝向浴室。這回終於生了男孩。宋太太成功挽救自己在這個家的地位。而她的婆婆也親手熬煮了海藻湯給她補身。長博此時正在出差，第二天他聽到孩子出生的消息，隨即搭早班火車回家。中途還停下來買了一輛兒童腳踏車——送給新生兒的禮物。

宋太太已經有了四個孩子而且要操持家務，但她還是到位於浦港的朝鮮製衣工廠附設日間托兒所擔任一週六天的全職簿記。北韓需要婦女維持工廠運轉，因為北韓長期缺乏男性——估計有兩成的勞動人口在軍中服役，北韓是世界上軍隊占人口比例最高的國家。宋太太通常背上揹著一個孩子，手上牽著一個或兩個孩子去上班。她的子女基本上是由日托中心幫忙帶大的。宋太太每天必須工作八個小時，中午有午餐與午睡時間。下班後，她必須再花幾個小時在工廠禮堂接受意識形態訓練。課程內容可能是如何進行反美帝國主義鬥爭，也可能是金日成在二戰時的抗日偉業（有真實的一面也有誇大的一面）。她必須寫文章評論勞動黨最近的宣言，或對《咸北日報》的社論進行分析。她回家時已經晚上十點半，還要整理家務與煮飯，然後在天亮時起床，為自己與家人做好一天的準備，然後在早上七點出門。宋太太很少睡超過五個小時。這樣的生活在某些日子會特別辛苦。例如在每個星期三早上，她必須提早出門參加社會主義婦女聯盟的朝會。星期五晚上，她必須進行自我批評，因此要更晚才能回家。在自我批評會議上，她所屬的工作單位成員，也就是從事簿記的同仁們，必須要起立向全體人員坦承自己做了什麼錯事。這是共產黨版的天主教告解。宋太太經常發自肺腑地說，她擔心自己不夠努力。

宋太太對於自己的話深信不疑。多年來的睡眠不足、意識形態訓練與自我批評（與洗腦和拷問如出一轍）早已將所有的反抗意志消磨殆盡。她已經被打造成金日成眼中的改良人種。金日成的目標不只是建立一個新國家，他還想創造更優秀的民族與改造人性。為此，他創造了屬於他自己的哲學體系：主體思想。主體思想吸收了馬克思與列寧提出的地主與佃農、富人與窮人之間的鬥爭觀念。主體思想也認同馬列提出的人類的命運是人類自己塑造的，而非上帝。但金日成反對傳統共產主義的普世精神與國際主義。他是一名極端的朝鮮民族主義者。他告訴韓國人，韓國人是獨特的，幾乎所有的韓國人都屬於一個民族，那就是朝鮮民族，韓國人不需要仰賴中國、日本與俄國這些強鄰。南韓人是民族的恥辱，因為他們事事依靠美國。「簡單地說，建立『主體』意謂著我們才是革命與重建國家的真正主人。我們要堅持獨立地位，不依靠外人，要運用自己的智慧，相信自己的力量，展現主體的革命精神，」金日成在許多文章中做了如此表示。對於一個自豪的民族來說，這樣的宣言無疑相當具吸引力，尤其這個民族的尊嚴已遭鄰國踐踏了數世紀之久。

金日成在從事抗日游擊期間，開始發展他的主體觀念，以做為社會控制的工具。他教導北韓民眾，人類的力量來自於能屈從個人的意志以符合集體的意志。所謂集體並不是雜亂無章地根據民主程序實踐人民選擇的方案。人們必須毫無異議地服從絕對最高領袖的領導。至於領袖是誰？毫無疑問就是金日成本人。

但光是這樣還不夠；金正日還需要愛。以鮮艷的海報色彩繪製成的壁畫，畫中的金正日被一群臉頰紅通通、眼神充滿孺慕之情的孩子所包圍，而他對這些孩子投以慈愛的笑容，並且露出他那排珍貝般的牙齒。這幅畫的背景雜亂放置著玩具與腳踏車——金日成不想成為約瑟夫·史達林（Joseph Stalin），他想成為耶誕老人。他臉上的酒窩使他看起來比其他的獨裁者更容易親近。他被塑造成父親的形象，在儒家傳統中，父親應該受到尊敬與愛戴。金日成想討好每個北韓家庭，使自己成為他們的一分子。這種儒家色彩的共產主義與馬克思預想的世界完全是兩回事，反倒與日本帝國文化更為接近，日本天皇有如太陽，所有的臣民都要匍匐在他面前。

某方面來說，所有的獨裁者都很類似。從史達林的蘇聯到毛澤東的中國，從齊奧塞斯庫（Ceau escu）的羅馬尼亞到薩達姆·海珊（Saddam Hussein）的伊拉克，所有獨裁政權都使用相同的伎倆：將自己的銅像聳立在每個城鎮廣場，將自己的肖像懸掛在每間辦公室，就連手表的表盤上也放上獨裁者的臉孔。但金日成進一步將個人崇拜推向新的境界。金日成之所以能在二十世紀獨裁者肖像館中脫穎而出，在於他掌握了信仰的力量。金日成了解宗教的力量。他的舅舅在共產黨統治前的時代曾是一名新教牧師，當時的平壤有著極具活力的基督教社群，為平壤贏得「東方耶路撒冷」的稱號。金日成掌權之後，關閉教堂、查禁聖經、將基督徒流放到內陸地區，並且挪用基督教的圖像與教義做為自我提升的工具。

廣播員宛如五旬節運動的傳道者，總是以令人屏息的語氣介紹金日成或金正日。北韓報紙報導了各種超自然現象。船員緊抓著載沉載浮的船隻，唱歌讚頌金日成，狂風巨浪突然間平息了。金正日到非武裝地區巡視時，一陣神祕的霧氣籠罩著他，使潛伏的南韓的狙擊手無法下手。金日成讓草木繁榮，讓冰雪融化。如果金日成是上帝，那麼金正日就是上帝的兒子。金正日的誕生與耶穌基督一樣，天空出現明亮的星星與美麗的雙虹預示他的降臨。燕子從天而降高聲讚頌「未來將統治這個世界的將軍」誕生了。

北韓招來世人的訕笑。我們嘲弄北韓宣傳的誇大不實與北韓民眾的愚昧易欺。但別忘了，北韓的洗腦從嬰兒時期就開始了，每天十四個小時待在工廠的日托中心；往後五十年，每一首歌、每一部電影、每一篇報紙文章與招牌告示都在神化金日成；這個國家被密封起來不與外界接觸，人民無從懷疑金日成的神性。在這種狀況下，誰有辦法擺脫呢？

一九七二年，適逢金日成六十大壽，勞動黨發行了金日成襟章。韓國傳統文化認為這是人生的一個重要日子。不久，全國人口都必須將襟章別在左胸上，就在心臟正上方的位置。宋太太的家就跟其他人家一樣，在一面完全空白的牆上掛著一幅裱框的金日成肖像。只要是掛著領袖肖像的那面牆，什麼東西都不能放，包括自己血親的照片。你唯一需要的家人就是金日成，至少到一九八〇年代是如此，當金正日當上勞動黨總書記以後，他的肖像首次可以跟他的父親掛在一起。之後又出現了第三張肖像，是金氏父子的合照。北韓報紙喜歡報導「充滿人情味的故事」，例如有英勇的民眾為了拯救領袖肖像免於水火之災，而喪失了自己的性命。勞動黨免費發放的肖像還附有一塊白布，這塊白布可以收到肖像後面的木匣裡。白布只能用來擦拭肖像。擦拭清潔的動作在雨季尤其重要，外框的鏽斑很可能跑到玻璃內緣的角落。公共標準警察每月會來你家檢查一次，看你是否維持肖像的整潔。

宋太太不需要檢查人員督促。即使在倉促忙亂的早晨，在收捲床蓆、準備午飯乃至於催促孩子出門之際，她仍然不忘時時拂拭肖像。許多婦女不喜歡佩戴金日成襟章，因為它會讓衣服產生破洞，而且鐵鏽也會弄髒衣服，但宋太太可不這麼想。有一天，她在倉促之間換了衣服，忘了把襟章別上便匆匆出門。結果在路上被一名少年給攔住了，從他的臂章可以看出他是社會秩序維護隊的成員，這些人來自於社會主義青年聯盟，負責在街上隨機注意民眾有沒有佩戴襟章。初犯通常必須額外上幾堂意識形態課程，而且會留下不良紀錄。但宋太太對於自己忘了襟章一事表現出極為驚恐的樣子，這名少年於是只稍微警告幾句就讓她走了。

宋太太謹守金日成的教誨過日子，她每晚在工廠禮堂研讀，早將這些教導牢記於心。就連她的日常對話也充斥著這類格言。尤其在訓誡頑劣的孩子時，她會說：「忠誠與孝順是革命分子應該奉行的最高道德。」孩子們不應該忘記他們的一切全是國家領袖賜予的。與其他北韓孩子一樣，宋太太的孩子不慶祝自己的生日，而是慶祝金日成（四月十五日）與金正日（二月十六日）的生日。這兩天是國定假日，而且通常只有這兩天民眾才能配給到肉品。能源危機發生以後，這兩天就成為唯一有電的日子。在領袖生日的前幾天，勞動黨會分給每個小孩兩磅以上的糖果。對孩子來說，這的確是令人印象深刻的禮物，有各種餅乾、果凍、巧克力與口香糖。這些小禮物必須等到領袖生日當天才能吃，不過有些母親才不管這麼多，至於宋太太當然是一切按規矩來。當節日來臨，所有的孩子在肖像前排成一列，表達對領袖的感謝。孩子們同時彎腰，深深地一鞠躬，而且充滿感情。

「謝謝金日成元首父親，」孩子們不斷重複這句話，直到一旁觀看的母親滿意為止。

數年後，宋太太回顧這段日子，充滿了懷舊。她覺得自己很幸運。長博的確是個好丈夫。他在外頭不拈花惹草。他從不對宋太太或孩子們動粗。他喜歡喝酒，但只到微醺為止。他只要一笑，日漸肥胖的肚子也會跟著顫動起來，常常逗得全家大笑。這是個充滿愛的幸福家庭。宋太太深愛她的三個女兒、兒子、丈夫，有時甚至還包括她的婆婆。當然，她也愛金日成。

宋太太少數珍貴的回憶全來自這幾年。有一回，很難得的，星期日她與長博都不用上班，孩子們也不用上學，全家人好不容易可以聚在一起。在那些年，他們兩次到海灘玩，其實海灘離他們家也不過幾哩遠。家裡沒有人會游泳，他們在沙灘上散步，撿拾蛤蜊回家蒸著吃。有一次，宋太太的兒子滿十一歲，她帶他去逛清津的動物園。她以前在學校遠足時曾來過這裡。她記得自己曾看過老虎、大象、熊與狼，但現在只剩幾隻鳥。這是她最後一次舊地重遊。

宋太太的子女進入青春期後，麻煩事接二連三地到來。四個孩子中最棘手的是她的大女兒。玉熙與她的母親像是同一個模子印出來的，她長得渾圓結實，豐滿而美麗。然而同樣的兩片豐唇長在玉熙臉上卻成了一副任性噘嘴的模樣。她的個性充滿尖銳的稜角。從她身上看不見母親寬厚的性格，反而是易怒與處處感到忿忿不平。身為職業婦女的長女，母親從早到晚都不在家，玉熙必須擔負起絕大部分的家務，對此她感到不悅。她不像母親一樣願意自我犧牲。她不願忍受微不足道的蠢事把生活變得如此疲累。玉熙並不是因為懶散而變得不聽話，她只是不願做毫無意義的事。

玉熙抱怨「志工」的工作，但這是北韓青少年應盡的愛國職責。從十二歲開始，孩子們就被動員起來到農村種稻，他們要學著育苗、插秧與除草。玉熙一到春天就感到害怕，因為她必須提著籃子運土與噴灑殺蟲劑，毒氣刺痛了她的眼睛。當其他孩子一邊快樂唱著〈讓我們保衛社會主義〉一邊踏步前進時，她卻抿著嘴巴怒目而視。

最讓玉熙討厭的就是收集公寓廁所的「堆肥」。北韓長期以來缺乏化學肥料，而且農村也缺乏牲畜，所以需要人的排洩物來製作堆肥。每戶人家每個星期要提供一桶，送到數哩外的倉庫存放。提供堆肥的家庭可以獲得一張收據，證明你已經盡到職責，而這張收據日後可以用來換取糧食。這項臭不可聞的雜務通常落到年紀最大孩子身上，於是玉熙絞盡腦汁尋找最輕鬆的辦法。事實上，要矇騙並不困難。收集堆肥桶的倉庫無人看管，誰會想到有人會來偷糞呢？玉熙靈機一動，她偷溜進去，抓了一桶堆肥，然後宣稱是自己的再交給倉庫，這樣就能換取收據了。

玉熙回家以後，得意地吹噓自己的伎倆。宋太太對於這種欺騙行為怒不可遏。她很早就知道玉熙是家中最聰明的孩子，她在三歲時就能認字，而且能背誦金日成的長篇文章，親戚們對此都感到印象深刻。但是堆肥這件事證實了宋太太的憂慮，玉熙是個缺乏集體精神的個人主義者。她要如何在一個眾人以一致步伐前進的社會活下去？

玉熙讀完高中之後，宋太太的丈夫運用自己的關係幫她在建設公司宣傳部找到一份工作。玉熙必須寫文章讚揚工作團隊的表現，例如建設進度超前與在鋪設道路上獲得重大進展。這家公司有一輛廣播宣傳車，實際上是一輛不堪使用的軍用卡車，車的兩側塗上標語：「讓我們依據主體思想來建立全體社會。」當卡車巡迴於各個建築工地時，玉熙拿起麥克風朗讀她的報告，透過尖銳的擴音器廣播公司的成就。這是一份愉快的工作，不需要提重物，而且跟所有宣傳部門一樣，這份工作有一定的地位。

宋太太與丈夫想進一步確保玉熙的未來，於是打算在勞動黨內部幫她挑個丈夫。宋太太希望找個跟自己的丈夫差不多的人，於是她吩咐長博留意一下在他四周有沒有跟他類似的人物。恰好，長博搭火車到茂山出差的時候，旁邊坐著一名相當可愛的年輕男子。崔永秀來自羅津一個不錯的家庭，羅津位於清津北方。他是朝鮮人民軍的民間僱員，是一名吹小號的音樂家。他在軍中的地位高於一般兵，應該是可以加入勞動黨。長博覺得這個年輕人頗有前途，於是邀請他來家裡。

玉熙與永秀於一九八八年結婚，結婚的儀式遵照北韓傳統：站在金日成銅像前，由他代替神職人員象徵性地主持婚禮。他們穿上自己最好的衣服，玉熙穿上米黃色外套與黑色褲子，永秀穿上深色西裝，僵硬地站在高大的銅像面拍照留念。他們留下一束花，相信他們的結合在精神上受到偉大領袖的祝福。他們回家享用宋太太擺下的宴席。根據傳統是要吃兩場宴席，一場是新娘家的，另一場是新郎家的，這當中帶有一點彼此較勁炫耀家產的味道。這些宴席所費不貲，因為鄰居與同事都在受邀之列，此外新娘家還必須附上嫁妝：裝滿被褥的櫥櫃、廚具、鏡子與梳妝台，家境富裕的話，有時還送上縫紉機與電器用品。宋太太感到很不踏實；她知道永秀家的社會地位比他們高，所以她傾盡全力要留給對方好印象。她在桌上擺滿了菜——年糕、綠鱈、章魚、油炸豆腐、毛蟹與三種魷魚乾。這是宋太太家曾經吃過最豐盛的一餐，而這很可能是這場婚姻最圓滿的一刻。

玉熙後來才發現，永秀相當愛喝酒，尤其對自家釀的玉米酒情有獨鍾。幾杯黃湯下肚，原本吸引人的音樂家魅力不見了，取而代之的是火暴易怒的脾氣。永秀趾高氣揚的態度原本讓玉熙傾倒不已，現在卻讓她感到極具威脅。這對年輕夫婦搬到火車站附近的公寓居住，但玉熙卻經常跑回家。要不是眼窩青了一塊，就是嘴唇被打裂了。婚後不到半年，永秀就因為與同事打架而被趕出軍樂隊。他被送到茂山的鐵礦區工作。他已經失去加入勞動黨的機會。你必須在二十幾歲提出入黨申請，並且通過黨委書記的審查。少了黨員身分，永秀的事業發展註定有限。已經懷孕的玉熙，不得不放棄工作，此時的她面臨的危險更甚以往。

不久，宋太太的兒子也成了她煩惱的來源。與玉熙不同，兒子從小就相當乖巧。南玉跟他的父親一樣，是個體格健壯的孩子，不僅肌肉發達，身高也達到五呎九吋（一百七十五公分）。他很少大聲說話或與人爭吵。無論父母或姊姊們吩咐什麼，他都會乖乖照做。玉熙對於同樣的父母會生出性格完全不同的姊弟感到很驚訝。「他很安靜，你甚至察覺不到他在那裡，」玉熙這麼描述自己的弟弟。南玉的學業成績中等，但體育卻很優秀。他可以反覆不斷對著公寓水泥牆踢球，而且自得其樂。十一歲時，一名教練測量他的前臂與腿的長度，然後推薦他到清津的特殊體育學校就讀。這是共產黨針對競賽項目運動常有的做法，由政府（而非家庭）來決定哪些孩子不用接受一般教育而可以直接進入國家隊接受訓練。南玉的表現非常好，因此在十四歲時他被送到平壤接受拳擊訓練。

往後七年，南玉一年只許返家兩次，每次有十二天的假期。宋太太難得跟他見上一面。南玉從來不曾像姊姊一樣向母親訴苦，此時的他看起來似乎更像是陌生人。然後宋太太聽到一些令人擔心的傳聞。南玉在清津交了女朋友，而且女朋友的年紀比他大五歲。他從平壤回清津時都會待在她的住處。這算是一件醜聞，理由有二：第一，北韓男人通常不會跟比自己年長的女性交往；第二，婚前性行為是不被容許的。南玉很可能被學校開除，或者被逐出社會主義青年聯盟，如此一來，未來他將沒有機會加入勞動黨。身為獨子，南玉有責任找個好對象傳承香火。宋太太與丈夫想問他發生了什麼事，但得到的只是令人難受的沉默。南玉與家人愈來愈疏遠，有時連放假也不回家。

接下來輪到長博惹禍上身。有天晚上，長博與太太還有幾個鄰居在家裡收看電視新聞。在這棟大樓裡，宋太太家是少數擁有電視的家庭。一九八九年時，電視的價格約合三個月薪水，大約是一百七十五美元，而且除非經工作單位特別批准，否則不許購買。政府通常為了表彰對國家的特殊貢獻，才會以金日成的名義批准該項許可做為獎賞。長博之所以能擁有電視機，主要是因為他的父親在韓戰時曾滲透到敵後進行諜報工作的緣故。這臺電視機是日本日立公司製造，卻標示著韓國的廠牌松木公司。北韓的電視機與收音機已經預先設定，只能接收政府的頻道。此外，節目內容比較傾向娛樂性。除了固定的金日成演說外，平日晚上有體育、音樂會、電視劇以及金正日製片廠製作的電影可看。週末晚上，有時會有俄國電影可看，算是一項特別節目。宋太太與丈夫對於自己家裡的電視感到自豪。他們看電視時總會將家門打開，讓鄰居能隨意進來跟他們一起觀看，充分反映出當時的集體精神。

讓長博惹上麻煩的節目，本身其實沒什麼問題，內容主要是報導一家專門生產雨季雨鞋的工廠。鏡頭拍攝一群在生產線前面工作極有效率的工人，雨鞋就這樣由數千名工人生產出來。旁白除了大力讚揚雨鞋的優良品質外，還提出種種數據佐證這家工廠的驚人產量。

「哼，如果有這麼多雨鞋，為什麼我的孩子一雙都拿不到？」長博一邊說，一邊放聲大笑。他未加思索說出的話，竟為他招來禍事。

宋太太始終搞不清楚是哪個鄰居告密。她的丈夫所說的話很快被呈報到人民班，而人民班又上報到公安部。這個名稱讓人覺得不祥的部門，其實就是北韓的政治警察。它擁有廣大的線民網絡。根據脫北者的說法，每五十人至少就有一人是線民，這個比例甚至比東德臭名遠播的國家安全部還高，在兩德統一後，這些情報檔案都已被公開。

窺探自己的同胞似乎成為一種全國性的消遣。有些窺探者來自於社會主義青年聯盟，例如那位因為宋太太忘了戴襟章而將她攔住的少年。這些人也監督服裝儀容，例如不准穿牛仔褲或上頭印有羅馬字母的T恤（這代表你有資本主義傾向），頭髮也不許太長。勞動黨正式發布一道命令，要求男性的頭髮不許超過五公分，但禿頭的男子可以留到七公分。情節嚴重者將會被公共標準警察逮捕。另外還有「糾察隊」，這是機動的警察單位，他們在街頭隨機尋找違法者，而且可以無預警下闖入民眾家中。他們會找出超過用電額度的用戶，例如超過四十瓦的燈泡、加熱板或電鍋。在一次突襲檢查中，有個民眾慌忙間將加熱板藏在毛毯裡，結果居然把房子給燒了。糾察隊經常在午夜過後上門檢查家中是否收留了未得到旅行許可的人。這是一項嚴重的罪行，就算是外地來的親戚也不允許，更糟的是有時留宿的還可能是自己的情人。但是從事窺探的不只是警察與社會主義青年聯盟。每個民眾都應該檢舉破壞與違反行為。由於北韓太貧困，電力供應不足以維持電子監控，所以國家安全必須仰賴人力情報——告密。報紙偶爾會出現文情並茂的報導，描述勇敢的孩子糾舉父母的違法行為。由此看來，因發表對當局不滿的言論而被鄰居告發也就不覺得奇怪了。

長博的訊問持續三天。情報人員對他大吼與咒罵，不過並沒有毆打他，至少長博是這麼對妻子說的。他說，他的口才使自己得以從囹圄脫身。他用無可質疑的陳述來為自己辯護。

「我沒有辱罵任何人。我只是說我沒有能力買那些雨鞋，我希望能買幾雙給我的家人，」長博憤慨地表示反對。

他的說法很具說服力。他的大肚皮以及嚴正的態度也使他頗具威勢。此外，長博的姿態就像個勞動黨官員。政治警察最後決定不再追究，將他無罪釋放。

回家之後，長博被妻子痛罵一頓，悽慘的程度不下於政治警察的訊問。那是他們婚後最嚴重的一次爭吵。對宋太太來說，這不只是丈夫對政府的不敬，也是她人生第一次感到強烈的恐懼。她的行為一直毫無缺點，她的信仰也絕對真誠，她從來沒想到自己很可能受到傷害。

「你為什麼要在鄰居面前講這種鬼話？你難道不知道這麼做可能讓我們一無所有？」她責罵長博。

其實，夫婦倆很清楚自己有多幸運。要不是長博完美的階級背景與黨員身分，恐怕他無法輕易脫身。此外，宋太太曾經擔任大樓人民班的班長，加上國家安全官員尊敬她，這些都對長博的無罪開釋起了一定作用。如果長博在社區裡地位不牢靠的話，那麼他未加思索說出的話就足以讓他被流放到山裡的囚犯營。他們聽過有人曾拿金正日的身高開玩笑，結果被判了無期徒刑。宋太太的工廠也有一名婦女因為在日記上寫了東西而被帶走。當時她對那名婦女並無任何一點同情。「那個叛徒或許是罪有應得」，她心裡想著。現在，她對於自己當初的想法感到羞愧。

事件似乎就此煙消雲散。經過這次教訓，長博在外人面前說話更謹慎，然而他的想法卻也愈來愈不受羈絆。多年來，長博一直與心中的懷疑奮戰，這股懷疑每隔一段時間就會浮上心頭。現在，所有的懷疑都凝結成全然的不信任。身為記者，長博比一般民眾更有機會接觸各種資訊。在他服務的咸鏡北道廣播公司，他與同事聆聽來自外國媒體未經檢查的新聞報導。他們的工作就是對這些新聞進行消毒，然後才能讓國內民眾聆聽。資本主義國家或特別是南韓的正面消息（例如南韓在一九八四年舉辦夏季奧運會）都要加以輕描淡寫。罷工、災難、暴動、謀殺，只要不是北韓的消息，全都要大篇幅地加以報導。

長博的工作是報導商業新聞。他巡迴各地的集體農場、店鋪與工廠，以筆記與錄音的方式向管理人員進行訪談。回到新聞室，他振筆疾書（沒有打字機）描寫各地的經濟發展得有多好。他總是用正面的角度將事實串連起來，至少讓文章閱讀起來還有一點合理性。然而，稿子到了平壤的上司手裡，連僅剩的一丁點真實也被刪除了。長博比誰都清楚，北韓經濟的成功完全是謊言。他當然有理由嘲弄那則雨鞋的報導。

長博在廣播站有個可信任的好友，跟他一樣愈來愈唾棄北韓政權。當兩人聚在一起的時候，長博會開一瓶宋太太自釀的玉米酒，在酒過三巡之後，他們開始說出自己的心裡話。

「他們全是騙子。」

「兒子比父親還壞。」

玉熙偷聽到父親與朋友的談話。她默不作聲，只是頷首贊同。長博發現時，起初是噓了她幾聲想打發她走。最後他放棄了。他要玉熙發誓不能說出去，而後才吐露他心中的祕密。長博告訴她，金日成並非他自己所宣稱的抗日鬥士，其實他不過是蘇聯的傀儡。他告訴她，南韓現在是亞洲最富有的國家之一；就連一般的工人都買得起汽車。他說，共產主義已經證明是個失敗的經濟體制。中國與蘇聯現在都轉而擁抱資本主義。父女倆一連談上好幾個小時，但他們總是小心翼翼放低音量，以免被鄰居竊聽。而且，在這種時候，他們絕對會確定宋太太這位真正的信仰者不在屋內。

清津工業區

chapter 4
fade to black

第 四 章
陷 入 黑 暗 之 中

★

一九九〇年才剛開年，原本高聳的柏林圍牆已化為一片瓦礫，許多紀念品小販爭相搶奪破磚碎瓦以為販賣之用。而就在這一年，兩德即將統一。此時的蘇聯也開始出現分崩離析的徵兆。毛澤東的臉孔成了到北京觀光的美國遊客購買的庸俗表盤圖樣。羅馬尼亞前共黨領袖齊奧塞斯庫——他與金日成有著親密的私人友誼，這點並不令人意外——才剛在行刑隊槍下伏法。列寧銅像從臺座上被拉扯下來，砸個粉碎。世界各地的共產黨員午餐時大口咬著大麥克，喝著可口可樂。然而在北韓這個隱士之國，生活依然沒有什麼變化。

北韓的新聞檢查人員面對共產主義的崩解，他們的新聞處理手法仍然是加以淡化或歪曲。以《勞動新聞》來說，該報認為其他共產集團國家的問題起因於民族的先天缺陷。（北韓的新聞媒體總喜歡暗示韓國人在基因上的優越。）東歐人與中國人在本質上不夠堅強或有紀律。他們偏離了社會主義的真實道路。如果他們能擁有像金日成一樣傑出的天才來領導他們，他們的共產制度就能維持下去而且繁榮茁壯。為了遵循金日成的主體思想，北韓人必須無視其他國家的做法，堅持自己的路。

於是宋太太緊閉雙眼，要自己對各種顯而易見的錯誤視而不見。起初，跡象並不顯著，幾乎沒有人留意。燈泡從一開始的閃個幾秒鐘、幾分鐘，變成幾小時、然後幾天。電力從一開始的時有時無，變成一天只有幾小時、一星期只有幾晚有電。自來水也停了。宋太太隨即想到，要趁水來的時候盡可能儲水，接得幾桶是幾桶。但是這些水仍然不夠洗滌之用，而且大樓的抽水馬達需要電力，往往電還沒來，水已經停了。她必須收集塑膠瓶，沿街走到公共抽水站。取水成了宋太太每天早上的例行公事。在收拾完被褥草蓆與擦拭好金日成肖像之後，就到了該取水的時候了。雖然孩子都已經長大，但她必須比以往更早起床。宋太太都在一號道路搭乘路面電車上班，但電車的班次減少，等到電車來的時候上面早擠滿了人，有些人只好吊掛在車後的階梯上。宋太太不想跟車上的年輕男子爭搶空位，所以她通常是步行上班。用這種方式上班需要花上一個小時的時間。

清津的工廠緊挨著海岸線，從北邊的浦港到南邊的羅南，延伸達八哩。羅南過去曾是日軍基地，現在則是朝鮮人民軍第六軍的駐紮地。最大的幾家工廠是清津鋼廠與金策鋼鐵廠、化學紡織、第二金屬營造、五月十日煤礦機械以及麻田鹿公司，麻田鹿公司是一家鹿茸製藥公司。宋太太在工業帶北端的朝鮮製衣廠工作，這家工廠隸屬於北韓最大的國營製衣公司。清津分公司僱用了兩千名員工，幾乎全是女性，少數男性要不是上層的管理人員，就是貨車司機。北韓人終其一生幾乎都穿制服，這家工廠大量生產的當然也離不開制服——無論是學生、店員、火車駕駛員、勞工乃至於工廠女工，全都有標準化的制服。這些衣服全以維那龍（vinalon）製成，它是北韓獨有的擁有高強度與光澤的合成材料。維那龍由北韓科學家於一九三九年研發，北韓人很自豪地稱之為主體纖維。這些材料絕大部分生產於沿著海岸往南一百七十五哩處的咸興。

不過，從一九八八年起，布料的運送出現遲延的現象。宋太太與其他女工聽說問題出在咸興。要不是維那龍的原料無煙煤用完了，就是工廠的電力不夠——宋太太無法得到清楚的解答。但可以確定的是，沒有布料，工廠就無法開工。

女裁縫整天都在掃地擦亮機器，等待下一批布料送來。工廠靜得很不尋常。原本縫紉機忙碌工作的聲響傳遍整座廠房，如今卻只剩下沙沙的掃地聲。

為了讓工廠這些女工做點有產能的事，工廠的管理人員推動一項美其名為「特殊計畫」的工作。事實上就是要她們尋找任何可能賣錢或交換糧食的物品。有一天，女工們列隊沿著鐵道行進，她們拿著袋子與鏟子沿路收集狗屎好用來製作肥料。其他的日子，她們也盡可能收集廢五金。起初被派出去的只有女裁縫，但不久宋太太與其他在日托中心工作的員工也得加入。她們用輪班的方式進行這項工作——中心裡一半的員工留守照顧孩子，另一半出去收集可以賣錢的物品。

「即使道路艱苦難行，我們也要保衛黨，」管理人員為了激勵大家的士氣，要求她們一邊收集一邊唱歌。

有時她們會到海灘收集廢五金，煉鋼廠就在附近，從管線排出的廢水可能含有少量的金屬。宋太太不喜歡把腳弄溼，就算是在清津青年公園附近的海灘也一樣，她的孩子還小的時候，全家人還曾經來這個地方撿過蛤蜊。她那個世代的北韓人幾乎都不會游泳，宋太太也不例外。即使水很淺，也會讓她嚇得發抖。她必須把褲管捲到膝蓋，然後穿著帆布鞋踏進海水，手裡拿著竹簍子篩選金屬，就像在淘金一樣。到了一天結束的時候，督導員會秤一下大家收集的金屬重量，看是否達到每個單位的責任額度。

所有的婦女都不斷想法子要逃離這種令人不快的收集工作。儘管她們幾乎沒有薪資，她們還是不敢不工作。在北韓，如果曠職的話，就拿不到可以換取糧食的糧票。如果你無故曠職一個星期，可能會被監禁起來。

有些婦女要不是謊稱家中有急事，就是拿出醫生開的憑證說她們無法來上班。其實只要使個眼色或點個頭，憑證就下來了。督導不會仔細檢查這些證明，因為他們知道這些婦女無事可做。相反地，宋太太做夢也不會讓自己偽造憑證，這會讓她感到良心不安。她跟以前一樣準時上班。由於女裁縫沒來工廠，所以日托中心也沒有需要照顧的孩子。主管試圖排入更多的金日成思想課程來打發時間，但隨著停電時間愈來愈長，工廠內也經常是一片黑暗。經過這麼多年一天工作十五個小時的生活，宋太太終於有機會好好休息。她趴在桌上，臉頰貼著木頭桌面，睡了很長一段時間，心想，像這種狀況還要持續多久。

有一天，經理把宋太太與她的同事叫進辦公室。宋太太相當尊敬這位經理，他是一名黨員，也是虔誠的共產主義者，就像她一樣是個真正的信仰者。過去他總是再三向工人保證，布料隨時都有可能從咸興送來。現在他困窘地清一清喉嚨，尷尬地說，目前的狀況不可能好轉，大家（包括像宋太太這種仍然照常上班的死硬派）或許不用再抱什麼期望。

經理說：「妳們幾位大嬸（*ajumma*，韓文通常用這個詞來表示已婚婦女）可能要想想別的辦法幫家裡帶點糧食。」

宋太太嚇壞了，經理雖然沒有說出賣淫兩個字，但也許就是這個意思。他建議她們到黑市找工作。

與其他共產國家一樣，北韓也有黑市。雖然技術上來說，私下買賣商品是違法的，但朝令夕改而且沒有人放在心上。金日成允許人民在自己的土地上種植與販賣蔬菜，於是宋太太住的公寓後方空地就成了臨時市場。說是市場，其實只是將防水布鋪在地上，賣的蔬菜也少得可憐，只有櫻桃蘿蔔與白菜。有時看得到舊衣服、破損的碗盤與二手書。剛生產的新品不准在市場上買賣，只能在國營的商店販售。穀物的販售也是不允許的，一旦被查獲販售稻米，就會被送進監獄。

宋太太覺得黑市充斥著一股低俗的氣氛。小販通常是老婦人或祖母輩的婦女。宋太太看到這些人蹲坐在骯髒的蔬菜上，以一種毫無尊嚴的方式向顧客兜售。有些婦女甚至抽著菸管，無視於北韓對婦女抽菸的禁忌。宋太太鄙夷這些老太婆。在市場叫賣是令人反感的，這不是純正共產黨員該做的事！

事實上，純正的共產黨員也不購物。金日成在二十世紀創造出反消費主義的文化。亞洲其他地方的市場總是充滿人潮與商品。北韓則非如此。這個國家最有名的商店是平壤的兩家百貨公司——一號百貨與二號百貨，這是它們的名稱——裡面賣的商品也跟它們的名稱一樣令人驚奇。當我於二〇〇五年造訪平壤時看到這些百貨，我看到一樓陳列的中國製腳踏車，但我不知道這些商品是拿來販售的，還是展示給外國人看的。一九九〇年代到平壤觀光的人提到，百貨公司有時會在櫥窗擺上塑膠水果與蔬菜給外國觀光客看。

照理來說北韓人是不用購物的，因為理論上他們需要的每樣東西都會以金日成的恩惠為名由政府提供給民眾。他們每年會分到兩套衣服，夏衣與冬衣。新衣服由工作單位或學校發放，通常會選在金日成生日當天，用來加強民眾的印象：這些都是金日成的恩惠。所有的物品都已標準化。鞋子只有兩種，乙烯基鞋或帆布鞋，皮鞋是奢侈品，只有有額外收入的人才負擔得起。所有的衣服全是由類似宋太太工作的製衣廠生產的。常用的布料是維那龍，這種布料不易染色，所以衣服的顏色很單一：工廠工人的制服是單調的靛藍色，高級工人的制服是黑色或灰色。紅色主要染在領巾上，兒童直到十三歲為止要在脖子上繫上紅色領巾，這是少年先鋒隊規定的服裝樣式。

北韓不僅沒有商業買賣，實際上也沒有金錢。北韓的薪資非常微薄，與其說是薪資，不如說更像是零用錢。宋太太每月薪資是六十四朝鮮圓，以官方的匯率來說是二十八美元，但實際上這樣的金額連買一件尼龍毛衣都不夠。你只能用這筆錢支付雜項支出，例如電影票、理髮、公車票與報紙。男人用這筆錢買香菸。女人則是購買化妝品，令人驚訝的是，她們在這方面的花費還不少。大紅色的口紅讓北韓婦女看起來如同復古的四〇年代電影明星，粉紅色的腮紅讓寒冬裡女性枯黃的臉頰重新煥發健康光澤。清津每一個鄰里都有自己的國營商店，而無論哪一個鄰里的國營商店完全一模一樣。北韓女性看重自己的外表：宋太太寧可不吃早餐，也不願不化妝就上班。宋太太天生捲髮，但與她同樣年齡的北韓女性則必須到美容院燙髮。這些美容院看起來就像裝配線一樣，一整排的理髮椅專供男性使用，女性使用的則在另一排。美髮師全是國家僱員，在便利局底下工作。便利局也主管腳踏車與鞋子的修理。

這裡有食品店、文具店與服飾店。與蘇聯不同的是，你在北韓很少看到大排長龍的景象。如果你想購買價格比較昂貴的物品，例如手表或錄音機，你必須先在工作單位申請許可證明。有錢不一定買得到東西。

北韓最大的成就是糧食補助。美國總統赫伯特・胡佛（Herbert Hoover）在選戰時曾喊出家家有雞吃的口號，與此類似，金日成也承諾要讓北韓民眾每日三餐都有米飯吃。稻米，尤其是白米，在北韓算是奢侈品。這樣一個慷慨的承諾終究不可能實現，而真正能三餐吃米飯的也僅限於菁英分子。然而，公共配給制度的確做到讓每個人擁有一定的穀物組合，其分量與種類則依據身分等級與工作內容來決定。從事重度勞動的煤礦工人每天可以獲得九百公克的穀物，像宋太太這樣的工廠工人則是七百公克。政府也針對韓國其他主要食品實施配給，例如醬油、食用油與一種名叫苦椒醬的深紅色豆醬。到了國定假日，例如金氏父子的生日，可能會配給豬肉或魚乾。

最重要的部分是白菜。秋季，政府會配給白菜給民眾製作泡菜。這種以辣醬醃漬的白菜是韓國的民族菜餚，也是韓國傳統飲食在漫長冬季中唯一的蔬菜食品，它與稻米構成了韓國文化的主要成分。北韓政權了解，少了泡菜，民眾一定會很不高興。家中的成人可以分到七十公斤的白菜，孩子可以分到五十公斤，以宋太太家來說，如果加上婆婆，合計是四百一十公斤。白菜以鹽加以醃漬，加上大量的紅辣椒，有時還加入豆醬或蝦米。宋太太也會製作一些櫻桃蘿蔔泡菜與蕪菁泡菜。她會花幾個星期的時間製作，然後把泡菜儲存在高口的陶罐裡。長博會幫她把泡菜罐搬到地下室，大樓的每個住戶在這裡各擁有一個儲存箱。傳統上是要把泡菜罐埋在園圃的土裡，這樣泡菜就可以冷藏，而不會凍傷。現在既然放在地下室，宋太太只好臨時在泡菜罐周圍覆蓋泥土。準備就緒之後，他們關上箱子，鎖上最大的掛鎖。泡菜失竊在清津是常有的事。即使在北韓這種集體社會裡，也沒有人想與陌生人分享泡菜。

可以確定的是，北韓絕非宣傳所說的勞動者天堂，但金日成的成就亦不可小覷。在一九四五年半島分裂後的前二十年，北韓要比實行資本主義的南韓富有。事實上，在一九六〇年代，當韓國學者提到「經濟奇蹟」一詞時，他們指的是北韓。在一個有著長期饑荒歷史的地區，能讓這個地區的人民吃飽，足以算是一項成就，如果考慮到兩韓分裂之後，比較肥沃的耕地多半在南韓而非北韓，這項成就更顯得難能可貴。從一個幾乎喪失所有基礎建設與七成住房的悲慘國家，金日成創造了一個看似可行（可說是斯巴達式）的經濟模式。每個人都有遮風避雨的地方，也有衣服可穿。一九四九年，北韓自稱是亞洲第一個幾乎已完全去除文盲的國家。一九六〇年代訪問北韓的外國重要人士，他們通常是搭火車從中國進入北韓，對於當地顯然優越於南韓的生活水準嘖嘖稱奇。事實上，中國境內有數千名朝鮮族為了躲避毛澤東發動的「大躍進」所造成的饑荒，因而逃到了北韓。到了一九七〇年，北韓家家戶戶都已覆上屋瓦，每個村落都已接上電線，過著有電的生活。就連頑強的美國中央情報局分析員海倫—路易絲．杭特（Helen Louise Hunter）——她在一九七〇年代所寫的北韓報告，現在已經解密出版——也勉為其難地坦承，她對金日成的北韓感到印象深刻。

從各個共產國家的發展模式來看，北韓似乎比較類似於南斯拉夫，而與安哥拉迥然不同。北韓是共產主義集團賴以自豪的亮點。人們以北韓的成就——特別是與南韓做比較——做為一項明證，顯示共產主義「真的」管用。

然而果真是如此嗎？所謂的北韓奇蹟其實絕大多數都是幻覺，完全是以無法實現的宣傳為根據。北韓政權從未公開經濟統計數據（或者說它的數據沒有任何一項是可信的）而且費盡心思欺騙外來的訪問者，乃至於欺騙自己。各級督導例行性地揑造農業生產與工業產出的統計數據，因為他們不敢告訴長官實情。為了圓謊，只好說更多的謊，從基層傳遞到高層的訊息沒有一件是真的，所以可以想見金日成本人恐怕完全不知道經濟的狀況有多糟。

雖然北韓嘴巴上高傲地宣傳它的主體思想與自給自足，但實際上它的生存卻完全仰賴鄰國施捨。北韓獲得的補助包括石油、稻米、肥料、藥品、工業設備、卡車與汽車。另外還有來自捷克斯洛伐克的X光機與保溫箱，與來自東德建築師的協助。金日成善用中蘇間的矛盾敵對從中取得援助。金日成就像過去的皇帝一樣從鄰國獲取貢物：史達林個人送了一輛防彈的豪華禮車，毛澤東送了一節火車車廂。

到了一九八〇年代，金日成或金正日（後者逐漸接掌其父的職務）為了解決國家危機，開始進行所謂的「蒞臨指導」。金氏父子精通一切事物，無論是地質學還是農業都難不倒他們。朝鮮中央通信社在金正日參觀清津附近的山羊養殖場之後表示：「金正日的蒞臨指導與循循善誘，大量增加了山羊繁殖與乳製品的產量。」今天他下令北韓應該從吃米飯改成吃馬鈴薯，明天他又決定飼養鴕鳥是解決北韓糧荒的方法。這個國家在各種輕率無當的方案之間跌跌撞撞。

北韓的財富絕大部分都揮霍在軍隊上。北韓國防預算吃掉百分之二十五的國民生產毛額，與此相比，工業國家的國防預算平均低於百分之五。雖然從一九五三年以後朝鮮半島已無戰事，但北韓仍維持一百萬的武裝部隊，使這個面積小於美國賓州的小國擁有世界第四的軍事力量。北韓宣傳機器持續歇斯底里地高分貝報導帝國主義戰爭販子即將發動入侵。

金正日在被指名為繼承人之後，在政治局內快速提升，並且於一九九一年被任命為朝鮮人民軍最高司令官。幾年後，全國各地升起了宣傳看板，數量僅次於主體紀念碑，這些看板上寫著新的標語「先軍」，宣示朝鮮人民軍是所有決策的核心。金正日逐漸放棄他對電影的興趣，把重心轉移到更龐大的玩意兒上：核武與長程飛彈。

美國於二戰末期在廣島投下原子彈，此後金日成便夢想讓自己的國家成為核子強權，而自一九六〇年代蘇聯設計的核設施在寧邊設立後，研究亦隨之展開。但北韓的核研究真正上軌道是金正日主政時期的事，顯然是因為他認為核武可以提升北韓與他自己的地位，尤其當時北韓的國際聲望正不斷衰退。北韓政府非但沒有將攸關民生、已老舊不堪的廠房與基礎建設更新重建，反而將資源投入到昂貴的祕密武器計畫上，並且宣稱國家有必要以「核威嚇」對抗美國的威脅。到了一九八九年，北韓在寧邊發展了核燃料再處理廠，開始從核子反應爐燃料棒提煉出武器等級的鈽，到了一九九〇年代初，中情局評估北韓已有能力製造一枚或兩枚原子彈。二〇〇六年，我在首爾訪談來自平壤的高層脫北者金德弘，他表示：「金正日根本不在乎國內的赤貧。他認為飛彈與核武是保住政權的唯一方式。」

北韓對於時代的演變完全無知。金正日雖然了解冷戰已經結束，但似乎沒有看出他的共產黨老靠山已將興趣轉移到賺錢上面，無心資助這麼一位具有核子野心的過時獨裁者。而北韓在經濟上的最大對手南韓，早在一九七〇年代反敗為勝；又過了十年，北韓已被遠拋在後。中國與蘇聯完全不顧念共產國家情誼，它們只想與南韓的現代和三星這類公司打交道，而不願與北韓未能準時付款的國營企業做生意。一九九〇年，蘇聯在崩解的前一年與南韓建立外交關係，這對北韓的世界地位造成嚴重打擊。兩年後，中國也與南韓建交。

一九九〇年代初期，中俄兩國對於北韓積欠一百億美元貸款未還已感不耐。莫斯科當局決定北韓必須以當時世界商品一般的交易價格向蘇聯進口貨物，而不是共產國家盟友的低廉「友誼」價。北韓有四分之三的燃料與三分之二的糧食從中國進口，過去中國常說它與北韓「唇齒相依」，現在則要求北韓預付現金。

不久，北韓陷入死亡的惡性循環。沒有廉價的燃油與原料，北韓無法讓工廠維持運轉，這意謂著北韓沒有貨物可以出口。沒有出口，就沒有強勢貨幣，沒有強勢貨幣，就無法進口燃料，沒有燃料，就無法發電。煤礦沒有電力無法開採，因為礦坑需要電力幫浦抽出坑內積水。煤的缺乏讓電力缺乏更加惡化，而電力缺乏進一步使農業減產。就連集體農場也無法在停電的狀況下正常生產。北韓貧瘠的土地要養活兩千三百萬人口並不是件容易的事，為了提高農業產量所需的農業技術必須仰賴農業灌溉設施、化學肥料與除蟲劑，但這些都需要電力，生產肥料與藥劑的工廠缺電缺料根本無法開工。北韓開始缺糧，挨餓的民眾沒有力氣工作，產出又進一步下降。北韓經濟開始像自由落體般直線下降。

北韓是世界上最後一個幾乎所有糧食都由集體農場生產的國家（至少到二〇〇九年本書寫作之時是如此）。國家沒收所有的收成，然後再將一部分返還給農民。但是一九九〇年代初期，收成逐漸減少，挨餓的農民開始將收成的一部分隱藏起來——有些農村故事提到，農民在屋簷內的夾層存放糧食，結果重量太重壓垮了屋頂。農民也不願在集體農場盡力耕作，而是專注於自己住宅旁的家庭菜園或未開墾的陡峭山坡隙地。開車經過北韓鄉野，你可以清楚看到私人菜園與集體農場的對比。前者種滿蔬菜，高聳的豆架，垂下的藤蔓覆蓋著南瓜；後者則是一排排雜亂無章發育不良的玉米，全是由所謂的愛國志工種植的。

損失最大的民眾是城市居民，他們沒有土地可以種植自己需要的糧食。

宋太太結婚之後，每十五天就會提著兩個塑膠購物袋到同一家糧食配給中心。這家中心就位在宋太太住處附近，剛好介於兩棟大樓之間。但這座配給中心跟一般的超級市場不一樣，你不能從貨架上選擇自己想要的商品；一群婦女在一個金屬大門敞開、毫無標示的店鋪外排隊等待。每個人都必須依照指定的日子來領取——宋太太是每月三日與十八日——即使如此，隊伍通常要排上好幾個鐘頭。店裡是一間沒有暖氣設備的小房間，四周全是白色水泥牆，一名板著臉的女人坐在小桌後頭，桌上堆滿了帳冊。宋太太把配給簿、一小筆錢以及從製衣廠領來的糧票（證明她已完成分內工作）交給她。其他的職員計算她應領的份額：她與長博每天各可領到七百公克；她的婆婆已經退休，所以只能領四百公克；還住在家裡的小孩可領到五百公克。如果家中有人外出，就必須扣除這個人不在家裡的天數。算好之後，職員拿出官印，煞有介事地在印泥上重重壓了一下，然後在一式三份的收據上蓋章，她會將其中一張交給宋太太。在倉庫後面存放了一桶桶白米、玉米、大麥與麵粉，另一名職員把分量秤好之後，再放到宋太太的購物袋裡。

袋子裡放了多少糧食總是令人心驚膽跳，有時多一點，有時少一點。宋太太日後回憶時，已經記不清楚到底是什麼時候發生的事——一九八九年、一九九〇年、一九九一年——她的配給愈來愈少。當職員把袋子交還給她的時候，宋太太不用看就可以感受到自己的沮喪。袋子顯然比以前輕了。他們受到有系統的欺騙。某個月她可能只拿到二十五天糧食，到了另一個月可能只剩下十天。儘管金日成曾承諾讓人人有米飯吃，但白米對北韓人來說仍屬奢侈品。現在比較常吃到的只有玉米與大麥。食用油過去總是時有時無，現在則絕不會出現袋子裡。宋太太不是會抱怨的人，即使心裡有怨言，她也不會說出口。

「如果我抱怨的話，他們會直接過來把我帶走」，她後來說道。

北韓政府提出各種解釋，既有完全荒謬的說法，也有勉強說得通的理由。民眾聽到的一種說法是，政府正在儲備糧食，準備在兩韓統一那天發糧給挨餓的南韓人民。另一種說法是美國對北韓進行糧食禁運。這不是實情，但顯然可信。北韓於一九九三年初威脅要退出《核不擴散條約》(Nuclear Non-Proliferation Treaty)，美國總統柯林頓則威脅要實施禁運。金日成正好趁這個時候轉移焦點。他可以將問題都推給美國——北韓最喜歡找美國當代罪羔羊。「朝鮮人民長久以來一直受到美國帝國主義的圍堵與禁運」，《勞動新聞》表示。

北韓人民經常認為自己很強悍——事實上的確是如此。宣傳機器發動新的造勢活動，它虛構了一則故事來喚起北韓人民的民族自尊心。故事發生在一九三八年到一九三九年，金日成領導的一小股抗日游擊隊「在零下二十度的氣溫下與數千名敵軍作戰，他們勇敢地忍受大雪與飢餓，讓紅旗繼續飄揚在隊伍之前。」他們口中所說的這場「苦難的行軍」，後來成為北韓這場饑荒的隱喻。《勞動新聞》激勵北韓人民以金日成的犧牲精神為鑑，努力對抗飢餓。

> 世上沒有任何力量可以阻止朝鮮人民在「苦難的行軍」革命精神下朝勝利邁進，朝鮮民主主義人民共和國將永遠是一個強大的國家。

忍受飢餓成為一種愛國責任。平壤街頭掛起了新的宣傳標語，上面寫著：「讓我們一天吃兩餐。」北韓電視臺放映了一部紀錄片，提到有人因為吃了太多米飯而把胃撐破了。無論如何，糧食缺乏是暫時的——報紙引用農業官員的話表示，來年稻米將有特大量的收成。

當外國媒體於一九九三年報導北韓出現糧荒時，北韓新聞媒體紛紛表示憤慨。

國家以低價提供糧食給人民，民眾因此不清楚米價。這才是朝鮮北半部的實情。我國所有的民眾都過著幸福的日子，完全不用擔心糧食不足的問題。

如果北韓人民能靜下心來想想，他們得到的訊息是如何前後不一與充滿謊言，他們會發現自己處於極危險的狀態。他們沒有選擇。他們無法逃離自己的國家、罷黜自己的領導人、表達自己的看法或抗議。為了繼續過日子，一般民眾只能要求自己不要想太多。然後人性固有的求生本能會告訴他們要保持樂觀。就像一九三〇年代初期德國猶太人告訴自己事情不會更糟一樣，北韓人也這麼欺騙自己。他們認為糧荒是暫時的，情況總會好轉。飢餓的胃不可能被矇騙，但有時還是會自欺欺人。

除了進行新一波的宣傳活動，北韓政府也加強了國內廣大的監控網絡。政府值得被抱怨的地方愈多，就愈要確保沒有人抱怨。

宋太太從一九七〇年代初開始定期擔任「人民班長」的職務。每年，左鄰右舍必須選出一名領袖，通常是一名已婚的中年婦女。宋太太正好適合這個職位，因為她急公好義、有組織力、忠誠而且如韓國人所說的善於「察言觀色」。她與每個人都處得不錯。她必須擬定一份工作表，從她居住大樓的十五個家庭裡分配由誰來打掃走道，誰來修剪大樓前面的花草，誰來收集與回收垃圾。宋太太還必須回報任何可疑的活動。

宋太太被分派到國家安全部派來的一名情報員底下做事。康同志比宋太太年長幾歲，她的先生據說是與平壤方面有聯繫的勞動黨官員。每隔幾個月，她們會在區辦公室見面，或者是康同志到宋太太住處喝杯自釀玉米酒，順便收集鄰里間的情報。宋太太一直沒有什麼情報可以上報。這棟大樓一直相安無事，除了長博曾對雨鞋有怨言外，沒有人惹上麻煩。

但是康同志相當堅持。隨著糧食配給愈來愈吃緊，她想知道是否有人對政府有怨言。

「有人抱怨糧食嗎？他們說了什麼？」情報員問道。她預先在大樓前面等宋太太，然後在門口攔住了她。

「他們什麼都沒說，」宋太太駁斥她的說法。這倒是真的。事實上，宋太太已經注意到，每當她踏入公寓時，鄰居的對話就會突然打住，她走進的房間經常會陷入詭異的靜默。每個人都知道人民班長必須要向國家安全部回報。

康同志還是不滿意。

「妳應該先抱怨。妳要問為什麼糧食不配給下來。然後看她們有什麼反應」，她一面發出不滿的噓聲，一面又左顧右盼，確定玄關沒有人偷聽到她說的話。

宋太太急著想脫身，只能無力地點點頭。她其實不大想照她的話做。她知道這些鄰居並沒有涉入顛覆活動。他們不是國家的敵人。至於宋太太自己則是累得沒有空去想意識形態的問題。

糧食的缺乏讓宋太太失去了活力。她整天若有所思，雖然腦子裡一直數東西，但總是得不出具體的數字。她一直想著要如何為家人獲取糧食。一九九一年，製衣廠完全停擺，而在工廠的最後一年，宋太太一毛錢也沒領到，只有拿到糧票，但糧票已經沒有用處，因為公共配給中心已經沒有糧食。宋太太的丈夫過去經常因為加班而獲得一些額外的糧食，例如食用油、餅乾、香菸或酒，但現在幾乎都沒有了。國營店鋪的貨架上完全空蕩蕩的。

製衣廠關了之後，宋太太在黑市購物的顧慮一掃而空，黑市的確有糧食，甚至有時候還有白米，只是價格貴得嚇人。在黑市，二十五朝鮮圓才能買到一公斤的白米，但在配給中心一朝鮮圓就能買到十公斤的白米。

不過宋太太仍然鄙夷到市場工作。她在那邊能做什麼？她沒有土地，所以無菜可賣。她不知道該怎麼叫賣，她唯一會的商業技能就是打算盤。宋太太家有四個孩子，加上大女兒結婚，過去這幾年沒省下錢來。她的腦子裡開始盤點自己的財產。東方的山水畫。電視。丈夫的書。也許縫紉機也可以賣錢？

就在宋太太左右盤算之際，另外還有數千人在做相同的事。該賣掉什麼？哪裡可以找到糧食？

清津基本上是一座水泥叢林。只要不是陡峭的山坡地，就全蓋滿了房子。這裡不是你可以外出到樹林裡獵捕鳥類與採集野果的地方。宋太太一家撿拾蛤蜊的海灘，可以採集的貝類極少，而且當地水深，不適合在岸邊垂釣。清津唯一適合種植的地方是羅南小港口附近的小菜園與稻田。

人們開始到更遠一點的郊外尋找食物。鏡城郡的果園是人們趨之若鶩的目標。每到週末，清津有許多家庭假裝要外出踏青，其實他們的目標是這座果園，這片集體果園離清津市中心約三哩。沒有人會承認自己是因為飢餓才這麼做。這座由集體農場經營的果園出產一種特有的朝鮮梨，通常會出口到日本以換取強勢貨幣。朝鮮梨的大小與形狀類似葡萄柚，但外皮與西洋梨一樣是黃褐色，咬起來有蘋果的鬆脆口感。朝鮮梨的完美球形使它在結實自落之後，往往順著地勢滾到果園周圍的柵欄之下，相當容易撿拾。來撿梨子的很多是孩子。由於學校午餐分量愈來愈少，甚至停止提供，所以孩子們寧可翹課去尋找食物。他們可以輕易從鐵絲網底下鑽過去。有個年輕人，他在一九九二年時是十歲，他帶著些許自豪回憶自己曾攀在公車的後保險桿上，在最後一站羅南下車，然後走一小時的路。他只是個孩子，又隻身一人，沒有人提防他。他的幼小身軀順利穿過柵欄，然後盡可能將梨子裝滿整個袋子。「我盡可能地撿梨子，然後把這些梨子全分給我的朋友，」他說。

這個時期的其他回憶則是苦澀的。金智恩，當時剛從醫學院畢業，擔任住院醫生的她，在某個週末與她的父母、妹妹、妹夫以及兩個小孩一起前往果園。帶著還在學步、不斷央求的孩子，他們直到中午才抵達。但他們太晚了，在他們之前已有許多人過來撿拾。他們只在地上找到一顆有點爛掉的梨子。他們把梨子帶回家煮，然後切成五份，分給兩個孩子、父母與金智恩的妹夫。金智恩自己與妹妹什麼也沒吃。

那一天是一九九三年九月九日，金智恩永遠也忘不了這個日子，因為這是她出生以來第一次整天沒吃東西。很少有人會記得這麼清楚。一個時代的結束不是在轉瞬間產生的。它往往需要數年的時間，直到人們發現他們的世界已經完全改觀。

鏡城郡文化廳

chapter 5
victorian romance

第 五 章
維 多 利 亞 式 的 羅 曼 史

★

美蘭讀高中時，第一次看到清津市民大老遠地走到鄉間覓食。她騎著腳踏車前往清津途中，沿途看到了這些人。他們手持麻袋，沿著道路兩旁走向果園，看起來就像沿街行乞的乞丐。有些人甚至一路走到美蘭村子以南數哩的玉米田，幾乎已經走到海邊。這些城市居民有時還出現在美蘭父親工作的山區高嶺土礦場撿拾柴火。美蘭感到很驚訝，因為她一直覺得住在清津的人日子過得比住在鏡城的人好得多。清津有大學、大戲院與餐廳，只有勞動黨的黨員與他們的家人才能住在那裡，像她這種出身成分的人只能住在城外。

鏡城其實是一群圍繞著小商業區的村落。正中央的小商業區如同清津的縮影，有一條極寬闊的大街，與一座讚揚金日成於二戰擊敗日本的大型石砌紀念碑。這裡有兩座處理高嶺土（使用的高嶺土來自於美蘭父親工作的礦坑）的陶器工廠，還有一座大型電子零件製造廠「六月五日工廠」，這是以金日成於一九四八年六月五日那天來廠蒞臨指導而命名。美蘭的村子確切來說並不算是農村，但與城區比起來擁有較多的可耕地。接近海岸的地區，地形平坦、多沙而且比較肥沃。往內陸地區走，隨著你往海拔高的地方攀登，松樹林愈是茂密。口琴住宅之間的狹長地帶，住戶們費心栽植了紅辣椒、櫻桃蘿蔔、白菜，甚至還有菸草，因為自己捲菸要比買菸便宜多了，而且幾乎所有的男人都抽菸。住戶的屋子如果是平頂，住戶會將一盆盆的土搬上去，這樣可以種植更多蔬菜。這些私有農作面積實在小的可憐，不足以引起共產黨當局的不滿。至少在一開始，在糧荒惡化成饑荒之前，他們還能免於飢餓之苦。

當美蘭的父親從礦區帶回來的薪水愈來愈少，到最後終於停止發薪時，她的母親不得不開始從事違法的勾當。她不是個能幹的家庭主婦，但談到賺錢，她的辦法可就多了。她做過縫紉、製作過手工豆腐，還有一段時間養過豬，雖然最後因為沒有東西可以養活這些豬而放棄。比較成功的是她想出一個風味類似於冰淇淋的食譜。她買了一臺名叫北極機器的二手製冰器。因為幾乎不可能買到牛奶或鮮奶油，所以她利用製作豆腐剩下的水，加上紅豆與糖增添風味。她把這個古怪的混合物倒入製冰盒結凍。韓國人溺愛孩子，如果家裡有剩餘的食物，他們會塞給孩子當零嘴。有時候美蘭的母親會在朋友的卡車後面兜售貨物。勞動黨規定不許私自賺錢營生，但她把這些規定拋諸腦後。與其說她是個反抗者，不如說她是個對意識形態漠不關心的實用主義者。她把販售豆腐冰淇淋賺來的錢，用來在黑市購買玉米，有時候還會購買白米。

美蘭神祕的仰慕者也與飢餓絕緣。俊相的祖父母幾乎每年都會從日本搭渡輪來探望他們。到了一九九〇年代初，渡輪不再停靠清津，而是停靠元山——位於北韓東岸，只是比清津更靠南方。俊相家會到碼頭去接他們，見面時會儀式性地又哭又抱，俊相的祖父會趁這個機會把厚厚的信封塞進他兒子的口袋裡。這麼做的時候必須慎重謹慎，以免讓官員看見會剋扣一部分金額。信封裝的日圓有時價值超過兩千美元。在日朝鮮人很清楚，他們在北韓的親人如果沒有強勢貨幣一定會挨餓。

俊相家也很幸運，他們擁有一個私人庭院。俊相的父親是個過度講究的園丁，他把這塊四周有牆圍繞的樸實園圃區隔成井井有條的菜園。彎著腰在菜園裡耕作，他對菜苗的細心呵護更勝於對子女的關愛。他在小記事本上記錄種下的種子、犁溝的深度、種子需要幾天發芽，以及蔬菜要花多少時間才能成熟。俊相的母親仍保有家人從日本運來的精美廚房設備。她用如剃刀般銳利的菜刀將紅蘿蔔與櫻桃蘿蔔切絲，然後在剛炊煮好的米飯上灑上新鮮的薄片蔬菜，再用曬乾的海苔將米飯連同蔬菜捲起來。在鄰里中，俊相家是唯一吃海苔卷的家庭，這種韓國菜演變自日本的卷壽司，在南韓頗為盛行，但北韓幾乎沒有人知道這種菜。俊相家有自種的蔬菜，而且從黑市買白米，他們吃得幾乎比勞動黨最菁英的成員還好。

最讓俊相家自豪的還是俊相本人。持續數年的單調苦讀，熬夜到深夜一點，天亮即起，加上父親無情的嘮叨，以及實現家人期望的想法，這一切終於有了回報。俊相終於獲准到平壤讀大學。俊相的出身成分不高，無法進入金日成大學，但他就讀的學校專門訓練科學家，而且更看重學生實際課業表現而非出身成分。北韓在科技上已遠遠落後於南韓與日本，若能找到科學人才，當然要好好珍惜。俊相自己比較傾向於研究文學或哲學，或者，如果有這門學科的話，他更想攻讀電影，但父親要求他朝科學發展，他知道一個出身成分不高的男孩想到平壤發展，唯一的機會就是研究科學。

一名咸鏡北道的男孩能夠進入相當於北韓的麻省理工學院的學校就讀，是一件很了不起的事。俊相因此免除了服兵役的義務。他有機會可以提升整個家庭的出身成分，而且也有機會加入勞動黨。儘管他對北韓的政治體制開始產生疑問——他感到困惑，如果共產主義真的那麼好，為什麼東德人民要拆掉柏林圍牆——但他知道只要能擁有黨員身分並且在平壤受教育，他就有可能晉升為核心階級。

俊相對自己的表現感到驕傲。他是個謙虛的孩子，總是小心翼翼不張揚他的聰明與金錢。但這些日子以來，每當他從平壤返家，總覺得自己是凱旋回鄉的英雄。大學生就跟軍人一樣，無論校內校外都必須穿著制服。整套服裝包括了綠色雙排釦外套與褲子，白襯衫與領帶。制服的綠色源自於金日成，他說青年就像「青山」一樣。在嶄新自信的鼓舞下，俊相又開始考慮是不是要約美蘭出來。從他第一次在電影院門口遇見她，已經過了五年，令他驚訝的是，自己還沒有忘記她。平壤的大學裡不乏聰明漂亮的女孩，但他中意的只有美蘭。

俊相知道一點美蘭的事。上高中時，他與她的姊姊美淑是朋友。美淑比美蘭大兩歲，是個舉止很像男孩的女孩。她是女子排球隊的球員，經常出現在俊相朋友們練習的體育館。俊相在拳擊課上也有一名朋友，他家跟美蘭家就在同一排口琴式住宅。這讓俊相有藉口在她家附近閒晃。

美蘭家買了一臺電視，與宋太太一樣，他們也採取門戶開放政策。有一天，俊相趁著拜訪同學的時候，跟著其他鄰居一起溜進了美蘭家。其他人都專注看著電視，只有俊相的眼睛在電視與美蘭之間來回掃射。她已經長大成為一個美麗的少女。他仔細看著她的五官秀髮，想著是什麼俘虜了自己。他琢磨著是否值得冒著名聲受損的風險約她出去。他想了想，認為還是值得的。

俊相打算在一九九一年春天從平壤返家時約美蘭出來，當時他還是大一學生。俊相在鏡城市中心閒逛，希望「巧遇」可以讓他有機會跟美蘭說話。假期的最後一天，俊相在市場看見她，正打算過去跟她說話，發現美蘭的母親就站在她身後幾步的距離。

不久，俊相把自己的苦惱告訴美蘭的姊姊美淑，美淑同意幫他的忙。下次放假的時候，俊相按照預先約定的時間來到美蘭家。美淑在家門口東張西望，一看到俊相就大聲地叫喚美蘭：「小妹，快出來跟我的朋友說話。」

美蘭把頭伸出門外，一看到俊相，她羞赧地叫了一聲，隨即躲回屋內。

「小妹，快過來，不然我要拉妳出來囉，」美淑堅持地說。

美蘭終於出來見他。第一次面對面跟她說話，俊相覺得自己的汗珠已經沾濕了剛熨好的制服衣領。他一開始說話，就聽到自己的聲音好像計時器一樣顫抖著。現在要回頭已經太晚，所以他繼續說下去。他沒有辦法長話短說，所以只能不斷地說話。他把事情的前因後果全告訴她，從第一次在電影院前面看見她開始，最後，俊相問美蘭願不願意當他的女朋友。

「我的功課，我應該要認真念書才對，可是我一直想著妳，所以我沒辦法專心，」他突然脫口而出。

美蘭一句話也沒說。她站在那裡，不像俊相先前預料的避開他的視線，但也沒有回應他的話。俊相覺得自己的頭要爆炸了。他又說了幾句，希望美蘭能跟他說話。

「這段時間妳都沒發現我一直在看妳嗎？」他問道。

「沒有，真的，我完全不知道，」她說。

他希望她能多說一點。

「嗯，不過也不像是我不喜歡你，」她用了複雜的雙重否定，以韓文來說更是讓人混淆不清。他不是很確定她的意思，但他懷疑這是一種防衛性的正面回應。她承諾會寫信解釋她的感覺。

美蘭雖然冷漠，內心其實很興奮。她的追求者英俊、可愛而且坦白說相當吸引人。她只認識兩名上大學的男孩，但他們不是在平壤念書。雖然美蘭嘴裡說她很驚訝，實際上她早已注意到俊相在她家附近閒晃，她甚至大膽地猜想他是不是為自己而來。綠色制服的確吸引了她的目光。閃亮的雙排釦使他看起來像個海軍軍官。雖然美蘭沒有約會的經驗，然而本能告訴她，她必須表現矜持。她絞盡腦汁寫了一封同意信，但語氣絕不流露出急於接受的樣子。最後她用最美麗的字跡寫了一封正式而略嫌笨拙的信。

美蘭在幾個星期後寫信給俊相，信上說：「為了避免讓你因為不快樂而無法專心讀書，我會暫時答應你的請求。」

至少在一開始，他們的關係帶有十九世紀書信體的性質。他們唯一聯繫的方式只有書信。一九九一年，當南韓成為世界最大的手機出口國時，北韓幾乎沒有幾個人用過電話。民眾必須到郵局才能打電話。但即使是寫信也不是件簡單的事。書寫用紙相當少。民眾只能在報紙旁的空白處寫字。國營商店賣的紙是玉米殼做的，如果寫得太用力，紙很容易碎。美蘭必須向母親要錢買幾張進口紙。粗率地打草稿顯然不可行，紙張太珍貴了。平壤與清津相距只有兩百五十哩，寄信卻要一個月才會到。

這段關係開始的時候，美蘭正在讀高三。她對於正在念大學的俊相所表現出來的世故感到吃驚。俊相在平壤可以買到適當的紙寫信。他有一枝圓珠筆。他可以一口氣寫好幾張信紙，不僅長篇而且條理分明。逐漸地，他們的書信內容開始從拘泥造作的形式轉變成無所顧忌的浪漫。俊相從來沒看過好萊塢的愛情電影，但他的熱情足以讓他想出現代愛情戲的制式橋段。他在信裡想像了一幅場景，他與美蘭在橘紅色的天空下奔向彼此。他在信裡引用了他在平壤讀的小說的句子。他寫了情詩。信上完全看不出過去他那副欲言又止的樣子。

俊相把信寄到美淑工作的地點，這樣就可以避免被美蘭的父母發現。美蘭家只有她知道美蘭交了男朋友。俊相沒有向任何人透露此事。他們從來沒有討論過為什麼要保密，在北韓，性與階級背景本來就不是可以公開討論的話題，事實上，抱怨自己的出身成分就等於批評政府。儘管如此，美蘭帶有污點的血統，兩人心知肚明。他們知道，如果兩人結婚的話將會傷害俊相的事業，而他也將無法加入勞動黨。當然，如果俊相的父親知道了，一定會反對他們交往。北韓社會強調門當戶對。俊相知道父母希望他將來的對象也是來自於在日朝鮮人社群。無論如何，俊相的父親不會同意他的兒子談戀愛。

「先讀完大學再說，不要浪費時間追女孩子」，他一定會這麼說。

我在這裡要稍微離題談談北韓的性：北韓沒有約會文化。許多婚姻要不是出自父母之命，就是透過黨委書記或長官介紹。情侶不應該在公共場合過於親暱，就連牽手也被認為是有傷風化。脫北者一致表示，在北韓，沒有婚前性行為，也沒有學生未婚懷孕的事。「這種事太可怕了，完全無法想像。我甚至沒想過會有這種事，」這是一名北韓婦女告訴我的，她絕對不是在裝正經——我訪談她的時候，她在首爾從事性工作。北韓不像南韓或日本一樣有賓館。沒有旅行許可，你無法投宿一般的旅館，而且沒有任何一家旅館願意接受未婚的情侶投宿。清津人告訴我，未婚情侶想發生性關係，要不是去荒郊野外，就是趁夜裡去公園，但我從來沒聽過有人承認自己做過這種事。

傳統韓國文化對性十分拘謹。當你身在首爾，看見女學生穿著只覆蓋到大腿的格子裙時，很容易忘記一個世紀之前，一名值得尊敬的韓國婦女全身上下都會包得密不透風，幾乎跟塔利班（Taliban）要求的服裝一樣。十九世紀英國旅行作家伊莎貝拉・柏德（Isabella Bird）曾經提到，一八九七年她在平壤北方的一處村落看見婦女戴著類似穆斯林罩袍的器具，她形容這種器具「是一頂龐大的帽子，如同我們用柳條編成的花園崗哨，只是沒有底部。這種特殊的覆蓋物有七呎長、五呎寬與三呎深，可以從頭到腳把整個人覆蓋起來。」中上層階級的女性不許出門，除非在特別指定的節日，街上都沒有男人時才行。柏德的閱歷豐富，她曾到過伊斯蘭世界，但她認為韓國婦女受到「嚴密隔離的程度，或許要比世界上任何其他國家的女性都要來得嚴重。」

這類柳條籃子早已不復存在，但昔日的態度仍被流傳下來。金日成掌權後，他結合韓國傳統的保守主義與共產主義壓抑性慾的本能。他不僅關閉妓院，也禁絕「妓生房」，後者專為娛樂富人而存在，角色地位曖昧不明。色情文學作家遭到處決。儘管金氏父子自己在男女之事上毫無節制（金正日在年輕時是出了名的花花公子），但黨的官員只要被發現與人通姦就會遭到撤職查辦。

金日成也反對早婚，他在一九七一年發布一項「特殊命令」：男性未滿三十歲，女性未滿二十八歲，不得結婚。北韓報紙表示：「祖國與民族希望並且相信，年輕人應該支持這項優良傳統，每個人都應該在為國家與人民做出足夠貢獻之後才能結婚。」事實上，這根本不是什麼韓國傳統——在過去，韓國婦女到了十四歲就可以結婚。這項規定的真正目的是為了維持軍人士氣，這樣他們才不會擔心在服兵役的時候女朋友會移情別戀。此外，這麼做也可以降低出生率。雖然早婚的禁令已在一九九〇年廢除，不過北韓人對於年輕情侶仍投以不友善的目光，無論他們的關係有多麼純潔。

宣傳活動勸導婦女留「傳統髮型，這樣才能與社會主義生活方式以及時代品味一致。」中年婦女頭髮要剪短與燙髮；未婚女性的頭髮可以留長，但要往後梳並且綁起來，或者是編成辮子。北韓婦女的裙子不許短於膝蓋，也不許穿無袖襯衫。有趣的是，南韓在一九七〇年代軍事獨裁者朴正熙的統治下也曾對髮型與服裝有過類似規定。這說明了北韓完全停留在過去，而南韓的改變又極為劇烈，兩種文化的最大差異充分表現在性與服裝上面。幾年前，我到北韓一處孤立地區旅行，這裡經常有南韓人來觀光，我看到一名北韓旅館的大門警衛好像快暈倒了，原來他看到一名年輕南韓女性穿著低腰牛仔褲，上衣還露出腹部。我訪談的許多脫北者都曾告訴我，他們對南韓最感驚訝的是情侶會在公共場所接吻。

因此，燈光的熄滅對於戀情剛開始的俊相與美蘭來說，剛好提供了方便之門。北韓夜晚的黑暗具有一種絕對性，這是生活在擁有電力、燈火通明世界裡的人所無法體會的。沒有街燈、沒有車燈、沒有從窗戶或門縫下透出的光線，一切都籠罩在黑暗中。只在看到發亮的香菸煙頭時，你才知道有人正走在街上。

晚餐後，俊相會找個理由外出。儘管他已經是個大學生、二十歲而且高出父親一個頭，他還是對父親感到畏懼。

「我去找朋友，」俊相大聲說，並且隨便提某個高中時代死黨的名字。他答應會在九點回來，實際上卻可能是午夜。他的父親還來不及問他，他已經走出家門。

到美蘭家步行約要三十分鐘。俊相知道美蘭在晚餐後還需要幫母親收拾，在她完成家事之前，他可能要等上很長一段時間，即使如此，他還是加快腳步。俊相現在已經沒有藉口在美蘭家附近閒晃，因為他在拳擊課上認識的朋友（也就是美蘭的鄰居）已經搬走了。於是他站在黑暗中，整個人靜止不動，他甚至可以感覺到自己的心跳。

這個時期，他們原本可以約會的少數幾個地點已經關閉：鏡城郡文化廳停電，無法放映電影；幾年前還在營業的幾家餐廳也關門大吉。清津鬧區的濱水地帶，就在港口邊有一座清津青年公園，公園的湖上有小船，另外還有年久失修的遊樂設施……，但是旅行法令極為嚴格，光是從郊區進入市區也需要通行證。他們也不敢到鏡城火車站後方的公園，因為在那裡很可能會遇到認識的人。

散步是最好的選擇。這裡只有一條穿越市區通往山中的道路。他們可以輕鬆走著，不用做出躲躲藏藏的樣子。當行經畫著微笑金日成的宣傳看板時，他們沉默不語。看板上寫著激勵的標語，「凡是黨決定的，我們必定遵行」以及「讓我們用生命保護金正日」。在街道的另一端也是色彩鮮艷的巨幅宣傳看板，上面畫的是槍管上了刺刀的士兵們。走到這裡，道路通過一道寬闊且彩繪著藍色花朵的拱門。隨著標語逐漸消失，他們也走出市區，在黑暗中，他們感到放鬆。俊相與美蘭已經適應黑暗，不用睜大眼睛也能看清楚景物。道路兩旁過度茂盛的樹木，枝葉朝著路中央傾斜交疊，在他們頭上糾纏成一道濃密的罩篷。在晴朗夜空下，繁星透過枝椏窺視著兩人。過了幾分鐘，開始出現上坡路，路的一邊是開敞的河谷，另一邊是陡峭的山丘。陡坡上的松樹緊攀著岩石，樹林中，雜亂土堆上生長的紫色野花逐漸淹沒了光禿禿的石塊。

跨過沙岸小溪，山路隨即左拐，從這裡可以通往溫堡溫泉。據說這是韓國唯一一座鹼性泉質的溫泉，泉水從沙土中湧出，溫度可達華氏一百三十度（攝氏五十四度），可以治療的疾病從消化不良到不孕，種類繁多。繼續沿這條路走去，可以到達金日成的別墅，不過途中有檢查哨封住去路。金日成為了巡行遊憩之便，在全國各風景名勝建立了約三十處行館，這裡就是其中一處。龐大的軍事標語警告民眾不要誤入這條私有道路。從這條道路也可以看見另一處專供勞動黨官員使用的水療地，當然這裡也禁止民眾進入。供民眾使用的水療地幾乎已停止營業，因為經濟危機的關係，這裡只剩下荒廢的石堆與水泥建築物。這處休閒勝地開幕於一九四六年，壁畫裡金日成的身旁圍繞著一群醫生，可以想見當年的盛況，然而現在看來這個地方彷彿從啟用後就未曾修繕。長滿雜草的廣大地面，在夜裡看起來更顯得孤寂荒涼。這對小情侶對於這副景象不感興趣。兩人廝守的興奮感受足以讓他們忘了在夜裡行走數哩造成的雙腳痠痛。

他們只有散步與說話。他們的對話生動而熱切。當他們實際見面時，俊相完全沒有信裡那種虛張聲勢的浪漫。他待人有禮，懂得尊重，甚至要等到交往三年後才敢牽美蘭的手。他講述自己的故事以博取她的喜愛。他描述自己的朋友與宿舍。他告訴她，當學生們在操場接受點名時，必須列隊踏著整齊的步伐前進，四肢都要用力擺動。俊相與美蘭分享他在平壤的所見所聞，美蘭只去過平壤一次，小學校外教學曾到那裡參觀紀念碑與紀念館。平壤是現代世界的象徵——宣傳文章是這麼說的：這是一座在建築與科技達到世界巔峰的偉大城市。俊相跟她提到高麗飯店的雙子星塔以及大樓頂層的旋轉餐廳。他從未進去過，只是在外面瞠目結舌地望著大樓高聳的輪廓與天際線——另外還有一座高達一百零五層樓的金字塔正在興建中，一旦完成應該會是亞洲最大的飯店。俊相提到了平壤地鐵，它位於地下一百碼（約九十五公尺），車站裝飾著枝形吊燈與鍍金的金日成鑲嵌圖案。

回到平壤，俊相到一家外幣商店用日圓為美蘭買了一只髮夾，這只髮夾的形狀像隻蝴蝶，上頭裝飾了一排排方形萊茵石。對美蘭來說，這只髮夾是如此精巧而充滿異國風味，她這輩子從未擁有如此美麗的東西。她並未戴上它，因為她不想讓母親起疑。美蘭將髮夾藏起來，收在內衣之中。

俊相在平壤的體驗，使美蘭得以一窺遙遠的特權世界。她在聆聽時很難不產生欣羨的念頭。美蘭在高中是最後一年，她擔心自己受的教育將到此為止。她看到自己的姊姊們因為父親的背景而無法進一步發展。其中一個姊姊甚至需要教育局的同意才能參加大學入學考試。在三個姊姊中，只有大姊繼續上大學，即使如此，她仍不許選填表演藝術科系。最後她讀的是體育系，而且中途就休學結婚。

美蘭對於自己的未來突然一目了然。她看到自己往後的人生就像一條筆直單調的道路——在工廠工作、結婚（很有可能是嫁給工廠的同事）、生孩子、年老、死亡。當俊相聊著他的大學室友時，她愈來愈感到難過。俊相察覺到她的沮喪，於是小心地探問，直到最後她告訴他自己的感受。

「我覺得自己找不到人生目標，」她說。

俊相若有所思地聽著。他回到平壤的幾星期後，寄了封信給美蘭。「事情會改變的，」俊相寫道：「如果妳希望人生有所不同，那麼妳必須相信自己可以實現夢想。」

美蘭日後提到，是俊相的鼓勵改變她的一生。美蘭曾經成績非常優秀，但是到了高中她就放棄努力。如果她的路註定走不通，那麼努力還有什麼用呢？但現在俊相的企圖心感染了她。美蘭開始努力用功。她央求母親讓她少做一點家務，好讓她能多一點時間念書。她請求老師允許她參加大學資格考試。只要有機會考試，就算考不上，她也沒有遺憾。

令美蘭驚訝的是，她居然獲准進入師範學院就讀。金正淑師範學院——根據金正日母親姓名命名——是清津三所師院中最好的一所。她的姊姊們都失敗了，為什麼惟獨她如此幸運？美蘭自己也感到不解，雖然她的功課不錯，但在班上不是第一名。她想，一定有許多來自成分更好家庭的女學生，成績至少跟她一樣好，也搶著要擠進這所學院。

一九九一年秋天，她搬離原來的家住進大學宿舍。這所師院位於浦港區的鬧區，對面是博物館，位於公園之後，剛好面對著金日成銅像的背面。

美蘭抵達的第一天，就對這所學校留下深刻的印象。學生宿舍是現代建築，四個女孩住一間寢室，每個人一張床，而不是像韓國的床蓆一樣鋪在加熱的地板上——這種傳統的夜間暖氣設施反而能消耗較少的燃料。當清津的冬季氣溫下降到冰點時，美蘭才恍然大悟學校為什麼願意讓她入學。宿舍沒有暖氣。她每晚穿著外套、厚襪子與連指手套，頭上包著毛巾睡覺。早上醒來，她呼吸的氣息凍成了霜，固結在毛巾上。女學生在浴室清洗衛生布（當時沒有人有衛生棉，家境比較富裕的女孩使用紗布繃帶，窮困的女孩則使用便宜的合成布料），因為天氣實在太冷，衛生布洗完晾不到幾分鐘就結凍了。美蘭討厭早晨。與俊相的學校一樣，這些師院女生早上六點被叫起來早點名，但她們不需要像驕傲的士兵一樣踏步前進，而是一邊發抖一邊走進浴室，用冰水沖洗她們的臉，她們的上方則是掛著壯觀的結凍衛生布。

學生餐廳的伙食更糟。北韓此時正推行所謂的「讓我們一天吃兩餐」運動，但學校則是更進一步，一天只供應一餐——用鹽、水與乾蕪菁葉煮的清湯。餐廳有時會多加一匙白米與玉米，熬煮數小時好讓穀物膨脹變大。師院的女學生有人開始染病。美蘭的一名室友因為營養不良，臉上出現脫皮。她決定休學，而其他人也逐漸跟進。

美蘭這才意識到，過去她因為有個勤勉的母親，所以才能免於受經濟危機之苦。她拜託母親從家裡寄一點糧食過來，但過了一年，她還是受不了。美蘭不願放棄辛苦爭來的教育機會，於是她向學校請求准許她住在校外。她平常睡在學校附近親戚家的地板上，週末時返回父母的住處。這種做法一般是不被允許的，不過校方對於能少一張嘴吃飯似乎感到落得輕鬆。

俊相在平壤的生活顯然好很多。政府優先提供糧食與醫療給最菁英的學生，希望這些未來的科學家能讓北韓脫離貧困。俊相還是一樣，每日三餐跟著隊伍踏步走向學生餐廳。他們的宿舍夜間提供暖氣，電力也持續供應以便天黑之後他們能繼續念書。

俊相只能在放假返家時才能與美蘭見面，大學每年有暑假與寒假，此外還有讓學生除草預備播種的春假。過去，平壤學生是在首都外圍執行這項職責，但隨著糧食短缺，當局決定讓學生返鄉，由他們的母親來餵飽他們。俊相原本很不喜歡下田當「志工」，現在他則計算著何時才能從學校返家。這種渴望對他來說是一項全新的體驗，因為從有記憶以來他只是專注於書本與研究。「我很想放下一切回家見她。我第一次體會到情感是什麼，」日後他提到這段時期時說了這些話。

一九九三年秋天，俊相的妹妹結婚。雖然父母告訴他不要中斷學業，但俊相認為這是個完美的藉口可以回家給美蘭一個驚喜。他向學校請了三天假。在這個時期，北上火車由於缺電的緣故，班次不多。即使有人設法弄到車票，也很難有機會得到座位，除非乘客的身分是黨的高階官員。火車站總是擠滿等待的旅客。他們會深夜露宿車站，蹲坐在地上抽菸，直到火車抵達為止。然後他們會一擁而上，不是從已經破掉的車窗爬進去，就是讓自己吊掛在兩節車廂之間。

俊相買不到火車票，所以他只能在火車站等待搭順風車的機會。一天後，他注意到北上鐵道停了一列貨車。他送火車司機一包香菸，探聽到這班列車即將開往清津的消息。於是他爬上裝煤的貨車，用毛巾將自己的臉包起來保護雙眼。這是他人生第一次（但不是最後一次）搭上貨運列車的便車。

清津的前一站是鏡城，這裡離美蘭的村子不遠。俊相跳下火車，直奔她家。這時是早上，正是豔陽高照的時刻，他們通常不會選在白天見面，但俊相可等不下去。他無法忍受還要等到晚上才能見她。當天是星期日，他想美蘭一定已經從學校返家。這是祕密約會以來，俊相首次走到她家門口。

門一打開，美蘭的母親倒抽了一口氣。

俊相的臉就跟他的衣服一樣沾滿黑色煤灰。美蘭的母親因為俊相好幾次跟著鄰居一起進來看電視，所以認識他，但現在她完全認不出眼前這個人是誰。無論如何，美蘭不在家。

「有個怪人來找妳，」美蘭的母親後來這麼跟她說：「妳在哪裡交的怪朋友。」

他們還有過幾次驚險的時刻。俊相的父親對於兒子特別為了妹妹的婚禮向學校請假很不高興，而且懷疑他別有用心。俊相甚至大膽地利用美蘭的母親外出、父親在礦場值夜班的時候到她家去。但美蘭的父親居然提早回來，俊相只好先躲起來等待恰當的時機。

後來，俊相與美蘭想到這些事就可以連笑好幾個鐘頭。顯然他們對於欺騙父母這種事樂在其中。祕密不僅必要，而且有趣。它雖然帶來違法的恐懼，卻也讓他們在這個毫無隱私的社會裡擁有一塊共同的心理空間。他們的所做所為不過是對處處受限的生活的一項無害反叛。

他們有更多的歡笑，也有更多的話題。日後，當他們年紀漸長而且生活在比較舒適而安全的環境時，回首當時交往的歲月，反而覺得那是他們人生最快樂的時光。他們沉浸在兩人的小世界裡，渾然不知周遭起了什麼變化。

清津的金日成銅像

chapter 6
twilight of the God

第 六 章
上 帝 的 黃 昏

★

一九九四年七月，美蘭只差一次考試就能取得師範學院的畢業證書。在此之前，她已被分派到清津鬧區的一所幼稚園擔任實習老師。七月九日中午，孩子們都回家吃中飯了，美蘭正在整理教室。當她準備到休息室和其他老師共進午餐時，突然聽見走廊傳來一陣急促而雜亂的腳步聲。走出教室，才發現有個小女孩跑回學校來。小女孩跑得上氣不接下氣，連頭髮紮成一束的馬尾也汗濕了，只見她激動地兀自說著，老師們全聽不懂她說了什麼。

「他死了，他死了，」小女孩一邊急促地喘氣一邊大聲地說。

「妳說什麼？」一名老師問。

「大元帥死了！」

只有金日成才被稱為大元帥。老師們都嚇了一跳，無論是誰，哪怕是一個孩子，說出這樣的話都令人感到吃驚。但在幼稚園，孩子早被教導不許開領袖的玩笑。老師們手扶著小女孩的肩膀，要她冷靜下來。她顯得有點換氣過度了。

「這可是對共產主義不敬唷，」一名老師斥責說道。

「我沒有，我沒有，我是在家裡的電視看到的，」小女孩非常肯定地說。

老師們還是不相信她。她們很清楚五歲的孩子其實挺會編故事的。此外，電視新聞通常下午五點才開始。但她們還是感到焦慮，決定求證一下，即使可能因此耽誤了午餐時間。學校沒有收音機也沒有電視，於是她們到園外看看。小女孩興奮地領著老師們往她家走去，大概走了幾個街區。她們沿著樓梯上去，看見一群人衝到電視機前面。美蘭試著要擠進去。她聽不見電視機的聲音，只看見旁人的臉孔顯得格外浮腫而蒼白。人群裡隱約傳出嗚咽的聲音，而後逐漸擴大成有韻律的啜泣。打開窗戶，街上盡是一片哀戚，昨夜的雷雨異常猛烈，路面到這個時候都還是濕的。

美蘭呆住了，她不知道該怎麼理解這件事。她是個受訓的學校老師，是個受過教育的女性，她知道人是血肉之軀，終有一天將歸於塵土。但她心想，金日成並非凡人。如果大元帥會死，那麼任何事都有可能發生。

所有北韓民眾都非常清楚地記得，當他們得知金日成去世的消息時，自己身在何處與正在做什麼。數年來與北韓人的訪談經驗，使我學到要提出這樣的問題：「當你知道這件事的時候，人在哪裡？」這些受訪者無論有多健忘或者多固執，只要聽到這個問題，精神全為之一振。壓抑著九〇年代創傷記憶的人，會突然極為生動而詳細地描述他們當天的作息。那是一個特殊的日子，強大的震撼把尋常的時間法則與意識全凍結住了。

金日成去世前一年，北韓正面臨韓戰結束以來最混亂的一年。不僅經濟沉痾難治，連中俄兩國也與在首爾的敵人唱和。此時的北韓正急速成為國際眼中的流氓國家。在充滿幹勁的美國新任總統柯林頓（Bill Clinton）慫恿下，聯合國要求北韓開放並且接受核設施檢查。一九九三年三月，北韓宣布，為了發展核武，它將退出《核不擴散條約》(Nuclear Non-Proliferation Treaty，NNPT)，此舉掀起了冷戰後的第一波核子恐慌。一九九四年，北韓開始從寧邊（位於平壤北方四十五哩的核子園區）的核反應爐中提煉鈽，美國五角大廈於是開始草擬先制攻擊計畫。北韓的回應則是警告「戰爭即將爆發」。平壤方面的談判者甚至提出一句惡名昭彰的威脅：「把首爾變成一片火海。」

一九九四年六月，美國前總統卡特（Jimmy Carter）抵達平壤，進行為期三天的訪問。卡特得到金日成的首肯，願意簽定凍結核子計畫的暫時性協議來換取能源援助。卡特也向南韓總統金泳三轉達金日成的邀請，希望他能訪問平壤。這場具有里程碑意義的兩韓領袖高峰會預定在一九九四年七月二十五日舉行。

七月六日，金日成前往平壤北方一處專門用來接待國外貴賓的別墅視察，他打算在這裡招待他的南韓客人。他也順便到附近的集體農場「蒞臨指導」。這天的天氣非常炎熱，氣溫將近華氏一百度（攝氏三十八度）。晚餐過後，金日成突然心臟病發，情況十分危急。幾個小時過後，金日成去世了。而他的死訊遲延了三十四小時才對外宣布。雖然早在二十年前金正日已被指定為繼承人，但平壤方面仍需要時間為共產世界首位世襲繼承者做準備。

金日成享壽八十二歲，這歲數遠超過他那一代韓國人的預期壽命。他的脖子上長了一顆高爾夫球般大小顯而易見的甲狀腺腫瘤。除了北韓民眾，誰都看得出來金日成來日無多，但從來沒有人公開討論他的健康退化情形。他不只是北韓人民的父親，也是他們的華盛頓，他們的毛澤東，他是他們的上帝。

宋太太在家為自己與丈夫準備午餐。她的工廠已經關閉，長博也因為很少領到薪水而減少待在廣播站的時間。他在客廳等待電視新聞開始。他們聽說中午會有新聞快報，心想大概與目前正在進行的核武協商有關。上次的新聞快報是在一個月前，當時北韓宣布它將不再與國際原子能總署（International Atomic Energy Agency）合作。長博身為新聞記者，對於這場外交爭端的發展極為關心。相反地，宋太太則對核武談判毫無興趣。她只關心眼前的事，例如，怎麼煮玉米粥才會更好吃。突然間，她聽到她的丈夫彈指頭的聲音。

「出事了！要出大事了！」他大叫。

宋太太從分隔廚房與客廳的送菜口探出頭來。她馬上瞧出事情不對勁。電視主播穿上喪服，一身黑色西裝與黑色領帶。她用毛巾擦乾手，然後到客廳看電視。

朝鮮勞動黨中央委員會與中央軍事委員會，朝鮮民主主義人民共和國國防委員會、中央人民會議與政務院以最深切的哀慟向全國人民報告，偉大的領袖金日成同志，朝鮮勞動黨中央委員會總書記與朝鮮民主主義人民共和國主席，於凌晨二時因突發性心臟病去世。

我們敬如慈父的領袖，他畢生致力人民群眾的獨立，毫不懈怠精力充沛地獻身祖國的繁榮與人民的幸福，持續為國家的再統一與世界的獨立而奮鬥，直到人生的最後一刻，在我們最深切的哀慟下離開了我們。

宋太太腦子一片空白。她覺得有股電流竄流全身，彷彿行刑者剛扳下了電門開關。這種感覺幾年前也曾發生過，那是她得知母親去世之時，但母親的死是預料中的事。宋太太從未聽說金日成有什麼疾病；只不過是三個星期之前的事，他們還看到這位從各方面來看都相當硬朗的政治家與卡特會談。這不是真的。她試著聚精會神聆聽新聞主播的報導，他的嘴巴仍不斷在動，但說出來的話卻令人無法理解。這一定是騙人的。她開始放聲大哭……

「我們要怎麼活下去？大元帥死了我們該怎麼辦？」她聲音顫抖地說。

她的丈夫沒有反應，只是靜靜坐著，臉色蒼白，眼神空洞。宋太太靜不下來，她因為腎上腺素的分泌增加而心跳加快。她衝下樓，跑到大樓的庭院。許多鄰居也聚集在那裡。她們跪下來，把頭一股勁兒往地上猛磕。她們嚎哭的聲音宛如汽笛聲般劃破了寧靜的空氣。

宋太太的大女兒玉熙在婚後便辭去了建設公司宣傳部的工作，但她經常被叫去為街坊鄰居從事「自願性的」戲劇演出。她原本受的訓練是廣播員，透過宣傳車上的擴音器激勵工人完成他們的進度，而她清脆帶有權威的聲音也廣受肯定。玉熙無法拒絕地方警察的要求，他們希望玉熙能朗讀劇本來激勵民眾合作。她一本正經地朗讀這些字句，例如，「讓我們抓住更多匪諜來保衛祖國」與「犯罪就要承認」。

預演後，玉熙拖著疲憊的身子回家煮午飯。她注意到街上空蕩蕩的。她與丈夫（現在又回到清津）還有兩名子女住在繁忙的清津火車站斜對角的公寓裡。

玉熙走上樓，原本以為丈夫在家，意外地門卻是鎖上的。另一間住房傳來電視聲，她走近輕輕推開門往裡頭窺探。她的丈夫與他們的鄰居跪坐在地上。他紅了眼眶，但這一次他沒有喝醉。

「嘿，發生了什麼事？為什麼中午會播新聞？」玉熙問。

「閉嘴，妳自己不會看，」她丈夫吼道。為了不觸犯他的火爆脾氣，玉熙只得乖乖聽話。

房間裡每個人都在流淚——每個人，也就是說，除了玉熙之外。她覺得內心一片空白，不是悲傷，也不是快樂，或許是有點煩躁。她什麼也沒法想，她只在乎自己正在哀嚎的肚子。「也許金日成是死了，」她心想。「但我還沒死，我得吃點東西。」玉熙盡可能坐著不動，避免引起注意，等了一段時間之後，她站起來準備離去。

「好了，我要回家準備午飯了，」她對丈夫說。

他對她投以嫌惡的眼光。雖然永秀因為酗酒與性格不佳而無法加入勞動黨，但他仍幻想自已是資深官員，認為自己應該做為旁人的表率。他喜歡指導與訓斥。在家裡，永秀是唯一擦拭金氏父子肖像的人。玉熙不想管這種事。現在，妻子對於領袖的死無動於衷，他感到怒不可遏。當玉熙離開房間時，他恨恨地說：「妳不是人。」

玉熙回家煮午飯。她扭開收音機，一邊吃午飯一邊聽廣播。播音員已經談起繼承的事。

只要我們親愛的金正日同志，偉大領袖的唯一繼承人，與我們在一起，我們的革命終將獲得勝利。

當玉熙獨自坐在家裡，金日成去世的巨大震撼逐漸消散的無影無蹤；希望他的死能改變北韓政權的美夢，很快就粉碎了。權力將移交給他的兒子。情況不會變得更好。玉熙的腦子裡反覆響起父親所說的話：「兒子比父親還壞。」

「這下我們真的完了，」她自言自語地說。

只有在這個時候，自憐的淚水才盈滿她的眼眶。

金赫，那個在果園偷梨子的男孩，金日成去世時他十二歲。此時的金赫正就讀清津馬倫中學一年級。金日成死訊公布前的早晨，他正掙扎著要不要去上學。他有一堆理由讓他不想上學，家裡沒有足夠的糧食讓他帶便當上學是其中之一。金赫絕大多數的時間一直看著窗外，心想如果自己能出去找東西吃就好了。他可以再去鏡城郡的果園或玉米田，或者是去偷火車站附近小販賣的食物。昨天他就已經逃課了，再前一天也是。金赫害怕回學校，因為老師一定會因為他連翹兩天課將他痛打一頓。他已經遲到幾個鐘頭，而他的腳步也愈來愈慢，想著是否該轉身回家。

當金赫看到他的朋友們雀躍走出校門時，他喜形於色。原來老師要他們回家收聽中午的新聞快報。

「喔耶！不用上課，」金赫一面歡呼，一面跟朋友跑離學校。

他們奔向市場，心想也許可以向店家央求或偷點食物。然而當他們抵達時，所有攤商店鋪全都打烊了，整個市場冷冷清清。他們只看到零星幾個人，但這些人都頭低低的哭喪著臉。剎時間，金赫完全失去了玩興。

在平壤，俊相正享受一個慵懶的星期六早晨。他靠著床，書本放在膝蓋上，在大學裡做著他最喜愛的消遣。如果是在家裡，他的父親絕不允許他這麼做，他說這會損害他的視力。俊相只穿了一件T恤與短褲，在大清早，即使打開窗戶還是讓人感到悶熱。這時一名室友進來打斷了俊相，他通知所有學生中午要在操場集合，說是有緊急的事情要宣布。

俊相不悅地起身，穿上褲子。跟其他人一樣，他也認為這則快報與核武危機有關。他必須承認他很緊張。儘管有卡特的來訪，俊相仍深信他的國家正與美國走向對峙的局面。幾個月前，大學裡所有學生被要求在自己的手指上割一道傷口，用自己的血在請願書上簽字，宣誓一旦發生戰爭，他們將加入朝鮮人民軍。當然，所有的學生都要照做，只有少數幾個女孩子對於割破自己的手指畏懼不前。現在俊相就算不用害怕會喪失生命，他也要擔心自己的大學學業是否將因此而中斷。

「錯不了，我們肯定要打仗了，」俊相一邊說著一邊跟著隊伍踏步走向操場。

操場上，將近三千名大學生與教職員根據學年、科系與宿舍列隊站好。正午正是太陽發威的時候，穿著短袖制服的學生們全汗流浹背。接著，擴音器傳來女性播音員顫抖而悲傷的嗓音，其間還夾雜著轟隆轟隆的聲響。這些擴音器年代久遠，播放過程的沙沙聲讓俊相無法聽懂播放的內容，但他聽到了幾個字——「去世」與「疾病」——然後從周遭人群傳來的低語明白了意思。驚愕與哀戚此起彼落。有個學生癱軟在地，沒有人知道該如何是好。於是三千多名學生一個接一個地癱坐在灼熱的地上，把頭埋進手裡。

俊相也坐下了，除此之外，他不知道該做什麼。他把頭放低，不讓人看出他臉上的困惑，而他只是聆聽旁人嗚咽的韻律。俊相偷偷朝著極度悲傷的同學瞟了一眼。他對於自己是唯一未哭泣的人感到詫異。令他困窘的是，他經常在電影或小說的末尾淚流不止，因此成了他弟弟的笑柄，他的父親也批評他，說他「像女孩一樣軟弱」。俊相揉揉自己的雙眼，只是想確認一下。他的眼睛是乾的，他沒有哭。他到底怎麼了？金日成死了難道他一點也不難過嗎？他不愛金日成嗎？

俊相已經是個二十一歲的大學生，他當然有理由懷疑一切權威，包括北韓政府。他對於自己的質疑能力感到自豪。但他不認為自己具有煽動性或者是國家的敵人。俊相相信共產主義，或者至少相信無論共產主義有什麼缺點，都比資本主義來得平等與人道。他曾經想像自己最後會加入勞動黨，而且畢生投入於改善祖國的工作。而人們對於從最好大學畢業的學生也是如此期望。

現在，被包圍在一群啜泣的學生當中，俊相感到納悶：如果其他人這麼敬愛金日成而他不是，他要如何融入人群之中？他曾經超然地思索自己的反應（或者是毫無反應），突然感到不寒而慄。他是孤獨的，因為他的冷漠，使他完全孤立。俊相一直以為自己在大學交了幾名好友，但現在他知道自己完全不了解他們。當然，他們也不了解他，要是真了解的話，他就有麻煩了。

俊相領悟這點之後，很快又得出另一項重大的結論：他的未來完全仰賴他有沒有本事哭泣。這不只牽涉他的事業與入黨，甚至還攸關他的性命安危。這是生死大事，俊相感到毛骨悚然。

起初，俊相低著頭，以免別人看到他的眼睛。後來他發現如果一直忍著不閉眼，久而久之眼睛就會發瘦發疼，然後就會流淚。這彷彿是比賽誰最能持久不眨眼。凝視。流淚。凝視。流淚。最後，流淚成了機械反應。身體比心靈先做出動作，突然間，俊相真的哭了。他跪倒在地上，身體不由自主地前後搖晃，就跟其他人一樣痛哭嗚咽。沒有人比他更聰明了。

金日成的死訊宣布後數小時，北韓各地民眾全聚集到金日成銅像前表達哀悼之意。根據最常被引用的一份數據顯示，北韓境內偉大領袖的銅像共計有三萬四千餘座，每一座都有忠誠的民眾悲傷哭倒在地。民眾不想一個人獨自悲傷。他們衝出家門，蜂擁到銅像前面，這裡通常也是城市的精神中心。

清津大約有五十萬居民，卻只有一座位於浦港廣場高二十五呎（約七．六公尺）的金日成銅像。民眾湧入廣闊的廣場，容納不下的只好往銅像東邊革命歷史博物館的前方草坪走去。群眾一直延伸到寬闊的一號道路，然後一路蔓延到咸鏡北道戲劇院。他們朝鄰近街道不斷延伸出去，宛如車輪的輪輻。如果從高空俯瞰，民眾看起來就像一列列川流不息的螞蟻不斷朝相同的目標前進。

歇斯底里與群眾產生致命的結合。人們開始向前推擠，他們撞倒了那些排隊的民眾，把哭倒的哀悼者踩在腳下，連仔細修剪的樹籬也被踏平。在幾個街區之外，廣場的嘈雜聲經由潮濕的空氣傳了過來，聽起來宛如一場暴動。天氣也陰晴不定，有時傾盆大雨，有時異常炎熱。然而戴帽與打傘都不被允許。灼熱的陽光直接照射民眾的頭頂，潮溼的人行道讓街道成了混濁的蒸汽浴場。群眾融化在淚水與汗水的海洋中。許多人暈倒。第一天過後，警方試圖以繩索隔開群眾來控制場面。

許多哀悼者是被工作單位與學校動員來的。每個團體必須帶花，通常是菊花，這是亞洲傳統用來弔喪的花朵，如果買不起花，摘野花也行。他們排成行列，每個排面有十到二十五人，一排排地向前憑弔，彷彿一波波向前的海浪。有些人累到連身子都站不直，只好與旁邊的人勾起手肘，彼此支撐著。等輪到他們的時候，便趨前到離銅像數呎的地方跪倒在地，不斷地磕頭，然後抬頭以敬畏的眼神看著銅像。金日成的巨大身影聳立在他們面前，充塞了整個視野，他的頭有三層樓高，挺立的松樹也無法遮蔽他的臉孔，光是他的雙腿就已超過一個人的身軀。這些跪倒在腳邊的哀悼者直接對著銅像說話，彷彿金日成尚在人世。

「*Abogi*，*Abogi*，」一群老婦人哭喊著，這是韓文中的尊敬語，用來稱呼父親或上帝。

「你怎麼能突然丟下我們不管？」另一群男人緊接著嚎哭。

排隊的民眾不斷跳腳，猛搥自己的頭，誇張地癱軟在地上，撕扯自己的衣服，無望地揮舞拳頭發洩怒氣。無論男人或女人，全都痛哭流涕。

這場哭戲逐漸演變成一場競賽。誰哭得最大聲？誰悲傷到精神錯亂？電視新聞更是助長了哀悼者的氣勢，媒體連續幾個小時播放民眾痛哭的畫面，滿臉淚水的成年人一頭撞向樹幹，船員用頭敲著船桅，飛行員在機艙裡哭泣等等。這些場景之間穿插著打雷閃電與狂風暴雨的鏡頭，宛如到了世界末日。

「我們的國家陷入朝鮮民族五千年來最深沉的悲痛之中，」平壤電視播報員以莊重而平緩的語調表示。

北韓宣傳機器變本加厲，開始虛構一些怪力亂神的故事，甚至說金日成不是真的死了。金日成去世不久，北韓政府在全國各地立起了三千兩百座方尖塔，稱為「永生塔」。金日成將是共和國永遠的主席。一齣宣傳影片甚至宣稱，只要民眾哭得夠傷心，金日成就能復活。

大元帥去世那一刻，數千隻祥鶴從天而降準備將他帶走。然而這些鳥兒看到北韓人民披頭散髮、痛哭流涕、搥胸頓足的樣子，又不忍心將他帶走了。

一開始是自發性的悲傷，後來卻變調成愛國的責任。在十天國喪期間，婦女不許化妝或整理頭髮。飲酒、跳舞與音樂一律禁止。人民班記錄民眾前往銅像憑弔的次數以考察他們的忠誠度。每個人都受到監視。他們不只考察行動，也觀察臉部表情與聲調，以此來判斷民眾是否誠懇。

美蘭在十天國喪期間，每天要去銅像憑弔兩次，一次是帶著幼稚園孩子去，另一次是跟老師們一起去。她開始對這份差事感到恐懼，她不只要表現悲傷，她還要保護這些脆弱的孩子不受踐踏，而且不能讓他們太歇斯底里。在她班上有一名五歲小女孩，她哭得十分用力，充分證明她的哀痛，美蘭卻擔心她會體力不支。但之後美蘭發現這名女孩偷偷把口水吐在手上，然後往臉上一抹。原來那不是真的淚水。

「我媽告訴我，如果我沒哭，我就是個壞孩子，」女孩坦白地說。

清津一名著名的女演員發現自己置身於一個很不利的狀況，無論她怎麼努力，就是擠不出眼淚來。這不僅使她在政治上面臨風險，職業上也是。「這是我的工作，我的眼淚必須隨傳隨到」，幾年後，這名女演員金慧英在首爾表示。

金赫與同學們經常跑到銅像前面，因為他們只要一鞠躬就能拿到黏呼呼的米糕。行禮致意之後，他們隨即跑到隊伍後面重新排隊拿米糕。

數百萬北韓人民參與了這場哀悼金日成的大戲，當中究竟有多少人是裝出來的？他們是為了偉大領袖而哭，還是為自己而哭？或者是因為別人哭了，所以自己也必須跟著哭？如果群眾行為的學者曾告訴我們什麼——從研究薩勒姆獵巫（Salem witch hunts）的歷史學者，到《離奇的大眾妄想與群眾瘋狂》（*Extraordinary Popular Delusions and the Madness of Crowds*）這部經典的作者查爾斯．麥凱（Charles Mackay）——那就是歇斯底里是會傳染的。處於哭泣的群眾之中，唯一自然的人性反應就是跟著哭泣。

許多民眾的確對金日成的去世深感哀痛，這一點不容置疑。無論是出於驚嚇還是悲傷，許多北韓老人在這段國喪期間出現心臟病與中風症狀，其數量之多，甚至直接造成死亡率的急遽增加。許多人以自殺的方式表達他們的悲痛。這些人從屋頂一躍而下，這是北韓民眾最常採取的自殺方式，因為當地缺乏安眠藥，而槍枝只有軍方才能擁有。還有一些人是絕食而死。金智恩醫生的父親就是如此，而金醫生當時是清津市立醫院的小兒科醫生。

咸北醫院裡瘦骨嶙峋的小男孩

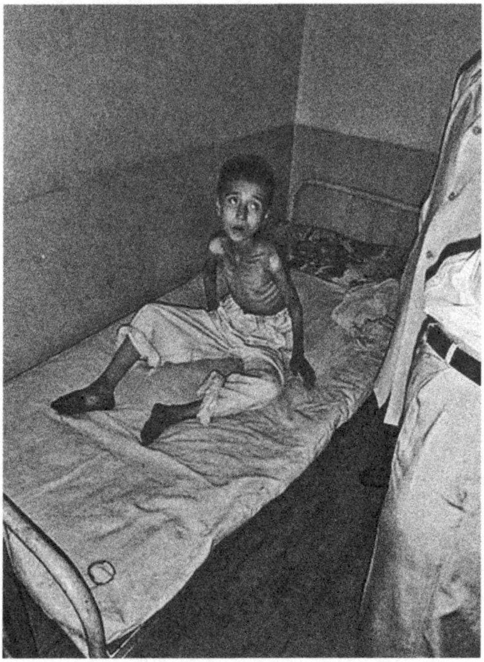

chapter 7
two beer bottles for your IV

第 七 章
酒 瓶 當 點 滴

★

金日成去世時，清津已經沒有汽油提供寥寥可數的救護車使用，病患必須被人揹著或是放在木頭推車上送進醫院。金智恩在一家小型的醫院工作，因為這家醫院離浦港廣場最近，走路大約只要十五分鐘，所以那些在銅像前的騷動中受傷或崩潰的人全都過來了，讓這家原本就小的醫院更是人滿為患。每張金屬病床上都躺了病人，五張床擠在一個小房間，還有更多人坐在木頭長椅上或在昏暗的走廊就地躺下，等著輪到自己。白天院內幾乎很少開燈，因為電力不分晝夜全被用來維持金日成銅像的照明。由於傷寒疫情爆發，這個夏天本來就忙碌異常，而偉大領袖的死又帶來更多的心臟病發作與中風患者。在小兒科，父母帶著癱軟無力的孩子前來，這些孩子都是在高溫下啼哭而嚴重脫水，有些人甚至出現痙攣現象。金醫生的工作時間從早上七點半到晚上八點，不過最近這些日子她幾乎整天都待在醫院，只有為了到金日成銅像前表達哀悼時，她才敢離開工作崗位。儘管如此，她從未抱怨工時過長。金醫生相當嚴肅地看待自己行醫的誓約。何況辛苦工作能讓她暫時忘卻人生即將崩解的警兆。

二十八歲的金醫生是這家醫院最年輕的醫生，肯定也是個子最小的。她穿上高跟鞋不過四呎十一吋（一百五十公分），只比她的青少年病患高一點，體重也不到一百磅（四十五公斤）。金醫生有著微弓略噘的紅唇和心形臉蛋，給人纖細柔脆弱的錯覺。或許是為了彌補這點，她總是擺出嚴肅的態度。而她的同事，尤其是男性同事，很快就明白不能小看她。他們雖然認為金醫生很難相處，但都同意她是個好醫生。她總是比其他醫生更願意承擔不支薪的額外排班。下班後，金醫生還要到勞動黨祕書處工作。就跟北韓其他機構一樣，醫院也設有黨委書記。黨委書記的工作是確保工作場所的意識形態健康，與挑選適當的工作同仁入黨。雖然醫院裡每四名醫生只有一名能獲准入黨，金醫生卻確信自己絕對會被選中。其中一個理由是女性比較容易獲准入黨，因為女性絕大多數不喝酒，而且一般來說比較守規矩。其次是金醫生充滿紀律與不苟言笑的性格，未來也會是個盡心盡力的黨員。她對北韓政府的奉獻與熱愛無疑是真誠的，因為她自小就受到父親的薰陶。

在中韓交界的圖們江和鴨綠江兩岸，數十年來都有移民來回遷徙，使得東北三省裡的純正韓國人口眾多。金醫生的父親出生於邊界附近一個說韓語的村落。一九六〇年代初期，還是年輕人的他為了逃離毛澤東可怕的「大躍進」（這場災難造成數百萬人死於饑荒）而移往北韓。金醫生的父親認為，共產主義理想真正的繼承人不是毛澤東而是金日成，只有金日成能實現平等與正義的承諾，讓像他這樣的工人階級抬起頭來。金醫生的父親是一名只受過小學教育的建築工人，但他的才智與努力在北韓受到肯定，因此得以加入朝鮮勞動黨。他當過他那個建築小隊裡的黨委書記，直到幾年前的一場輕微中風迫使他提前退休。沒有兒子的他，一生的抱負就是讓女兒繼續他對黨的工作，為他全心擁戴的祖國奉獻心力。

未來的金醫生帶著滿腔熱情接受了。她七歲時成為少年先鋒隊的成員，開心地在脖子繫上代表先鋒隊的亮紅色領巾。十三歲，她晉升成為社會主義青年聯盟的成員，並且驕傲地別上金日成襟章。獲准加入青年聯盟是每個北韓人成長必經的歷程，但一個孩子在十三、十四或十五歲的時候獲准加入，必須要有良好的行為與優秀的成績。從小學上課第一天開始，金智恩就是個早熟的學生。她寫的字工整漂亮，老師發問時總是第一個舉手回答，更是全校成績最優異的學生。學校上到一半，她就被甄選到醫學院念書。即使她曾夢想成為一名老師或記者，身為建築工人的女兒能被選去當醫生就是最大的榮耀。

金智恩就讀清津大學醫學院時才十六歲，比她的同學年輕兩歲，這所學院有三分之二的學生是女性。當她完成七年學業，開始到咸鏡北道二號人民醫院實習時，還是一副少女模樣。二號人民醫院是清津大學醫學院的分部，這所醫院也是咸鏡北道最具聲望的醫院。當地人稱這所醫院為「捷克醫院」，因為在一九六〇年代，共產國家集團仍屬於一個大家庭的時期，曾有一群捷克斯洛伐克醫生帶著X光機與新生兒保溫箱來到這家醫院。儘管捷克人已經離開，多數器材也被用膠帶捆在一起，但民眾仍認為二號人民醫院擁有與歐洲同步的醫療水準。金智恩結束實習後，被分發到一家更小的醫院擔任全科醫生，服務她區著的浦港區。

金醫生早上七點半就必須去醫院報到。醫院規定她一天必須工作十二小時，診療至少三十二名病患。金醫生通常早上待在醫院，下午跟著一組團隊外出。她穿著白袍，戴著一頂白帽蓋住頭髮，看起來像是快餐店的廚子。她提著一口沉重的袋子，裡頭裝了聽診器、針筒、繃帶、腸胃藥和抗生素。身為三位醫生裡的一員，她要拜訪學校和住宅區，每個住宅區都有各自的衛生所，這些單位會與人民班密切合作。

「醫生來了！醫生來了！」叫喊聲在公寓的中庭迴盪著。衛生所前開始有人排隊，並且讓啼哭的嬰孩優先看診。他們已經準備好將等待了幾個星期疼痛的雙手或疹子秀給醫生診治。

北韓醫生被期望無私地為人民服務。由於缺乏X光機，他們通常只能使用簡陋的X光透視機，讓病人曝露於高度輻射下；也因此使得不少老一輩的醫生後來都得了白內障。醫生不僅要捐血，還要捐出小面積的皮膚移植給燒傷病患。金醫生因為身高體重遠低於平均值，得以免除最後一項義務，但她仍然要到山上採集藥草。

親自調製藥品也是北韓醫生的要務，住在溫暖氣候地區的醫生還會種棉花來紡製繃帶。醫生全都得外出採集藥草。金醫生的工作單位盡可能在春秋兩季各騰出一個月的時間讓醫生去採集藥草。這段期間，他們睡在荒郊野外，幾天才洗一次澡。每人都得採集到規定的數量，然後將採到的藥草運回醫院的藥劑室，接受秤重。如果重量不足，還得繼續去採。他們通常要深入山區渺無人跡之處，因為比較容易到達的地方早已被想賣藥草或留作自用的民眾給採光了。其中最搶手的是芍藥根，能用來放鬆肌肉，治療神經疾病。野山藥可調節女性月經週期，蒲公英有助消化，薑可以防止噁心。蒼朮屬植物也是一種頗受歡迎的中藥，能增強免疫力，無法取得抗生素的時候就靠它了。

多年來，北韓醫院一直採用草藥療法，輔以西藥。醫生不用止痛藥，而用拔罐——一種讓有吸力的小杯刺激人體特定部位血液循環的方法。另一種方法也是援用自中醫，也就是用艾草針灸患部。由於缺乏麻醉藥，對付簡單的手術如切除闌尾，醫生就用針灸代替。

「有效的時候很有效，」多年後，金醫生這麼跟我說。沒效的時候呢？病人會被綁在手術檯上，以免他們亂動。多數時候，北韓人在接受醫療時都很能忍痛。「他們才不像南韓人，稍微有點小病就喊得震天價響」，金醫生說。

儘管有這麼多缺點，北韓的公共衛生體系還是給予民眾遠優於前共黨時期的照顧。這種享受「全面性的免費醫療服務……改善勞動人民健康」的權利，實際上明文規定在北韓憲法上。金醫生自豪於自己身為這個醫療體系的一員，也對自己能提供病人醫療服務感到高興。但到了一九九〇年代初期，北韓醫療體系的缺陷日益明顯。許多醫療設備不是過時就是不堪使用，想換零件也沒辦法，因為原本製造這些機器的共產集團國家的工廠都已私營化了。清津的藥廠因為缺乏原料與電力而減產。北韓幾乎沒有資金從國外進口藥品。金醫生巡迴看診時提的袋子愈來愈輕，最後裡面除了聽診器什麼都沒有。她只能幫病人開處方單，希望他們有親戚朋友在中國或日本，或是用私藏的錢從黑市取得藥品。

一九九三年，金醫生首次與醫院管理單位發生嚴重衝突，令她極為灰心。當時她負責診療一名二十七歲的男子。這名男子犯了經濟罪，也就是說他曾經從事私人買賣，被判七年有期徒刑，在服刑滿三年後，從監獄轉到了醫院。這人被打得全身是傷而且嚴重營養不良，瘦得連肋骨都清晰可見。他還患有急性支氣管炎。金醫生想給他抗生素，卻遭到長官駁回。

「他是罪犯，我們應該把抗生素留給其他人，」上級對金醫生說。

金醫生感到憤怒。「他已經被送到醫院來了，病人就是病人，我們可以救他。他沒有抗生素的話，可能連命都保不住，」她嚴正地反駁。

她偏執的一面在這件事上表露無遺。金醫生不善罷干休，她一連爭論了數日。垂死的年輕人沒有治療就出院了。金醫生每兩天到他家一次，但這名病人的病情卻日益嚴重，意志也愈來愈消沉。他嚷著：「我不應該繼續活下去。」不久就自殺了。金醫生深信自己和醫院要為他的死負責。她和上級之間的緊繃關係持續著，於是她主動申調到兒科，她認為那裡的情況不會這麼政治化。

在此同時，金醫生的私生活也一團糟。她的感情生活向來跟不上事業上的成功，尤其是對工作的極度投入與完美主義使男人退避三舍。在她全職工作後一年，一個她從大學時期就心儀的對象拋棄了她，讓她傷心欲絕。金醫生要求朋友幫她介紹對象，並且在第二次約會時與他訂婚。她的丈夫與她同年，都是二十六歲，但他因為服兵役的緣故，仍在大學讀一年級。由於金醫生已在工作，她想直到丈夫畢業為止，靠她的薪水應該足夠兩人生活。

「妳會傷害他的自尊，」金醫生的母親警告她。女醫生嫁給大學生?「男人不會喜歡女人賺的錢比他們多。」

結婚當晚，金醫生就知道自己犯了大錯，但她幾乎立刻發覺有了身孕，因此無法離開。孩子出生後，她親自為這個男嬰哺乳了幾個月，然後搬離丈夫住處，回到父母家。依照韓國傳統，孩子必須待在婆家；一旦離婚，監護權也屬於男方家人。

如果真是因為她的高薪破壞了這段婚姻，那麼最終的屈辱則是薪水的停發。金醫生原本一個月薪水是一百八十六朝鮮圓，根據官方匯率大約是八十美元，是一般勞動者的三倍。有了這筆錢，她可以支持她的丈夫與她已退休的父母，還可以幫忙已經結婚的妹妹。當薪水停發時，糧食配給也中斷了。正是在這段時期，她開始到集體果園偷梨，到鄉野搜尋食物，有時也接受病患的饋贈——一袋麵條或幾穗玉蜀黍，但她總是感到困窘而不自在。金醫生知道有些醫生會收取賄賂，實際上那些醫療應該是免費的；她曾下定決心不要成為那樣的人，但話說回來，她真的很餓。

金醫生二十八歲時，早先人生的承諾已轉變成失望。她離婚了，與父母同住。她失去了孩子的監護權。她比過去更努力工作，卻比過去更得不到努力該有的回報。她又餓又累又窮，而且感情沒有著落。

這些都是在金日成快過世的那年中，金醫生所遭遇的種種不幸。

與大多數北韓民眾一樣，金醫生是從中午的特別廣播得知金日成的死訊。當時她護送一名傷寒病人到一間特殊診所，才剛回到醫院。進到醫院大廳，就看到醫生、職員與病人全在全院唯一一臺電視機前面哭泣。

金醫生走了四十分鐘回到位於市立體育場後面的自宅，她的眼睛噙滿淚水，幾乎看不清走在人行道上的雙足。父親在家睡覺。聽到她的腳步聲，於是坐直了身子。

「怎麼了？妳的病人過世了嗎？」他驚慌地問。他知道自己的女兒對病人投入的感情有多深厚。

金醫生倒在父親懷裡。她從來沒有哭得這麼傷心過，無論是男朋友拋棄了她，婚姻破裂與孩子被帶走，還是她的父親中風。這些全是人生可預期的挫折。即使金醫生是一名醫生，受過教育，了解人體的脆弱，也深知人不免一死，但她從來沒想過這樣的事會發生在金日成身上。她同事的感受也差不多。當他們在醫院昏暗的走廊上漏夜工作時，會交換陰謀論的說法。其中一種說法是，金日成是被美國的軍火販子暗殺的，因為他們想破壞即將來臨兩韓高峰會，屆時金日成會跟南韓總統金泳三會面——北韓宣傳政策中反覆出現的一點就是美國蓄意讓朝鮮半島分裂。

金日成剛去世的那幾天，金醫生過著渾渾噩噩的日子。由於處於震驚與睡眠不足之下，她隔了好一陣子才發現，家裡的危機已節節升高。她的父親自從因病退休之後就陷入憂鬱，偉大領袖的死對他更是個打擊。他躺在床上，拒絕進食。

「如果像金日成這麼偉大的人都會死，那像我這種一無是處的人又何必活著浪費糧食？」他叫著。

金醫生試著跟她的父親講道理。先是好言相勸，然後提高音量，最後連威脅也用上了。

「如果你不吃，我也不吃。我們一起死好了。」她這麼說。她的母親也威脅要絕食。金醫生還把醫院的黨委書記找來一起勸他。她也試著用靜脈注射的方式讓父親維持體力。

金醫生的父親開始囈語。他先是讚美金日成，然後又辱罵他。一天他說自己是如此敬愛大元帥，沒有大元帥他活不下去，另一天他又低聲說金日成的死證明北韓的體制完全失敗。他要女兒從醫院帶紙回來，勉強撐起身子，潦草地寫了張便條：

> 身為勞動黨黨員，我最後的任務就是讓我的長女繼續我的工作。請指導她，讓她成為優秀而忠誠的黨員。

他把信交給金醫生，要她轉交給醫院的黨委書記。然後他又拿了一張紙，在上面胡亂畫了一個看似相當複雜的金字塔，每個塔階標示著姓名與數字，那個圖怎麼看都像是瘋子的塗鴉。金醫生以為父親神智不清了。

他示意金醫生坐到他的身旁。他身體已經虛弱得只能輕聲說話：「這是我們家在中國的親戚。他們會幫妳。」

那是一張族譜。金醫生感到震驚。難不成父親是在暗示她離開祖國，到中國去？這是逃離中國然後出於對金日成的敬愛而親自教導她讀書的父親會說的話嗎？他會是叛徒嗎？金醫生第一個反應是撕碎它，但她無法毀掉父親的遺言。於是她拿出一個收藏紀念品的小鐵盒，上面有鎖與鑰匙，這是她少女時期留下來的東西。

她把父親的草圖摺好，鎖進箱子裡。

金日成安厝於一處地下陵寢，他的遺體在做過防腐處理後公開陳列，這是一九二四年列寧死後所建立的共產黨傳統。北韓政府舉辦了為期兩天（七月十九日與二十日）的隆重葬禮。平壤廣播電台報導有兩百萬人參加了這場儀式，金日成的靈柩放在凱迪拉克車頂上巡迴整座城市，後頭跟著踢正步的士兵、軍樂隊、以及架有領袖肖像與花葉裝飾的加長型禮車車隊。百輛車隊行列從金日成廣場出發，行經金日成大學與市中心一百呎（二十九・四公尺）高的金日成銅像（這是北韓最大的金日成銅像），最後停在革命門前，這是巴黎凱旋門的仿製品，只是更為巨大。次日有一場紀念儀式。正午十二時，全國各地警報聲響起，車輛與船隻鳴按喇叭，每個人立正默哀三分鐘。國喪期間終於結束。該是國家返回正軌的時候了。

金醫生有許多機會藉由工作來忘記悲傷。她的父親在金日成葬禮後的一個星期去世，所以她晚上也不想回家，寧可更長時間地工作。熱浪尚未結束，始於夏天的傷寒現在成了席捲各地的重大疫情。因為排水系統不佳，清津市很容易爆發疫情。排水系統是在韓戰後倉促重建而成，未處理過的糞便被沖入婦女用以洗衣的河川。隨著電力斷斷續續，自來水也不太穩定。通常早上與下午會有一小時的水電。民眾在家裡用大桶子儲水（幾乎沒有人有浴缸），而這些水桶就成了細菌溫床。沒有人有肥皂。傷寒可以用抗生素輕易地加以治癒，但到了一九九四年，北韓幾乎無法取得這種藥品。

一九九四年的炎夏之後，迎來了罕見的寒冬，山區氣溫驟降至零下三十五度。隔年夏天出現暴雨，洪水淹沒了農田。這讓北韓政府有了不失面子的藉口，首次願意公開承認國內出現糧食短缺。一九九五年夏天，聯合國賑災小組獲准進入北韓，他們得知水災所造成的損失已達一百五十億美元，五百二十萬災民受害；九萬六千三百四十八棟民宅被毀，五十萬人無家可歸；一百九十萬噸的農作物損失。

在小兒科病房，金醫生則注意到她的病人出現奇怪的症狀。在她治療的孩子當中，凡是一九八〇年代晚期到一九九〇代早期出生的，體格都小得驚人，甚至比金醫生自己讀小學時的個子還小，她當時是班上最矮小的學生。這些孩子的上臂瘦到金醫生只需要用自己的食指與大姆指就能輕易圈住。他們的肌肉軟弱無力。這是肌肉耗損的症狀，也就是身體在飢餓狀態下會吃掉自身的肌肉組織。這些孩子因便祕而來看診時，症狀劇烈得讓他們痛得彎身大叫。

問題出在食物上。糧食短缺使得家庭主婦開始採集雜草與野草加到湯裡面，塑造出一種蔬菜的假象。玉米逐漸取稻米成為主食，但人們不僅吃玉米，還吃玉米葉、玉米殼、玉米莖與玉米軸來充饑。大人還撐得住，孩子稚嫩的胃可受不了。在醫院裡，醫生們一起討論這個問題，最後他們決定給這些母親一個烹飪上的建議。「如果妳們要煮野草或樹皮，就必須把這些東西磨得很細，然後煮久煮軟一點，這樣比較容易吃，」金醫生告訴她們。

年紀比較大的孩子與成人則是出現另一種奇怪的新症狀。病人的雙手長出發亮的疹子，這些疹子要是長在鎖骨附近，感覺就像戴了項鍊，要是長在眼睛周圍，看起來如同戴了眼鏡。這種症狀有時被稱為「眼鏡病」。事實上這是糙皮症，主要是飲食中缺乏菸鹼酸所引起，通常發生在只吃玉米的人身上。

因為小感冒、咳嗽或腹瀉而來看診的孩子經常在很短的時間內死亡。貧乏的飲食降低了他們的抵抗力。就算醫院有抗生素，他們的身體也虛弱得沒辦法服用。嬰兒骨瘦如柴，他們的母親自己也營養不良，無法分泌足夠的乳汁。在這裡，嬰兒的配方奶根本不存在，連牛奶也很罕見。過去，奶水不夠的母親會用稀釋的粥來餵孩子，現在她們連米也買不起。

另外還有一些孩子完全沒有可診斷的症狀，只顯得有些抑鬱。他們看起來臉色蒼白或者有點發青，皮膚粗糙缺乏彈性。有時候肚子會鼓脹，但有時候又沒有。

「我不知道我的孩子得了什麼病，我就是無法讓他停止哭鬧，」母親們這麼對金醫生說。她同情地點點頭。她了解這個狀況，卻無法把話說出口。在沒有糧食的狀況下，你要如何告訴一名母親，她的孩子需要的只是多吃一點？

金醫生會寫下便箋，讓這些孩子住院，雖然明知自己根本無法治療他們。醫院也沒有食物。當她巡房時，經過小兒科病房，孩子們的目光跟著她的身影。即使當她轉身時，她也能感覺到孩子們的眼睛盯著她的白袍，想著她是否能解除他們的痛苦，然而很快就明白她無能為力。

「他們看著我的眼神充滿指責。即使是四歲的孩子也知道自己快死了，而我一點忙也幫不上，」多年後，金醫生這麼對我說。「我能做的只是事後跟著母親們對著他們的屍體痛哭。」

金醫生成為一名醫生的時間還不算長，她還沒有在自己與病人之間築起一道保護牆。孩子的痛苦就是她的痛苦。幾年後，當我問她還記不記得那些在她照護期間死亡的孩子時，她斬釘截鐵地回答：「每個孩子我都記得。」

幾年過去了，醫院能提供的治療愈來愈少。地下室的火爐將煤炭燒盡之後，步入熄滅的命運，於是醫院的暖氣停了。一旦自來水停止供應，也無法適當地拖地。即使在白天，院內也是一片陰暗，醫生只能站在窗邊寫報告。病人必須自備食物與毛毯。由於繃帶稀少，病人會剪下被單權充繃帶。雖然醫院仍然有能力製造靜脈輸液，但他們沒有瓶子來裝這些輸液。病人必須自己帶瓶子來，通常是使用清津最受歡迎的啤酒「樂園」的空瓶。

「如果他們帶一個空瓶，就可以吊一瓶點滴。帶兩個空瓶，就可以吊兩瓶點滴」，金醫生說。「這種事很難堪，令人難以啟齒，但我們就是這樣做的。」

最後，醫院人去樓空。民眾不再帶親人去看病。何必這麼麻煩呢？

金日成的死實際上並未對北韓造成多大改變。金正日在他父親去世前十年已逐漸掌握權力。經濟不可避免的崩壞是經年累月的結果，其病根始於北韓經濟的缺乏效率。但北韓的偉大領袖挑了一個好時辰離開人世，往後數年的災難因此不至於使他畢生的事蹟蒙塵。要是金日成多活幾年，今日北韓人將不會以懷舊的心情回顧在他統治期間曾擁有過的相對富足的生活。他去世之際，剛好就是他的共產主義美夢嚥氣之時。

到了一九九五年，北韓的經濟就跟它的偉大領導人的屍體一樣靜止如石。平均每人國民所得直線下降，從一九九一年的兩千四百六十美元，陡降到一九九五年的七百一十九美元。北韓的商品出口從二十億美元掉到八億美元。經濟的崩潰具有一種有機性，彷彿一個生命體正緩慢喪失功能，走向死亡。

在清津，沿海矗立的龐大工廠像一道生鏽的牆，煙囪整齊得像是監獄的鐵桿。煙囪是最可靠的指標。多數時候，工廠暖爐只會噴出幾陣煙，你可以清楚數出噴煙次數——一次，兩次，頂多三次——然後看著這城市的心跳慢慢消失。工廠大門緊閉，上頭纏繞著鏈條和扣鎖——當然了，如果早已把機械拆散、運走的小偷還沒把鎖也偷走的話。

工業區北邊，海浪輕拍著空蕩蕩的港口碼頭。以往固定來載運鋼板的日本和蘇聯貨船都不見了，現在只剩下北韓的多艘生鏽漁船。宣告著二十一世紀的太陽——金正日的幾個大字高聳在港口上方的峭壁上，但連這幾個字好像也跟周圍的景觀同朽了。沿路宣傳告示上的紅色字跡已多年未重新上漆，褪成了黯淡的粉紅色。

清津曾是北韓污染最嚴重的城市，現在有了一種嶄新的美，荒涼又寂靜。在秋冬這兩個東北亞的乾燥時節，這裡的天空清新而湛藍。來自鋼鐵廠刺鼻硫黃味已經消失，人們再次嗅到海水的氣味。夏天，蜀葵悄悄從側方爬上了水泥牆。連垃圾都不見了。這並不是說北韓以前有很多垃圾——東西都不夠了，哪來的垃圾呢——但既然經濟活動全然停止，文明生活的沉積物自然也隨之消失。沒有塑膠袋或糖果包裝紙隨風飄蕩，港灣裡也沒有漂浮著的汽水罐。如果有人在人行道上踩熄一根菸，就會有另一個人去撿，把香菸撥開，抽出裡面僅餘的幾根菸絲，用報紙再次捲起。

平壤的手風琴課，二〇〇五年

chapter 8
the accordion and the blackboard

第 八 章
手 風 琴 與 黑 板

★

金日成的去世使美蘭的畢業考順延，她必須等到一九九四年秋天才能畢業。她的教師生涯開始得不是時候——或許在這種狀況下，對任何行業來說都是如此。美蘭急欲返家與父母同住，因為清津的糧食配給已經完全停止。她要求分發到離家近一點的學校工作，而她很幸運能被派到生氣嶺礦場附近的一所幼稚園，她的父親就在這座礦場工作。這座往山丘內部挖掘的礦場，位於鏡城通往清津的主要道路以北兩哩處，整個礦區呈現出咖啡牛奶的顏色。父母對於美蘭能夠回家鬆了一口氣，在家裡，他們可以確保她不會挨餓受苦。在韓國，未婚子女（尤其是女孩）與父母同住是很普遍的事。美蘭可以協助家務與陪伴父親，因為這些日子以來她的父親幾乎沒去工作。他們的口琴式住家空出了兩間房間，她的兩個姊姊已經嫁人，而她的弟弟正就讀師範學院。

幼稚園離美蘭家步行約四十五分鐘，外表看起來幾乎與她在清津實習的那所幼稚園一模一樣。這家幼稚園位於一座單層水泥建築物裡，要不是外圍的鐵欄杆漆上了色彩鮮艷的向日葵，否則整個園區讓人感覺有點陰森。鐵欄杆將整間幼稚園圍繞起來，在入口處的上方構成一道拱門，上面的標語寫著「我們很幸福」。教室前方的操場上有木椅壞了的鞦韆、滑梯，以及攀爬架等幾樣老舊的遊戲器材。每間教室裡清一色在黑板上方掛起金日成與金正日父子肖像，低矮的雙人座書桌是用舊木板製作而成的，邊緣以鐵架加以固定。教室一邊的窗戶下方放著在午休時間使用疊好的床蓆，教室的另一邊有個只陳列了幾本書大書櫃，但這些書幾乎無法閱讀，因為這都是在很久之前從原版書影印的，只能看到不同層次的灰色字影。這裡的書本與紙張一直很稀少，積極的母親如果希望自己的孩子在家也能念書，就必須親手抄寫教科書。

兩家幼稚園的差異主要表現在學生身上。村子裡的孩子一眼就可看出比城市的孩子窮。幼稚園生還不需要穿制服，所以這些孩子來學校時都穿著哥哥姊姊穿過的各種雜色舊衣。他們通常穿了好幾層，因為學校幾乎不提供暖氣。美蘭驚訝於這些孩子們衣物的破舊。她幫孩子們一件一件地脫掉外套，直到看到他們的嬌小身軀為止。她握住孩子們的手，他們的小手指攢起的拳頭迷你的如同胡桃一般。這些孩子的年紀在五到六歲之間，但在美蘭眼中他們並不比三、四歲的小孩來得高大。她在清津實習時，學生大多是工廠工人或公務員的孩子，而這裡全是礦工的孩子。美蘭這才了解，雖然清津有糧食供應的問題，但礦工的糧食問題更是嚴重。過去，礦工有額外的糧食配給，一天九百公克的糧食多於一般工人的七百公克，用來獎勵他們的辛苦勞動。現在，生氣嶺周遭的高嶺土礦與煤礦整年大部分的時間是關閉的，礦工的糧食配給也跟著取消。美蘭懷疑，有些孩子來學校主要是為了餐廳提供的免費午餐，但也只有加了鹽與乾菜葉煮出來的清湯，就像她在大學宿舍吃的一樣。

美蘭對新工作仍然充滿了熱情。當上教師，成為受過教育而有地位的階級成員，對美蘭這位礦工女兒來說——更甭提她出身的家庭來自於社會最低的階層——等於向上提升了一大步。

每天早上，她迫不及待地起床，穿上清爽的白上衣，為了讓讓衣服筆挺，她還刻意放在床蓆下壓了一整夜。

學校從早上八點開始上課。美蘭臉上堆起最自信的笑容，迎接排隊依序走進教室的孩子。孩子在自己的座位上一坐定，美蘭馬上拿出她的手風琴。所有的老師都必須會彈奏手風琴，而手風琴也是美蘭的畢業考科目。在北韓，手風琴被稱作「人民的樂器」，因為無論是踏步走向建築工地還是辛苦地在田裡擔任一日志工，手風琴都是便於隨身攜帶的物品——沒有任何樂器比得上用手風琴演奏振奮人心的進行曲更能激勵田裡的農人或建築工地的工人了。在教室裡，老師經常演唱〈在這個世界上，我們最幸福〉；這首歌的曲調平易，每個北韓孩子都會唱，就像〈一閃一閃亮晶晶〉一樣。

美蘭在學生時代也曾唱過這首歌，而且歌詞還牢記於心：

我們的父親，在這個世界上，我們最幸福。
我們的家在勞動黨的懷抱裡。
我們親如手足。
即使火海靠近我們，甜蜜的孩子
無庸畏懼，
我們的父親在這裡。

在這個世界上，我們最幸福。

美蘭沒有姊姊美姬的音樂才能，即使是迷戀她的傻相，聽到她的歌聲也會退避三舍。然而她的小聽眾卻沒那麼挑剔。當美蘭唱歌時，他們的小臉會朝向她，充滿了生氣與活力。孩子們喜愛美蘭，她充滿熱情地教導他們，而孩子們也熱情地予以回應。美蘭與她的弟弟年紀相仿，所以姊弟的關係比較像是競爭者，而不是她可以教導使喚的對象，美蘭對此總是感到缺憾。美蘭喜愛這份工作，她對於教導的課程內容，從未停下來思索到底是對是錯。她從未想過教育還有別的可能。

在一九七七年的《論社會主義教育》（*Theses on Socialist Education*）中，金日成寫道：「只有以健全的政治與意識形態教育為基礎，人民的科學與科技教育以及體格鍛鍊才能成功。」由於美蘭的學生還無法閱讀偉大領袖的大量作品（金日成的姓名被冠在十餘本著作上，金正日則是他父親的兩倍），所以由她大聲朗讀摘錄給孩子們聽，並鼓勵他們跟著她一起複誦關鍵詞。可愛的小女孩或小男孩童言童語地高聲背誦金日成語錄，總能引起大人輕聲的或咧嘴的微笑。意識形態訓練之後，接下來的課程是比較熟悉的科目，但親愛的領袖從未離開孩子們的心靈。無論他們學習數學、科學、閱讀、音樂還是藝術，孩子仍被教導要尊敬領袖與憎恨敵人。以小學一年級的數學課本上的幾道題目為例：

「八名男孩與九名女孩唱歌讚美金日成。唱歌的孩子總共有多少人？」

「在反抗日本占領時期，一名女孩送信給我們的愛國部隊。她把信放在裝有五顆蘋果的籃子裡，卻在檢查哨被日本士兵攔住。士兵偷了兩顆蘋果。請問還剩幾顆蘋果？」

「三名朝鮮人民軍士兵殺死了三十名美軍士兵。如果這三名士兵每人殺死的美軍士兵數量一樣，那麼他們各殺了幾名美軍士兵？」

二〇〇三年出版的小學一年級初階讀本有一首詩，題為〈我們要去哪裡？〉：

我們到了哪裡？
我們到了森林。
我們要去哪裡？
我們要翻過這座山嶺。
我們要去做什麼？
我們要去殺日本兵。

音樂課教的一首歌曲是〈射死美國雜碎〉：

我們的敵人是美國雜碎
他們想占據我們的美麗祖國。

用我親手製造的槍
我要射死他們。砰，砰，砰。

初階讀本故事裡的孩子被毒打、被刺刀捅死、被潑強酸或被丟到井裡，而迫害這些孩子的惡棍一定是基督教傳教士、日本鬼子或美國帝國主義雜碎。在一本受歡迎的讀本裡，一名男孩因為拒絕幫美國士兵擦皮鞋而被活活踢死。插圖裡的美國士兵，鼻子被畫成像鳥喙一樣，如同納粹德國反猶卡通裡的猶太人。

美蘭聽過許多韓戰時美軍的殘暴惡行，但她不知道該不該相信。她的母親還記得開車經過村子的美軍士兵長得高大英挺。

「我們在後頭追著他們，」母親回憶說。

「在後頭追著他們？你們不逃跑嗎？」

「不，他們給我們口香糖，」母親對她說。

「妳是說，他們不想殺你們？」美蘭聽到母親的故事時，感到不可思議。

上歷史課時，老師帶孩子們進行戶外教學。規模較大的小學會另外騰出一個房間講授偉大領袖的事蹟，這個房間稱為金日成研究室；礦區幼稚園的孩子們步行到鏡城郡小學參觀這間特別的房間。金日成研究室位於新建校舍的邊間，房間乾淨、明亮而且暖氣比學校其他地方更為充足，勞動黨會定期抽查以確保校方維持此處的整潔。這間房間就像聖地一樣，即使是幼稚園生也知道此處不許嬉笑、推擠或竊竊私語。他們安靜地把脫下來的鞋子排列整齊，然後走近金日成的肖像，深深地三鞠躬，並且說：「父親，謝謝你。」

房間中央擺著一個金日成的誕生地萬景台的模型，外圍用一個方型的玻璃罩罩住。萬景台是位於平壤郊區的一個村落。孩子們隔著玻璃罩看著迷你的茅草屋頂農舍，得知偉大領袖誕生於一個毫不起眼的地方，以及他來自一個愛國者與革命分子的家庭。孩子們也被教導金日成在三一運動時曾高喊抗日口號——這場發生於一九一九年的抗日暴動，當時金日成才七歲——還有他如何斥責富有的地主，小小年紀的他，在精神上已是一名共產黨員。金日成十三歲時即離家前往解放自己的國家，掛在房間牆面上的油畫描繪出金日成抗日鬥爭的功績。從北韓的角度來看，金日成幾乎是單槍匹馬將日本人擊敗。官方歷史省略了他在蘇聯的時期以及史達林扶植他成為北韓領導人所扮演的角色。

要說這當中有什麼不同，那就是金日成死後似乎變得比生前更偉大。平壤下令改變曆法。北韓人不再使用以耶穌生卒年為準的西元紀年，而將現代的起始定於一九一二年，也就是金日成出生那年，以此推算，一九九六年要改成主體八十四年。金日成後來被稱為「永遠的主席」，雖然長眠於永生塔下設有空調設備的陵寢裡，他的精神仍統治這個國家。金正日取得勞動黨總書記與國防委員會委員長的頭銜，後者是北韓最高職位。雖然無疑地金正日是國家元首，但他堅持不接受父親留下來的國家主席職位，充分顯示他的孝心，而這也使他在父親庇蔭下（父親比他來得更受尊敬也更受歡迎）能繼續掌握權力。在一九九六年之前，金正日禁止豎立自己的銅像、反對掛上自己的肖像，而且避免在公共場合露面，但父親死後，他的姿態似乎愈來愈高。就在金日成去世那年，教育部下令全國各級學校設立金正日研究室。這些研究室就跟他父親的特殊房間一樣，不同的是，房間中央的模型從萬景台的小村落改成白頭山，這座跨越中國與北韓邊界的火山是金正日的誕生地，據說他出生時還曾出現雙虹的吉兆。白頭山是個好選擇：韓國人長久以來一直把這座山尊奉為神話人物檀君的出生地。檀君是天神與熊女之子，傳說他於西元前二三三三年建立了第一個朝鮮王國。北韓無視於蘇聯方面的記載，上面顯示金正日其實出生於俄國遠東的伯力附近，當時他的父親正與紅軍一同作戰。

要在北韓虛構歷史與樹立神話相當容易，要在一九九六年的北韓蓋一棟建築物反而困難。金正日研究室與他父親的研究室相比必須毫不遜色，但在工廠停工的狀況下，磚塊、水泥、玻璃乃至於木材都供應缺乏，最難取得的原料是安裝在窗戶上的玻璃，因為清津的玻璃工廠已經關閉。這段期間如果窗戶破了，只能用木板或塑膠板來遮蓋。唯一仍在製造玻璃的地方是一家位於南浦（一座瀕臨黃海的港口城市）的工廠，可是學校沒有經費購買。鏡城的學校想出了一個法子。學生和老師可以收集以鏡城當地的高嶺土製成著名陶器，然後帶往南浦——此處以鹽田著稱，以用陶器換鹽，然後賣鹽獲利，再用這筆收入購買玻璃。這是個相當複雜的計畫，但沒有人有更好的點子。他們接到指示，要以自身的資源進行這場全國性的金正日研究室興建計畫。校長希望老師與家長能參加這趟旅程。由於大家都認為美蘭具有活力而且聰明，最重要的是她值得信賴，所以大家都希望由她來執行這項任務。

美蘭從聽到這趟旅程的那一刻起，就開始著手安排。她偷偷查閱了鐵路線地圖。如她所猜想的，南浦位於朝鮮半島的另一邊，在平壤的西南方。無論他們搭乘的是哪班列車，都會經過平壤，而且很可能在平壤郊區的總終點站停靠，許多大學集中在這裡。她將只離俊相的校園數哩遠！

金日成死後，俊相與美蘭的聯絡變得更不容易。他們已經度過了那段不自在卻又愉快的尷尬階段，現在可以輕鬆地與對方相處，而且滿足於這段單純的友誼。不過近來原本需要幾星期寄到的信件，卻延長到幾個月，甚至未能寄達。人們懷疑是鐵道員工在寒冬中燒掉這些信件取暖。

俊相返鄉所間隔的時間愈來愈長。美蘭痛恨自己只能在家守候，她希望聽到敲門聲響起，突如其來的造訪，甚至是一封信等等任何可以顯示他思念著她的證明都好。美蘭不是個個性被動的人，她也想主動去找他，但是前往平壤的通行證出了名的難以取得。為了讓平壤維持櫥窗城市的外觀，北韓政府對於進入平壤的民眾加以限制。美蘭知道有個鄰居被迫從平壤搬來，因為他們有個兒子患有侏儒症。鄉村居民要前往平壤只能以工作單位或學校為團體申請。美蘭只去過首都一次，那是學校舉辦遠足的時候。光憑她一個人要前往平壤是不可能拿到旅行許可證的。然而一旦她決定在火車站跳車，誰又能阻止得了呢？

同行者有五人——兩名學生家長、校長、另一名老師和美蘭。由於路況不佳，他們花了三天才到達南浦。當列車停止然後開動奔馳於鐵道上時，美蘭凝視窗外，陷入沉思，她要想個能單獨行動的理由。她的同行者不久也察覺到了，為什麼這名平常最有活力的老師突然變得沉默寡言、鬱鬱寡歡。

「喔，沒什麼，家裡的問題，」美蘭對他們說。這個小謊讓她有個點子，然後一個謊言伴隨另一個謊言。回程時，她先在平壤附近下車，親戚會在火車站接她。她再自己搭下一班火車回清津。他們應該不會仔細詢問，因為這是緊急而且私人的事情。

美蘭的同伴心照不宣地點了點頭，當她下火車時，他們尷尬地別過頭去。他們認為美蘭在平壤下車是為了向比較有錢的親戚求助，可以理解。在清津，每個人都已一文不名，尤其是老師。他們已超過一年沒領到薪水。

當火車載著返回清津的同事消失在鐵軌的盡頭時，美蘭呆立在月臺上。這是一座宛如洞穴般的車站，幾乎沒有照明，火車引擎排出的廢氣遮蔽了從屋頂透出的些許亮光。美蘭從未獨自旅行過，她幾乎沒有錢也沒有適當文件，隨身帶的旅行文件清楚寫明她只能在平壤轉車。美蘭看著成群下車的旅客排成狹長的行列穿過單一出口，旁邊有警察監視。這裡的檢查比在清津嚴格得多，她先前的計畫並沒有考慮到這點。如果被發現用不符資格的證件闖關的話，很有可能被捕，然後送到勞改營。就算是最好的狀況，她也會失去教職——這將為已處於社會底層的家人加添一道黑色印記。

美蘭緩慢沿著月台走著，想在煙霧中尋找另一個出口。她轉頭注意到一名穿制服的男子正在看她。美蘭繼續往前走，然後再往後看了一眼。他還在看。美蘭發現這個人一直跟著她。直到這個人走到她身邊跟她說話，她才知道之所以一直盯著她看，是因為受到她的吸引。而美蘭發覺這個人身上穿的是鐵路技師的制服而不是警察。他與美蘭年齡相仿，有一張溫和、值得信任的臉。她概略解釋了自己的困境，但省略了男朋友的部分。

「我哥哥住在車站附近，」她脫口而出，雖然苦惱是真的，內容卻是假的。「我想去找他，可是我忘了帶文件。這裡的檢查很嚴格嗎？」

這名鐵路技師顯然無法拒絕這名苦惱的女子。他護送美蘭通過囤放貨物的地方，從沒有警察的貨物出口出站，然後他問是否能再見到她。美蘭潦草地寫下假名與假地址。她感到良心不安。短短一天的時間，她已經把一輩子的謊都說光了。

在大學前門，看守門口的學生以懷疑的眼神看著美蘭，然後離開去找俊相。他要美蘭在警衛室裡坐著等候，雖然她有點不樂意。美蘭感受到校內的操場上有好奇的眼光正注視著她，她還是試著讓自己鎮定下來。她不想讓自己看起來像是經過特意打扮，所以忍耐著不去整理自己的頭髮或上衣，因為炎熱的關係，她的衣服似乎緊貼著皮膚。時值夏末，即使太陽已經隱沒到校園建築之後，天氣還是相當悶熱。她看著準備吃晚餐的年輕男子交錯地從建築物的陰影下走過。科學院名義上是男女合校，但女學生住在校園的另一頭，而且人數少到足以稱為稀有動物。一名學生往警衛室裡探頭探腦，他取笑她：「所以他『真』是妳的哥哥？不是妳的男朋友？」

這時天色幾乎已經昏暗，她隱約看見俊相從操場走來，牽著一輛腳踏車，穿著T恤與運動褲——他顯然沒料到自己有訪客。他的後方亮著一盞操場安全燈，使他的臉孔變得模糊不清。所以當他走近時，美蘭只看到他顴骨的輪廓延伸成吃驚的笑容。俊相的手仍握著車把，他當然不可能上前擁抱美蘭，但美蘭一點也不懷疑他內心的激動。

俊相笑著說：「不不不，這不可能。」

美蘭壓抑著微笑說：「我只是剛好來這附近。」

美蘭與俊相踩著同樣謹慎的步伐走出校園，他們過去在清津外出散步返家時也是如此，刻意顯示彼此的生疏。美蘭聽見有些男學生在背後竊竊私語與訕笑，但她和俊相毫不畏縮或回頭；此時表現出毫不在乎的樣子才是上策。他們倆的事會在大學傳開，而且可能輾轉傳到俊相父母耳裡，最後可能連美蘭的父母都會知道。俊相將牽著的腳踏車擺在兩人之間做為區隔，然而只要到了沒人看見的地方，美蘭會跳上後置物架，端莊地側坐著，讓俊相騎車載她。當他們的車子消失在黑暗中時，美蘭露出的上臂輕輕靠著俊相的背。這是他們交往以來最親密的一次身體接觸。

俊相驚訝於美蘭的大膽，因為即使是他的親人也未能取得旅行許可來平壤探望他。一個小時之前，有人告訴他，他的「妹妹」在前門等他時，俊相認為一定是搞錯了。即便是最大膽的幻想，他也從來不敢想像美蘭會來平壤。俊相過去一直想找出美蘭到底是哪一點吸引他，現在他懂了，因為她總是出人意表。一方面，她看起來就像少女一樣天真，能力也不如他，但另一方面，她卻有膽子做出這種危險的事。他提醒自己絕不能小看她。那天晚上，當他們坐在樹下的長椅，枝葉低垂，他伸出手臂摟著她的肩膀時，她並未拒絕。當晚第一次讓人感受到些許秋意，俊相伸出手臂想讓美蘭暖和一些。他相信美蘭一定會撥開他的手，但他們繼續坐著，甜蜜地依偎在一起。

就這樣，時間轉眼過去。他們無所不談，談完了就起身散步，走累了就再找個地方坐著。即使在平壤，街燈也未開啟，四周建築物也沒有燈光透出。就在像故鄉一樣，他們可以隱身於黑暗中。一旦眼睛適應了，你可以辨識身旁的人的輪廓，卻看不見其他人，他們的存在只能靠與地面摩擦的腳步聲與窸窸窣窣的說話聲來確認。美蘭與俊相包裹在一個蠶繭裡，身旁川流不息的生命絕不會侵入他們的小世界。

午夜過後，美蘭開始露出疲態。她在旅程中睡得不多。俊相摸摸口袋，看看自己剩下的零用錢能不能讓她在火車站旁的旅社過夜。他跟美蘭保證，如果他多付一點小費，旅社老闆不會為難她沒有旅行文件，她在返家之前可以睡個好覺。俊相沒動過歪腦筋，完全純真的他沒想過在旅社房間可以做別的事。

「不，不，我必須回家，」美蘭拒絕了。她已經違反太多規則與風俗，不想再犯下年輕女子睡在旅社的禁忌。

他們一起走到火車站，腳踏車再次擺在他們之間。雖然午夜已過，但車站附近仍然人聲鼎沸。由於列車沒有固定的班次，人們已經習慣徹夜守候列車到來。就在不遠處，一名婦女擺上燒著木頭的火爐，上面架著一大鍋味噌鍋（一種帶有辣味的豆類湯汁），不斷地來回攪拌著。

他們併肩坐在低矮的長板凳上吃東西。美蘭收下俊相送她的小點心與一瓶水。火車出發時已是早上五點鐘，還沒來得及看見晨光，美蘭就已進入夢鄉。

美蘭原本高亢的情緒伴隨著這趟旅程的結束消失得無影無蹤。因為冒險而分泌的腎上腺素耗盡後，美蘭感到精疲力盡與不安，往返平壤的困難讓這段感情變得毫無希望。她不知道自己何時才能再見到俊相。他在平壤過著大學生活，自己則與家人住在清津。在北韓這樣一個小國家裡，平壤怎麼會像月亮一樣遙不可及？

美蘭在旅途中所看到的景象也讓她心煩意亂。這是多年來她第一次走出清津，而即使在她陷入沉思的時刻，她也不由得注意到一路上看到的破敗景象。她看到跟自己的學生年齡相仿的孩子，穿著破爛衣服在火車站乞討食物。

他們在南浦買到玻璃之後，最後一晚，她與同伴睡在火車站外面。因為他們沒有錢住旅社，而天氣又很暖和。車站前有個小公園，實際上比較像是路口圓環，公園中央有一棵樹，周圍則是草地，人們在上面鋪了厚紙板或塑膠墊就地休息。美蘭斷斷續續地睡著，翻來覆去尋找舒適一點的姿勢，直到她發現有一群人站了起來。他們安靜地交談，並且指著在他們附近的某個人——他蜷曲著身體躺在樹下，看起來睡得很沉。然而並非如此，那個人已經死了。

不久，拉來一輛牛車。站著的人分別抓著死者的手臂與腳踝，把屍體抬上車。就在屍體砰地一聲落在木板上之前，美蘭看了他一眼。死者看起來還很年輕，也許還是個青少年，這點可以從他下巴的光滑肌膚看得出來。當他的腿被抬起來的時候，身上的T恤也敞了開來，露出胸部的皮膚。嶙峋的肋骨在黑暗中露出陰冷的光芒。美蘭從沒見過這麼瘦的人，然而話說回來，美蘭也沒看過死人。她感到一陣恐怖，但還是昏昏沉沉地睡去。

之後，美蘭感到困惑，這個人發生了什麼事？他是不是餓死的？儘管這些日子以來大家都吃不飽，就連政府也承認去年夏天之後出現了糧荒，但她從未聽過北韓有人餓死。這種事只會發生在非洲或中國。事實上，當老一輩的人談到一九五〇年代與六〇年代中國人大量死亡的歷史時，總是歸咎毛澤東災難性的經濟政策。「幸好我們有金日成」，他們這麼說。

美蘭後悔當初沒有問俊相這件事，因為她不希望耽誤兩人短暫幾小時的相處時間。她返回清津之後，開始注意自己先前未曾留意的現象。美蘭發現，她剛來幼稚園時看到學生長得很瘦小，現在這些孩子的身形似乎又更小了，時光倒流就像電影影帶倒轉一樣。每個孩子應該從家裡帶一捆柴火供學校地下室鍋爐使用，但許多孩子的家中有困難。他們細瘦的脖子支撐著無力抬起的大頭，突出於腰部上方的肋骨骨架小得可憐，美蘭甚至用雙手就可以環繞起來，甚至有些孩子的肚子開始脹大。美蘭一看就這知道這是怎麼一回事。她記得曾看過一張索馬利亞飢民的照片，每個人都挺著脹大的肚子；雖然她不知道這種狀況可以用什麼醫學術語來稱呼，但他在師範學院的營養學課程裡學到，這是蛋白質嚴重缺乏所導致的。美蘭也注意到孩子們的髮色愈來愈淡，逐漸變成了紅銅色。

學校餐廳因缺乏食物而關閉。學生被要求自己帶便當來學校，不過他們多半空手前來。當只有一兩名學生沒帶午餐時，美蘭會讓有帶午餐的學生各分一匙給沒帶午餐的同學。但是不久，那些幫孩子帶便當的父母就跑來抱怨。

「我們家裡沒有足夠的食物分給別人，」一名母親抗議說道。

美蘭聽到傳言，說學校可能從國外人道援助機構獲得一些餅乾與奶粉。一名代表來參觀這地區的另一所學校，然而校方只讓衣裝得體的學生出來迎接外賓，通往學校的道路加以重修，建築物與庭院也打掃得一塵不染。但是國外援助並沒有送來。相反地，老師們各被分配了一小塊位於學校附近的土地在上面種植玉米。收成之後，將玉米穗軸以外的部分全剝下來煮熟，讓玉米粒膨脹得像爆米花一樣大小。它可以做為讓孩子止飢的零嘴，但無法提供填飽肚子所需要的熱量。

老師不應該偏愛某些學生，但的確有一名學生特別受到美蘭的注意。這名女孩名叫惠玲，即使才六歲，她已經成了班花。美蘭從沒見過小孩子有這麼長的睫毛，而她的睫毛圍繞著一雙晶瑩明亮的眼睛。起初，惠玲是個活潑、專注的學生，她目不轉睛地看著老師，彷彿怕聽漏了老師說的每一個字，因此獲得了美蘭的喜愛。但現在的她卻變得有氣無力，有時還在上課時睡著。

「起來嘍，別睡了，」美蘭有一天叫惠玲起身，這名女孩趴在桌上，臉頰緊貼著木桌。

美蘭用手托住她的下巴，扶起她的臉。只見惠玲的眼睛瞇成一條縫，腫脹的眼皮沉重地緊閉著。她顯得神志不清。她的頭髮散落在美蘭手上，摸起來脆弱而粗糙。

幾天過去了，女孩一直沒來上學。美蘭從鄰居口中得知她的住處，她覺得自己應該登門拜訪。但不知何故，美蘭打了退堂鼓。這麼做有什麼意義呢？她其實很清楚惠玲發生了什麼事，去了也不能改變什麼。

美蘭的班上有許多學生出現相同的情況。他們在上課時會突然間往桌上重重一趴，到了下課時間，當其他學生蹦蹦跳跳跑到操場玩耍時，他們仍然動也不動地趴在桌上睡覺，或是躺在午睡的床蓆上。

事情的發展總是循著相同的流程：首先，家中無法提供學校需要的柴火；然後沒有辦法帶午餐；接著孩子沒有體力上課，連下課時間也在睡覺；然後，孩子因不明原因而不再來學校上課。就這樣，三年來，幼稚園的學生從五十名減少到十五名。

這些孩子發生了什麼事？美蘭不想追問，怕聽到自己不想聽到的答案。

美蘭再見到俊相時已是冬天。這次輪到俊相給她一個驚喜。他在假期初從學校返鄉。他沒有冒著撞見美蘭父母的風險直接跑去她家，而是前往幼稚園。這天，學校已經放學，但美蘭仍在幼稚園裡整理教室。

學校沒有大人坐的椅子，所以美蘭只能縮著身子塞坐在小椅子裡。這張桌椅恰好是她最喜愛的學生的座位，她瘦小的身軀可以輕易坐進這張椅子。美蘭向俊相提到她的學生們所發生的事。俊相試著安慰她。

「妳能做什麼呢？」俊相說：「就算是國王也無法幫這些人。不要把責任全攬在身上。」

這段對話是尷尬的，因為他們談論的是一項令人困窘的事實。俊相與美蘭都不缺糧食。俊相的父親無法在自家庭院種植的東西，可以用日圓在黑市購買。更詭異的是，美蘭現在吃得比過去幾年更好，因為她已經搬離大學宿舍回到自己家裡。處於經濟危機之中，美蘭家低下的階級地位並未讓他們受苦。美蘭美麗的大姊意外嫁給條件非常好的對象，她的美貌顯然擊敗了充滿問題的家庭背景；她的丈夫在軍中服務，他動用關係幫助美蘭家度過難關。美蘭的母親則不斷尋找賺錢的門路。電力中斷之後，她無法使用製冰器來製作豆漿冰淇淋，但她另闢蹊徑——養豬、製作豆腐與磨玉米粉。

十年後，當美蘭為人母，嘗試從事有氧運動來減去產後多餘的體重時，她生命的這段經歷成了她良心的重擔。她經常對自己當初的行為感到不恥，責怪自己為什麼不幫幫那些孩子。當孩子挨餓時，她怎能填飽自己的肚子？

一個人的死是悲劇，一千人的死是統計數據，這話說得不錯，對美蘭來說也是如此。她還沒領悟到，自己的冷漠其實環境養成的求生技能。一九九〇年代的北韓，為了生存下去，人們必須狠下心來不跟別人分享食物。為了不讓自己發瘋，必須裝做漠不關心。在那個時期，美蘭必須學著在街上繞過屍體，假裝沒有看見。她可以毫無憐憫之心地看著五歲的孩子死去。如果她連最喜愛的學生都能不伸出援手，更何況是完全陌生的人。

苦難的行軍宣傳海報

chapter 9
the good die first

第 九 章
好 人 不 長 命

有一種說法認為，在共產國家成長的人無法獨立謀生，因為他們總是期盼政府會照顧他們。但對於北韓饑荒的無數受害者來說，這種說法並非事實。北韓人民並沒有消極等死。當公共配給體系停止運作時，民眾被迫各憑本事填飽自己的肚子。他們利用桶子與繩子布置成陷阱捕捉田裡的小動物，或是在陽台上懸掛網子捕捉麻雀。他們靠自己學習各種植物的營養成分。他們回到集體記憶裡飢餓的過去，重新找回祖先的生存技巧：剝掉松樹帶有甜味的內層樹皮，研磨成細粉，用來取代麵粉；把橡實搗成糊狀物，放進模子裡使其成形為立方體，這些方塊放入口中會自然融化。

北韓人學會吞下自己的自尊與捏住自己的鼻子。他們從農村動物的排泄物中挑出未被消化的玉米粒。船廠工人發展出一種技術，原本儲存糧食的貨艙底部殘留著腐臭黏膩的東西，他們將這些東西刮起來，放在地面晾乾，從中可以拾取一點未烹煮過的稻米與其他可食用的穀物。

在海灘上，民眾從沙裡挖掘貝類，將海藻裝滿桶子。當局於一九九五年沿著海灘設立柵欄（表面上是為防範間諜，實際上更有可能是為了不讓民眾捕魚，因為這些漁產是國營公司的禁臠），民眾只能到海邊未設柵欄的懸崖，將一把把的耙子首尾綁起來，伸到海裡撈海藻。

沒有人告訴民眾該怎麼做，北韓政府不願公布糧荒的嚴重程度，於是大家只能自求多福。

婦女們彼此交換烹飪心得。煮玉米時，玉米的殼、穗軸、葉子與莖不可丟棄，這些可以一起磨成粉。即使這些東西沒有營養，但可以產生飽足感。煮麵至少要煮一個鐘頭，讓麵條看起來大一點。在湯裡加一點草葉，看起來就像加了蔬菜。把松樹樹皮磨成粉，可以做成糕餅。

民眾投入一切心力在採集與生產糧食上。一大早就要起床尋覓早餐，早餐一吃完，緊接著就要思索晚餐的著落。原本吃午飯的時間則拿來睡覺，可以保留一點熱量。

然而這麼做終究還是不夠。

製衣廠關門後，宋太太感到茫然，她不知道自己能做什麼。她仍是一名忠貞的共產黨員，對於任何帶有資本主義腐臭的事物由衷感到厭惡。她敬愛的金日成大元帥不斷耳提面命，社會主義者必須「防範資本主義與修正主義的有毒思想」。她喜歡引用這段語錄。

偉大的領袖去世後，一切還是沒有改變，家中沒有人領到薪水，就連在廣播站工作地位崇高的丈夫也是如此，何況他還擁有黨員身分。長博甚至連免費的酒與香菸這類記者的固定福利都領不到。宋太太知道她該放下身段賺錢的時候到了。但是，該怎麼做？

可想而知，宋太太不可能成為一名商人。五十歲的她除了打算盤，商業技能一竅不通。然而當她與家人談到這個困境時，家人提醒她在煮飯燒菜方面頗具天分。過去還能取得食材的時候，宋太太喜歡做菜，而長博喜歡吃。她會的菜色相當有限，因為北韓人沒接觸過外國菜，但對一個國名與饑荒二字同義的國家來說，北韓本身的菜餚算是相當豐富了。（事實上，南韓許多餐廳都是由北韓人掌廚。）北韓廚師別具創意，善於使用自然食材，如松茸與海藻。他們以當季新鮮的食材搭配米飯、大麥或玉米，以紅豆沙或辣椒調味。招牌菜是平壤冷麵，這是冷的蕎麥麵搭配加醋湯汁，再隨地方不同放上白煮蛋、小黃瓜或梨子等各種配菜。工作忙碌時，宋太太會買現成的麵條，不然她會親手製作。在食材配給有限之下，宋太太有時會用油炸的方式讓蔬菜吃起來酥脆可口。丈夫生日的時候，她會用米飯做出甜甜黏黏的糕點。她會釀製玉米酒。而女兒們都誇讚她做的泡菜是鄰里間最好吃的。

宋太太的家人鼓勵她以廚房做為生意的起點，而最好的產品應該是豆腐，它是艱困時期的優良蛋白質來源。豆腐在韓國菜的運用十分廣泛，可以煮湯、燜燉，油炸或發酵。宋太太想用豆腐來代替魚肉，只要用油與紅椒將豆腐迅速煎過。為了籌錢買大豆，他們開始賣掉家中的物品。首先出清的是他們珍貴的電視機——這台日本製的電視機是長博父親在韓戰從事情報工作所得到的獎賞。

製作豆腐相對來說較為簡單，卻也耗時費力。必須先將大豆煮熟之後磨碎，然後加入凝固劑，接下來就像起司一樣放入布中擰乾，最後剩下稀豆漿及豆渣。宋太太覺得養豬也是個好主意，可以用製作豆腐剩下來的殘渣餵豬，兩者相輔相成。在他們的公寓後面有一排用來儲藏物品的小屋，宋太太把在市場買來的一窩小豬安置在其中一間，並鎖上大鎖。

幾個月過去，生意進行的還算順利。宋太太把她的小廚房變成了豆腐工廠，在公寓的溫突上烹煮一大鍋大豆。長博品嚐她做的成品，覺得沒有問題；而吃了豆渣與豆漿的小豬愈長愈肥，宋太太每天早晨還為牠們準備草料。不過，製作豆腐需要的木材與煤炭等燃料變得愈來愈難取得，電力一個星期也只供應幾個小時，僅足夠提供六十瓦燈泡、電視機或收音機使用。

缺少煮大豆的燃料，宋太太沒辦法製作豆腐。沒有豆腐，她沒有辦法餵飽飢餓的豬，得花幾個小時撿拾足夠的草料給豬當飼料。

「聽著，我們很可能也要吃草，」她半開玩笑地對長博說。然後，她想了一下又說：「如果豬吃草沒事，那麼我們也可以吃草。」

於是他們開始嘗試從未有過的嚴酷飲食，這對於這對自視為美食家的夫妻來說，如同自天堂墮入地獄。宋太太必須帶著廚房用的刀具與籃子從市中心往北邊或往西邊走到沒有道路可通的地方，採集可供食用的野生植物。走進山裡，也許能找到像蒲公英或其他嚐起來風味還不錯的野草，就連在糧食充裕時人們也願意吃這些植物。宋太太偶爾會發現農民丟棄的腐爛白菜葉。她會將當日採集到的植物與她能買到的食材搭配起來烹煮。通常是磨碎的玉米粉——將玉米殼與玉米穗軸磨碎的廉價食物。如果連這都買不起，宋太太會買更便宜的松樹皮內層粉末，有時還參雜了一點木屑。

然而再怎麼高明的廚藝也無法掩蓋這股極恐怖的味道。宋太太必須不斷地磨碎切碎這些野草與樹皮，使它們成為軟到可以消化的糊狀物。這些糊狀物的質地不足以用模子塑造出可辨識的形狀，例如麵條或糕點。有一定形狀或許還能自欺欺人，讓人以為自己吃的是真的食物。宋太太只能將這些東西做成毫無風味口感的粥狀物，而唯一能用來調味的只有鹽。一點咖哩或紅椒或許可以把味道蓋過去，但這兩樣東西實在太貴了。食用油即便是有錢也買不到，油的缺乏使烹調變得十分困難。宋太太到姊姊的小姑家拜訪時，她吃到了用豆莖與玉米莖熬煮而成的午餐。儘管很餓，但她還是吞不下去。莖又苦又乾，就像鳥巢細枝般梗住了她的喉嚨。她下意識地想把東西嘔出，整張臉漲得通紅，最後終於吐出來了。她感到很丟臉。

金日成去世後的一年間，宋太太唯一吃過的肉類是青蛙。她的幾個兄弟在鄉村抓了一些。宋太太的妯娌用醬油快炒，將其切成小塊放在麵條上，她覺得這道菜很好吃。蛙肉不是典型的韓國菜，宋太太過去從未吃過；遺憾的是，這也是她最後一次嚐蛙肉。到了一九九五年，北韓所有的青蛙都在過度捕捉下消失無蹤。

一九九五年年中，宋太太與丈夫已將家中絕大多數值錢的東西變賣以換取糧食。在電視機之後，他們賣了家裡主要的交通工具，一台二手的日製腳踏車；接著是縫紉機，宋太太家的衣服都是用這台機器縫補的；長博的手表也賣了；就連他們的結婚禮物，一幅東方山水畫，也拿去換了糧食。他們賣了絕大部分的衣物，包含存放這些衣物的木頭衣櫃。這間兩房公寓原本對他們來說相當擁擠，現在所有的雜亂全消失了，牆面幾乎空了出來，只剩下金氏父子的肖像。唯一還沒賣的就只剩這棟公寓。

這是一個奇怪的概念。在北韓，你沒有自己的房子，只擁有住的權利。儘管如此，非法的不動產市場依然存在，民眾不動聲色地交換住房，收買官員讓他們睜一隻眼閉一隻眼。宋太太在旁人的介紹下認識了一名婦女，她的丈夫過去曾被派至俄國的木材場工作，手上攢了一些錢，讓他們有能力換更好的公寓。

宋太太的公寓位於市中心的極佳位置，在路面電車停擺後，這個區位顯得更加重要。宋太太與長博在這裡住了二十年，交到許多朋友；這都要歸功於宋太太善良的個性，她主持人民班多年來卻未得罪過任何人。她與長博都覺得不需要住這麼大的房子，現在家裡只有他們倆與長博的母親，女兒都已經嫁人了，兒子則是搬出去與女友同住。宋太太一直不願意接受那名年紀比她兒子大的女子，她覺得兒子與人同居是一種恥辱，但至少家裡少了一張嘴吃飯。

這間公寓賣了一萬朝鮮圓，依照官方匯率相當於三千美元。他們搬到一間單人房。宋太太決定要用這筆錢從事另一筆生意：買賣白米。

米是韓國的主食，事實上，韓文中的bap，既可以指米，又可以指飯。一九九五年後，清津的居民只能從黑市（如果他們有現金的話）取得白米。咸鏡北道太寒冷而且多山，稻米產量極少。除了羅南附近小港灣的沼澤地，清津市所需的稻米都必須藉由火車與貨車運送，而鐵公路路況的不良又造成米價上揚。宋太太想，她可以在濱海地區以較便宜的價格購入白米，並且帶上火車。以這種方式買進任何主食穀物是嚴重違法的（政府尚能容忍民眾買賣蔬菜與肉類），然而既然每個人都這麼做，宋太太也決定加入。她可以小賺一筆並且為自己與長博留下一批白米，光想到這點就令她垂涎三尺。從一九九四年起，他們就再也沒吃過米飯了，因為玉米的價格只有白米的一半。

宋太太出發時把一萬朝鮮圓藏在自己的內衣裡，好幾層的冬衣掩飾了胸前不自然的凸起。她搭火車到平安南道買了兩百公斤的白米。一九九五年十一月二十五日，宋太太啟程返家，這趟旅程花不到一天的時間，一包包的米全塞在她的座位底下。長博動用新聞記者的關係讓她坐上三等車廂的臥鋪，一等與二等車廂僅供勞動黨官員與軍官使用。只有在這個時候，宋太太才感受到自己身分的不同。這列火車很長，行經彎道時，可以看到後頭的車廂，那些無法動用關係的人只能站著。他們緊密地擠在一起，從遠處看過去黑壓壓的一片。還有更多人攀在車頂上。宋太太早上八點三十分左右爬下臥鋪，與同車的其他乘客交談——一名士兵、一名年輕婦女與一名祖母輩的女士，他們談起了鐵道路況不良的問題。火車在昨晚整夜走走停停，而現在則是傾斜得極為厲害，使他們無法吃早餐。他們說話的聲音變得短促，顛簸持續中斷他們對話，直到一次巨大的彈跳將宋太太從座位上抬了起來，然後重重摔在地上。她側躺著，左臉靠著一件冰冷的東西，後來才發現那是車窗的金屬框。火車出軌了。

宋太太聽見後方傳來痛苦的叫聲，車廂成了扭曲變形的金屬籠子，後方擁擠的車廂幾乎已完全損毀，絕大多數乘客都喪生了，前方車廂的菁英分子大致倖免於難。這場意外發生在新浦附近，距離清津約一百五十哩的海岸邊，最後的死亡人數據說達到七百人。不過就跟北韓的其他災害一樣，這場意外絕不會被加以報導。

宋太太爬出殘骸，她的臉頰留下一道長而深的傷口，大腿被扯下一層皮，背部扭傷。臥鋪車廂裡的東西全砸到她身上，然而這種封閉車廂或許是她得以活命的原因之一。意外發生後的第四天，宋太太回到清津。她一直認為自己是幸運的人——在金日成的慈愛照顧下出生，並且擁有一個美滿的家庭——現在更是這麼認為，因為她從火車災難中生還。宋太太必須克服疼痛與恐懼再度搭乘火車回清津，然而當她在月台上見到丈夫與幾個月沒跟他說話的兒子時，她再次感受到自己的幸運，即使這場意外讓她損失了大部分的白米。

宋太太的傷勢比她原先想的更為嚴重。一旦幸福感逐漸散去，她才發現原來自己受了重傷。醫生給她止痛藥，囑咐她三個月的時間不能下床。宋太太無視這些忠告，因為必須有人為這個家張羅食物。

在饑荒中，民眾不一定會餓死。通常疾病會更早上門奪走他們的性命。長期的營養不良會對身體的免疫力造成傷害，而飢餓也使人們更容易感染結核病與傷寒。即使能取得抗生素，但飢餓的身體過於虛弱，無法代謝抗生素。原本可以治療的病症往往在飢餓的狀況下突然惡化而致命。身體化學作用的劇烈波動，可能導致中風與心臟病。人們因為吃了無法消化的替代食物而死亡。飢餓是個卑劣的殺手，它隱藏在攀升的兒童死亡率或降低的預期壽命這類平淡無味的統計數據後面。它只留下了「超額死亡率」這項間接證據——這項統計數據顯示出某個時期的死亡率高於正常死亡率。

飢餓這名殺手有一套自然程序。它會先找上最脆弱的人——五歲以下的孩子。這些孩子罹患感冒，然後感冒惡化成肺炎；腹瀉惡化成痢疾。甚至父母還來不及找人幫忙，孩子就死了。接著殺手找上老人，先從七十歲以上的老人下手，然後依次尋找六十幾歲、五十幾歲的人。接著就輪到壯年人。男性由於體脂肪較少，通常會比女性更容易死亡。強壯而結實的男性在面對飢餓時尤其脆弱，因為他們的新陳代謝往往會燃燒較多熱量。

另一項更殘酷的事實是，飢餓的目標往往是最無辜的人，也就是從不偷竊食物、不說謊、不欺騙、不犯法或不背叛朋友的人。這種現象正是義大利作家普里莫・雷維（Primo Levi）逃出奧什維茨（Auschwitz）後所描述的，他寫道，他與其他倖存者從沒想過戰後能再重逢，因為他們全做過讓自己感到羞恥的事。

十年後，宋太太回想時發現，自己認識的在這段期間死去的清津居民都是些「言行一致、單純而好心的人」——這些人總是最早喪命。

在宋太太家，她的婆婆最早去世。長博的母親在他們婚後不久就搬來跟他們同住，這是韓國的傳統，長子有照顧父母的責任。當然，這些負擔最後全落到媳婦身上，所以韓國妻子與婆婆的關係經常充滿了怨恨。宋太太的婆婆在他們結婚之初經常無情地批評宋太太，特別是在她連續生下三個女兒之後。孫子出生之後，婆婆變得稍微和善一點，但宋太太仍然認真盡孝，努力討好婆婆。

在韓國，春天是收成最少的季節，因為秋天的收成到了此時已快吃完，而農田還在種植新的作物。這一年對宋太太來說特別艱困，因為她正從六個月前的火車事故中逐漸恢復。她的婆婆已經七十三歲，以北韓的預期壽命來說算是非常高壽，因此人們可以輕易認定她的死是「時候到了」，但宋太太深信這名強悍的老太太如果有適當的飲食，絕對能再多活幾年。在無法工作或上山的狀況下，宋太太只能把住家附近可以找到的植物和雜草全丟進湯裡。她的婆婆如同一袋易碎的骨頭，眼睛周圍出現了糙皮症的症狀。一九九六年五月，由於出現嚴重的胃痙攣與痢疾症狀，沒幾天就過世了。

宋太太在最悲慘的狀況下失去了她的家人。她對婆婆的死充滿絕望，而這份絕望又因為同年秋天的宣傳活動更形加強，政府敦促人民更努力工作以度過難關。海報顯示一名拿著擴音器的男子，激勵民眾「以苦難行軍的必勝精神向新的世紀衝鋒」，在他後頭跟著一名戴鋼盔的士兵、一名拿著鶴嘴鋤的礦工、一名戴著眼鏡手執藍圖的知識分子、一名戴著頭巾的農夫，與一名揮舞紅旗的將軍。就連官方媒體也報導金正日吃的只是簡單的馬鈴薯。

現在家裡只剩他們兩人了，宋太太與長博決定再次搬家，搬到更小一點的地方。而新家比破木屋好不了多少，它的地板是未經加工的水泥地，牆壁的灰泥非常脆弱，宋太太連金氏父子的肖像都掛不上去。她小心翼翼地將肖像包起來，將它們擺在角落。他們幾乎沒有剩下任何財產。宋太太已經把長博的書全部賣掉，只留下金氏父子的作品，因為這些書是不准賣的。她賣掉自己相當珍惜的泡菜甕。他們現在只需要兩雙筷子、兩支湯匙、幾個碗與鍋子。

長博離開道立廣播站，另外在鐵路單位找了一份廣播工作。鐵路單位付不起薪水，只能承諾下次配給糧食時他能排在優先位置。但是食物從未送到。幾個月後，宋太太與丈夫已經把賣掉上一棟公寓的錢花光。他們的大女兒玉熙偶爾會從家裡偷偷帶一袋玉米給他們，但她必須小心不被脾氣暴躁的丈夫發現，他會因為她「偷糧食」而揍她。他家雖然有錢，卻不願意幫助親友。

宋太太還是無法爬山，所以她只能更早起，先是早上六點，然後提早到五點，希望能找到過了一晚剛長出來的嫩綠青草，這種草可能比較柔軟而且容易消化。她會將野草與樹皮煮軟，加上一點鹽煮成粥狀物，然後再加上幾匙玉米粉。

宋太太與其說是飢餓，不如說是累壞了。她吃完飯後，湯匙就從手中鬆脫，噹啷一聲掉在金屬盤上。她癱軟在地，累得連換衣服的力氣都沒有，一下子陷入深沉的睡眠中。直到求生的本能告訴她，雖然天色仍然昏暗，但她必須繼續尋找食物。宋太太已經沒有餘力做別的事。她不再整理自己曾引以為傲的一頭捲髮，她也不急著洗衣服。她的體重不斷下降，臀部幾乎撐不起任何一件褲子。她覺得自己早就已經死了，只是靈魂還飄浮在自己的軀殼之上。

不過，與宋太太相比，長博的健康狀況更是糟糕。他在壯年時擁有北韓人少有的巨大身軀，體重重達兩百磅（相當於九十公斤）。由於他實在太重了，幾年前居然有醫生勸他用抽菸來減輕體重。現在，長博曾引以自豪的大肚腩──肥胖在北韓是一種身分地位的象徵──如同消了氣的皮囊般。他的皮膚一片片地剝落，彷彿罹患嚴重的溼疹。他的雙下巴鬆垂，說話也含糊不清。宋太太帶他到鐵路管理局附屬醫院看病，被診斷出有輕微中風。之後，長博發現自己工作出現困難。他無法集中注意力，抱怨視力模糊，甚至連自己慣用的鋼筆都拿不起來。

長博到床上躺著，說是床，其實只是鋪在地上的被褥，這是他們僅剩唯一的物品。他的腿腫得跟氣球一樣，宋太太覺得這是水腫——飢餓造成的體液積聚。長博不斷提到食物。他提到小時候母親做的豆腐湯，以及新婚時宋太太為他煮的清蒸螃蟹加上薑絲，那是一道極美味的佳餚。他回憶數十年前宋太太為他料理過的許多菜餚，相當不尋常地歷數每一道菜的細節。當長博說到夫妻倆一同吃飯的情景時，他變得既甜蜜又感傷，甚至有點羅曼蒂克。他握著宋太太的手，眼睛濕潤，眼神被一層記憶的迷霧所籠罩。

「走吧，親愛的。我們一起去吃好一點的館子，點一瓶美酒，」有一天早晨，當他們從毛毯上醒來，長博對他的妻子說。他們已經三天沒吃飯了。宋太太看著丈夫，心裡感到驚慌，擔心他出現了幻覺。

宋太太衝出家門前往市場，她奔跑著，完全忘了背部的疼痛。她一定要為丈夫帶回一點食物，不管是偷竊或乞討，在所不惜。宋太太想到賣麵的姊姊。她的姊姊吃得也不是很好，她的皮膚就像長博一樣，因為營養不良的關係而一片片地剝落，所以宋太太過去從未向她求助。但現在她已無路可走，當然，她的姊姊無法拒絕她。

「我以後再付錢給妳，」宋太太向她的姊姊再三保證，轉身就往家裡跑，腎上腺素使她還有力氣狂奔。

長博蓋著毛毯，側躺著蜷曲著身子。宋太太叫他的名字，長博沒有回應，她於是將他的身子翻過來——現在這麼做並不困難，因為他的體重已減輕很多，真正礙事的是他的腿與手臂變得十分僵硬。

宋太太不斷捶打他的胸口，哭喊救命，儘管她知道已經太遲。

長博死後，他們的兒子南玉搬回來與宋太太同住。自從南玉與比他年長的女子交往以來，母子倆就形同陌路。事實上，從她的兒子進入青春期開始，兩人的相處就不太和睦。原因不在於南玉桀驁不馴，而是宋太太無法打破兒子的沉默。現在，家中遭逢如此悲劇，兒子與年長女子未婚同居似乎成了微不足道的小事。更重要的是，他們彼此需要。宋太太很孤單。而南玉女朋友的家人經濟更不寬裕，他們在家裡總是沒東西可吃。

南玉年輕時所接受的一切訓練都是為了成為一名拳擊手，但現在體育學校的狀況實在過於惡劣，有一年冬天他的耳朵甚至因為凍傷而受創。南玉回到清津，透過家人的關係在火車站找到一份工作，這層關係可以追溯到韓戰時期，宋太太的父親就是在這個時期在美軍轟炸下喪生的。跟長博一樣，鐵路管理局無法支付南玉薪水，他只能期望自己在配給體系恢復運作之後能優先拿到糧食。

宋太太的兒子是一名強壯而結實的年輕人，長相酷似他的父親，但體格更像是一名運動員，肌肉也更發達；他的身高五呎九吋（一百七十五公分），也比他的父親高。起初，當他的體脂肪逐漸消失時，外型看起來就像馬拉松選手一樣精瘦，但最後當肌肉也被消耗殆盡時，他看起來卻像具屍體。一九九七年到九八年的寒冷冬天，溫度降到攝氏零度以下，南玉得了重感冒，最後演變成肺炎。即使南玉的體重變輕，宋太太還是抬不動他，無法帶他去看醫生——這時候已經沒有救護車了——宋太太只能自己去醫院向醫生解釋他的病情。醫生寫了一張盤尼西林的處方簽給她，但當她到市場時，發現藥價高達五十圓，相當於一公斤的玉米。

宋太太選擇了玉米。

一九九八年三月，就在宋太太在市場搜尋糧食時，南玉孤伶伶地在小屋裡死去。他葬在清津附近的山上，與他父親的墳相鄰，距離近到從家裡就能遙望。鐵路管理局比照長博的例子，捐了一口棺材給南玉。

到了一九九八年，估計有六十萬到兩百萬的北韓人死於這場饑荒，大約佔了總人口的一成。清津的糧食供應比北韓其他地區更早中斷，餓死的人佔的比例很可能高達兩成。確切的數字幾乎不可能計算，因為北韓醫院在報告中不會把飢餓列為死因。

一九九六年到二〇〇五年，北韓獲得價值二十四億美元的糧食援助，其中絕大多數來自於美國。但北韓政權雖然願意接受外援，卻不許外人踏入北韓境內。願意提供援助的機構起初只能抵達平壤與其他經過精心安排過的地點。當援助人員獲准離開他們的辦公室與旅館時，衣衫襤褸的民眾早已被驅離街上；參觀學校與孤兒院時，只會看到衣食無缺的孩子。政府在要求更多援助的同時，卻又隱匿了最需要幫助的部分。位於平壤的援助機構人員甚至不許學習韓文。

一九九七年，援助機構的少數官員獲准進入清津，但受到比平壤更嚴格的限制。法國反飢餓行動組織（Action Against Hunger）一名員工在日記中寫道，她不許離開天馬山飯店（位於清津港附近），對方的理由是她可能會被車子撞到。該組織不久便離開北韓，並表示他們無法證實援助確實到了需要的人手裡。無國界醫生組織（Doctors Without Borders）也撤離北韓。一九九八年，當大船載運著聯合國世界糧食計畫署（World Food Programme）的捐贈穀物於清津港靠岸時，這些救援物資全被卸下來放到軍方卡車上載走。有些糧食被送到孤兒院與幼稚園，但絕大多數最後都成了軍方儲糧或在黑市上出售。聯合國機構在北韓內部努力了十年，才順利建立滿意的監督機制。到了一九九八年年底，饑荒最壞的時刻已經過去，不一定是因為情況改善，也可能如宋太太日後猜想的，是因為少了幾張嘴吃飯。

「會死的全死光了。」

清津的臨時小吃攤

chapter 10
mothers of invention

第 十 章
需 要 為 發 明 之 母

宋太太沒有參加兒子的葬禮。悲傷、飢餓與多年來累積的壓力使她身心俱疲。她無法回到兒子死去的那間小屋。「我扔下他，讓他一個人孤伶伶地死去。是我遺棄了他……」她不斷地痛苦呻吟著。宋太太開始絕食，她精神恍惚地走在街上，直到不支倒地為止。

宋太太的女兒們到處找她，最後發現她倒臥在住處附近的草堆裡。她發出飢餓的囈語而且失溫。當時是三月底，但夜晚的溫度很低，足以殺死一名嚴重營養不良的人。女兒們被母親的外表嚇壞了。宋太太過去引以為傲的一頭濃密捲髮，現在完全糾結成一團而且髒污不堪，身上的衣服沾滿結成硬塊的泥巴。她們將宋太太帶到二女兒家，脫掉她的衣服，把她當成孩子似的幫她洗澡。事實上，五十二歲的宋太太非常憔悴，她的體重甚至比玉熙八歲的兒子還輕。女兒們一起出錢買了一包麵條給她。經過十五天適度飲食之後，宋太太終於回過神來，她清楚地憶起發生了什麼事，並且再次因喪失親人的痛苦而陷入絕望。

連續三年死了三個親人──她的婆婆死於一九九六年，丈夫死於一九九七年，兒子死於一九九八年。宋太太失去了一切，包括敬愛的大元帥，他的去世就像失去了丈夫與兒子一樣，仍令她感到悲傷。

宋太太終於鼓起勇氣回家，回到那間被她視為犯罪現場的小屋；她必須為家人的死負起全部責任。她一面走著，一面遙望光禿的山嶺，她看到用來標記新墳的簡易木樁；她的二女婿也是這樣幫她的丈夫與兒子的墳墓立下標記。宋太太回到小屋時，發現家門微啟。她在出門時已經把門釘牢，因為她沒有門鎖，不過顯然有人把門撬開。她推開門，探頭進去，確認沒有人躲在裡面。屋子是空的，沒有人，什麼東西也沒有。她用來煮粥的那個外表凹損的鋁鍋，用來盛吃的東西的廉價鐵碗、筷子，兒子死時裹在身上的毛毯——全都不翼而飛。小偷甚至連領袖肖像上的玻璃也拿走，只留下照片。

宋太太頭也不回的離開家，顧不得門是否關妥。除了身上這條命，她已沒有東西可被奪走，也不認為活著有什麼意思。她不了解自己為什麼還活著。她打算就這樣不斷地走下去，直到體力不支倒在草堆裡為止，然後躺著等死。但不知何故，她沒有這麼做，相反地，她又開始做起生意。

饑荒帶來詭異的副作用：就在災害達到最高峰，死亡人數達到數十萬的時候，嶄新的進取精神開始萌生。社會主義糧食配給體系的崩壞為私人企業提供機會。不是每個人都能到山裡採集葉子與莓類，刮削樹皮；人們一定要在某個地方購買食物，而且必須有人提供食物給他們。北韓人需要商販，魚販、肉販與麵包師傅，這些人可以填補公共體系崩潰的空缺。

這些私人買賣都屬嚴重違法行為。金正日對於私人企業採取比他的父親更嚴厲的反對立場。「在社會主義社會，即使是糧食問題也應該以社會主義的方式來解決；市場與小販只會讓民眾變得自私自利」，他在一九九六年十二月的一場演說中表示。而這也是少數幾次他公開承認北韓出現糧荒的演說。除了在自家種植蔬菜，糧食不應該在市場上販售，販賣稻米或其他穀物必須嚴厲禁止。北韓人認為這種行為不僅非法，而且不道德，它如同共產主義意識形態的眼中釘。任何私人買賣行為都會被蓋上「經濟犯罪」的戳記，而它的刑罰包括流放到勞改營，如果涉及貪污，甚至可能被處死。

然而另一方面，完全不從事私人買賣同樣是必死無疑。人類想要存活，每天平均至少需要五百卡路里的熱量，光是吃樹林裡的東西，不可能活過三個月。死亡的迫近促使宋太太在不得已之下，鼓起勇氣成為一名資本主義者。

經歷稻米買賣的失敗，宋太太知道自己必須專注於最簡易可行的生意，既不需要出遠門，一開始也不需要龐大的投資金額。宋太太覺得最能賺錢，同時也是她唯一會的賺錢技能就是燒飯做菜。但隨著薪柴供給量的缺乏，燒飯做菜變得愈加困難。附近山區在大量砍伐後已經變成茶褐色了，林木生長線也往高處退縮而難以採集。

在幾經考慮下，宋太太決定將自己的未來押在餅乾上。餅乾只需要在火爐裡烤個十分鐘，不需要很多柴火就能烘焙四、五輪。餅乾比麵包容易烘烤，而且也便於正在做事的飢餓民眾食用。

宋太太的小女兒容熙也加入她的餅乾生意，容熙最近才剛離婚——她的婚姻只維持了三個月，因為她發現丈夫是個賭徒。容熙借錢買了廢鐵，並且找了一名煉鋼廠的失業焊接工把廢鐵焊成火爐。這個爐子基本上是個方形箱子，隔成兩層，將木炭放在下層，餅乾放在上層。工人也做了烤盤。宋太太和容熙走訪清津各處市場，留意其他小販的做法。許多婦女也想到烤餅乾這個點子，而宋太太還曾經到一家小販工作觀察學習。她從其他小販那兒帶回了樣本品嚐比較。當她發現自己喜歡的口味，就設法學習它的做法。

她們的試驗品很不理想。首次完成的餅乾不適合拿出來賣，恐怕連極度飢餓的北韓人都會興趣缺缺。宋太太與女兒為了不浪費這些寶貴的食材，只好自己吃掉這些失敗的作品。終於，宋太太發現她必須使用更多的糖與酵母。她還加了牛奶。她把麵糰切成方形，讓它看起來像是小麵包，一種不太甜而容易消化的零嘴。

宋太太早上五點起床烘焙餅乾。攤販之間的競爭很激烈，所以她必須盡可能提供新鮮的餅乾。她沒有用來叫賣餅乾的推車，連竹簍都沒有，她只能把餅乾放在塑膠盆裡，然後用布將盆綁在背上，就像背著嬰兒。宋太太一早來到來往行人眾多的大街叫賣，此時競爭者還不多。她也到市場以及火車站前的大廣場叫賣。由於她有背痛的毛病，所以只能盤坐在地，把餅乾放在膝蓋上，這樣才能舒服些。

火車事故之後，宋太太的背痛一直未能治癒，此時的她只能拿出昔日擔任人民班長的熱情——當時的她囑咐鄰居，為了祖國，要做好垃圾分類以及收集堆肥——用力叫賣。

「*Gwaja sassayo*，」這句簡單而帶有韻律的韓文，意思是「買餅乾」。

宋太太是天生的生意人。顧客們喜愛她的熱忱，雖然有幾十間攤商，但總會到她的攤位光顧。在一天工作十四個小時之後，她得到了價值約一百圓的東西——五十錢（一圓合一百錢）進了自己口袋，另外還有幾袋物品，有時是紅椒或幾塊煤炭，客人拿這些東西來換餅乾。這些物品足夠讓她張羅晚餐與購買製作餅乾所需的原料。她拖著沉重的步伐回家，累得倒頭就睡，但幾個小時後她必須醒來重新製作餅乾。儘管疲憊不堪，不過現在的她至少不需要餓著肚子睡覺。

有數千名中年婦女從事與宋太太相同的活動。她們獨立營業，沒有廠房也沒有店鋪。她們不敢像進行經改的俄國一樣到處設立賣報小亭。從小被灌輸的一切使她們對商業一無所知——北韓人深信凡是私人買賣均屬自私自利。然而在飢餓逼迫下，這些婦女靠著自己的力量創造出自由市場經濟的概念。要做到這點，她們首先必須「揚棄」被灌輸了大半輩子的宣傳教條。她們發展出以物易物的技巧，例如比較有體力的年輕人到宋太太到不了的深山收集薪柴，然後用這些柴火與宋太太交換餅乾。如果你有梯子，你可以刮下電線桿上電線的銅漆（不必擔心有觸電的危險），然後用這些銅屑來交換糧食。如果你有廢棄工廠的鑰匙，你可以拆卸當中的機器、窗戶與地板，將它們移做他用。

無論是烤盤還是獨輪手推車都必須親手製作，因為現實上每一家工廠都已停工。婦女們剪下帆布，融化廢棄不用的橡膠，切割出粗製的軟底運動鞋；利用舊輪胎、木門與鐵絲製成推車，將商品從市場運回家中。

許多民眾自行學習各項技能。舉例來說，一名沒受過教育的煤礦工人發現一本漢方書籍，他仔細研讀並且到清津附近的山區辨識藥草，對於藥草的了解與醫生相比毫不遜色，而且因為慣於勞動，使他比醫生更能深入山區採集藥草。

醫生也找到其他賺錢管道。他們沒有藥物，但可以在醫院或家裡執行簡單的醫療。最有利可圖的是墮胎。技術上來說，如果沒有得到特別允許，那麼墮胎是違法的，然而它卻是普遍的控制生育方式。雖然飢餓降低了性慾與生育能力，但有些女性仍然懷孕，而家庭多半因無力撫養而選擇墮胎。幾年前，玉熙帶她的朋友去墮胎，費用是四百圓，相當於十七磅（八公斤）的白米價格，現在卻下跌到只值一籃煤炭。

金醫生並未受過外科手術訓練。她只能靠她的筆為需要在家休養的病人開立醫生證明。在北韓，無故曠職最高可以拘禁三十天，即使在無薪可領的狀況下也一樣，但民眾需要抽出時間尋找食物與燃料。拿到醫生證明的人只要找到任何吃的東西，就會拿一點給金醫生做為報酬。金醫生雖然不願開假證明——這麼做等於違反自己對醫療業與國家的誓言——但她知道自己是在幫助病人，同時也是為了讓自己活下去。

美蘭足智多謀的母親偶然發現，在這個艱困的時局還有一項熱門買賣可做。透過大女兒的人脈關係，她獲得經營磨坊的許可。她先前經營的冰淇淋與豆腐生意因為沒電而失敗，但磨坊可不同，它是傳統行業，主要靠雙手操作。她的丈夫原本在礦坑裡建造橫梁，現在則為磨坊蓋了一間木造小屋。他們找來鄰居一起建造屋頂。就連此時正好放假的俊相也跑來幫忙。磨坊建成之後，方圓數哩的民眾都帶著玉米前來。對他們來說，比較便宜的做法是購買完整的玉米，然後自行決定要將多少玉米磨成粉，包括玉米莖、玉米葉、玉米穗軸與玉米殼，或甚至摻入一點鋸屑。這些東西除非磨得很細，否則不可能消化，因此磨坊是非常重要的行業。

如果你拿不出任何可賣的東西，那就出賣自己吧。

即使金日成關閉了所有妓生房，賣淫還是未曾絕跡，只不過是以最謹慎的方式，在個人安排下在民眾家裡進行。饑荒不只讓賣淫重返街頭，也造就新一批妓女階級——通常是一些急欲為孩子尋找食物的年輕已婚婦女。她們要的不過是一袋麵條或幾顆甜馬鈴薯。她們的聚集點是清津火車站外面的廣場。由於等待火車的時間十分漫長，所以廣場上總是有數百人徘徊閒逛。這些婦女在人群中穿梭，彷彿置身於雞尾酒會。她們的服裝平淡樸素，因為凡是穿著過短的裙子，襯衫領口開得太低或襯衫太緊、牛仔褲或醒目首飾的婦女都會被公共標準警察逮捕，所以這些妓女會以揮舞口紅或眼神示意的方式向路過的男性頻送秋波。

玉熙住在火車站對面，她的丈夫就在火車站工作。每次她看到這些婦女，都會困窘地看著地面，按捺住想注視她們的衝動。然而當中有個女人一直試圖與玉熙目光交接，有時似乎還對她投以微笑。與其他女子相比，她的衣著較佳，充滿自信，舉手投足帶著一股職業的純熟。

有一天，當玉熙離開公寓，發現這名女子就站在她的家門前幾呎的地方，一副專程等她的樣子。

「妹子，跟妳打個商量，」她故做熟稔地對玉熙說。「我哥剛從外地來，我們想私下談點事。妳的房間可以借我們用一下嗎？」

她用下巴指著站在她們身後手足無措的男子，他窘迫地迴避玉熙的目光。玉熙雖然對性有些拘謹，但還不至於看不出這是個好交易。她的丈夫正在工作，孩子也在學校。妓女付她五十圓，使用她的房間一小時。此後這名女子成了常客，不只付了房錢，還不時送糖果給玉熙的孩子。

當然，這是違法的，但話說回來，這種事在當時極為普遍。在北韓，無論提供性服務還是修理腳踏車，只要你收取報酬，就是犯罪。但是誰在乎呢？每個人都需要欺騙才能活下去。

絕大多數的買賣交易都出現在老農市場裡。即使在共產主義的鼎盛期，金日成也不敢全面禁止民間買賣，只能限制人民僅可買賣自家種植的次要糧食。子女還小的時候，宋太太會到家附近的空地買雞蛋（如果有錢的話），為全家的早餐加菜。隨著時令不同，宋太太可以買到各種不同的蔬菜，如曬乾的辣紅椒、魚乾或白菜。有時有人會擺上二手衣物、鞋子與盤子，不過新品是禁止販賣的，那些東西只能在國營商店才買得到。

一九九〇年代，饑荒正逐漸勒緊清津民眾的脖子，但奇怪的是，有愈來愈多糧食出現在清津的市場上。拿出來販賣的蔬菜包括白菜、櫻桃蘿蔔、萵苣、番茄、青蔥與馬鈴薯。這些全來自山區的祕密菜園。農民發現，想活下去最好的做法就是開墾山坡地，包括那些過去認為太陡而無法開墾的地方。這些私人農地得到最好的照顧，成畦的菜園像打字機鍵盤一樣整齊排列，竹椿與格子架上爬滿豆苗與南瓜，與此相對，集體農場則是乏人問津。

市場上突然出現四十公斤裝的粗麻袋白米，上頭印了羅馬字母（UN、WFP、EU）、象徵聯合國的橄欖枝以及美國國旗。每個北韓人都認得，因為到處的宣傳海報都能看見滴著血或被刺刀刺穿的美國國旗。

為什麼這些米袋印著北韓最恐懼的敵人旗幟？有人告訴宋太太，北韓軍隊俘獲了美國軍火販子的白米。有一天，宋太太看到一批卡車駛離港口，上面載著類似的粗麻袋。雖然這些卡車掛著民間車輛牌照，但宋太太知道這些車子一定是軍方的，因為老百姓根本沒有汽油。於是她才明白，這些是人道援助白米，但軍方卻在市場賣出牟利。

無論是怎麼來的，清津民眾很高興能看到白米，因為公共配給中心已經有好幾年沒有配給了。每次去市場，宋太太都會感到驚訝。桃子、葡萄、香蕉。她不記得上次看到香蕉是什麼時候——也許二十年前，長博那時帶了一些香蕉回來給孩子吃。有一次，宋太太看到柳橙，真正的柳橙！她從未吃過柳橙，只有在照片上看過。另一次，她看到一種黃褐色班駁相間的水果，頂端還長著綠穗。

「這是什麼水果？」她問朋友，朋友告訴她這是鳳梨。

這是第一次市場囤積了這麼多便宜的家用商品，就連北韓人也買的起。鄧小平一九七〇年代與八〇年代的經濟改革成果已經慢慢滲透到北韓境內。從中國運來了書寫紙、原子筆與鉛筆、芳香的洗髮精、梳子、指甲刀、刮鬍刀、電池、打火機、雨傘、玩具小汽車、襪子。北韓已經有很長一段時間無法生產這些物品，原本尋常可見的東西也能讓北韓人感到吃驚。

另一件讓人吃驚的東西是衣服，完全沒見過的色彩彷彿來自另一個世界。粉紅色、黃色、橙色與藍綠色——這些色彩就像熱帶水果一樣鮮豔，這些出現在市場上的紡織品比北韓自行製造的更柔軟也更光亮。偶爾你在市場看到品質不錯但標籤被撕掉的衣服。小販私下說，這些都來自於「下面的村子」。這是一種委婉說法，意思是指南韓。民眾願意花更多錢購買敵國商品。

每當宋太太來到市場，總覺得市場愈變愈大。老太太在地上鋪層帆布蹲坐在上面的景象已不復見，數百名小販把商品陳列在木架或推車上，他們擺出桌子，把商品放在箱裡或撐傘避免日曬。

清津最大的市場出現在水南江邊荒廢的工業區裡，這個地區從港口往內陸延伸，直到市中心。水南市場位於殘破的化學紡織工廠後方，逐漸發展成北韓最大的市場。它看起來與亞洲其他地方的市場很類似，分成幾個區域，除了食品外，還有五金、鍋碗瓢盆、化妝品、鞋子與衣服。直到二〇〇二年，金正日才慢吞吞地讓市場合法化。但清津當局卻早一步承認既有現實，制訂了管理法規。市場管理單位向攤販收取租金，一日七十圓，相當於一公斤的白米。有些攤販無力負擔租金，就把攤位設在門外，造成市場日漸擴大，甚至溢出到岸邊的斜坡上。宋太太的餅乾生意從未擴大到足以設攤的地步，而她也不想付租金，不過還是加入了某個攤販社群。

他們位於松坪區某個市場旁邊，松坪區在清津港的西邊。宋太太賺了點錢，就搬到這個區。

市場就像磁鐵一樣，吸引其他生意上門。出了水南市場，在爬滿蜀葵的石灰牆邊，停了一排簡陋的木頭推車。車主經常睡在車上，等著需要送貨的人前來叫車。清津沒有計程車，連中國式的人力車或三輪車也沒有（北韓政府認為這種行業貶低人的身分），但為了滿足這方面的需求，還是有民眾當起挑夫。美容師與理髮師由國家便利局訓練，這個機構理應提供各項服務，設立可以穿街走巷的理髮攤子。這些理髮師只需要剪子與鏡子。他們在小吃攤附近工作，總是與其他攤販處的不愉快，因為賣小吃的擔心頭髮飛到他們的食物裡面。理髮師要眼明手快，既要當心不要剪著客人耳朵，又要留意警察，要是被發現他們做起私人買賣，手上的生財工具會被沒收充公。理髮是門賺錢生意。婦女就算肚子餓，也會把手上最後一分錢拿來理容燙髮。

鐵道旁有個市場，人們在此設立臨時小吃攤，兩落磚塊之間架塊板子當桌子，籃子倒過來成了椅子。客人吃得很快，熱騰騰的湯或麵三兩下就吃光，末了還用湯匙把殘羹刮乾淨。廚子一邊轉著老式風箱煽火，一邊冒汗在油漆罐大小的鐵筒爐前烹煮。經常可見婦女揹著孩子蹲坐在火爐前煮食。

攤販絕大多數都是女性。韓國人認為身分低下的人才會在市場賣東西，所以傳統上市場行業都由女性從事。一九九〇年代，市場不斷擴大，但人們對於市場依然存有偏見。男人必須堅守工作崗位以維持北韓正常運作，至於婦女則無足輕重，她們有沒有工作都無關緊要。朱成河是清津的脫北者，他告訴我，他相信金正日默許婦女私下工作是為了舒解她們的家庭壓力。「如果不讓這些太太工作，可能會爆發革命，」朱成河說。

結果新經濟的面貌愈來愈充滿女性色彩。男人堅守著拿不到薪水的國家工作崗位，真正在賺錢的都是女人。「男人連看門狗都不如，」有些太太私底下這麼說。女人賺的錢比男人多雖然不足以搖撼數千年的父權文化，但這筆錢卻能讓她們獲得一定的自主地位。

表面看來，清津沒什麼變化。史達林時代的辦公大樓灰矇矇的正面睥睨著渺無人車的柏油大道，馬路兩旁仍豎立著褪色的紅色宣傳看板，頌揚金正日與勞動黨的成就。事實上，這個地方的時間好像靜止了，彷彿全世界的歷史停在一九七〇年。但宋太太看得很清楚。她所生活的是一個完全顛倒的世界。上就是下，錯就是對。女人賺錢而非男人賺錢。市場充滿食物，比絕大多數北韓人一生能看見的食物還多，但人民仍然死於飢餓。勞動黨的黨員餓死，對黨毫無貢獻的人發了橫財。

「錢蟲子，」宋太太低聲咒罵著。

過去，宋太太知道自己與周遭認識的人一樣窮，因此能安於貧困。現在，她卻看到富者愈富，貧者愈貧。有些人做的事情在十年前是經濟犯罪，但這些人現在卻腳踩皮鞋身穿新衣洋洋得意地走著。反觀那些全職工作的人卻還是餓肚子。通貨膨脹已經失去控制。一九九八年年底，黑市米價達到一公斤兩百圓。即使薪水重新發放，一般的辦公室員工或老師每個月也只能幫家裡買到兩三天糧食。孩子必須趴在地上撿拾從米袋細縫掉落的白米或玉米。

宋太太認識一名九歲男孩，這個男孩名叫成哲，他常跟父親來市場。他的父親是個脾氣暴躁的男人，其他攤商都叫他「梨子大叔」，因為他以賣梨維生。但梨子的生意不好，梨子大叔很難讓全家人吃飽飯。

「為什麼你不跟其他孩子一樣去搶點東西吃？」梨子大叔有一天在市場這麼對兒子說。

成哲是個聽話的孩子。他跑到大人喝酒吃螃蟹的地方。回到父親身邊後，他抱怨肚子痛，因為他從地上撿了壞掉的魚內臟來吃。等到梨子大叔有錢僱挑夫帶兒子上醫院時，成哲已死於急性食物中毒。

宋太太每天都會看到死去的人與快死的人。雖然她經歷過與家人的生離死別，但仍無法習慣死亡的持續出現。有天晚上，她從市場返家前，特地繞到火車站看能不能把剩下的餅乾賣出去，只見工人迅速走過站前廣場，有兩個人拉著一輛沉重的木頭推車。宋太太注意他們運的東西。上面載著的屍體大約有六具，這些人是在火車站過夜死去的，皮包骨的四肢懸在車外。當車子推到路面時，有顆頭緩慢抬起。宋太太仔細一看，是個四十多歲的男子。他的眼神微弱無力，雖然還沒死，卻也到了該用推車送走的時候。

宋太太不禁想起摯愛的丈夫與兒子。她多麼幸運啊，至少他們是死在自己家裡，她還能給他們適當的葬禮。

北韓市場的男孩

chapter 11
wandering swallows

第十一章
流浪的燕子

★

宋太太經常到清津火車站叫賣，有時會在路上看到一個男孩，他穿著靛青色的工廠制服，由於衣服的尺寸太大，褲檔部分幾乎垂到他的膝蓋。男孩蓬亂的頭髮爬滿了蝨子，腳上包著乙烯塑膠袋充當鞋子。他的年齡不容易判斷，也許是十四歲，但體格卻跟美國八歲大的孩子差不多。

如果宋太太有剩下的餅乾，她會給這孩子一塊。如果餅乾賣完，她就會直接走過，盡量不去看他。這個男孩跟在火車站前徘徊的數百名孩子沒有兩樣。北韓人稱這些孩子是「流浪的燕子」，他們的父母要不是死了，就是外出尋找食物。這些孩子被留下獨自生活，他們像企鵝一樣聚集起來，在火車站尋找食物碎屑。北韓過去從未聽過無家可歸的人，現在卻出現這種奇異的遷徙景觀。

金赫雖然個子嬌小，卻結實而機靈。如果你在車站買零嘴吃，他會趁你把東西塞進嘴裡之前一把搶過來，然後一口吞下。小販在裝食物的籃子上緊緊裹了好幾層網子，以防有人偷竊，但就在網子掀開的那一瞬間，金赫會一腳踢倒籃子讓食物散落一地，拿了就跑。在食物缺乏之下，他很小就學會這種技巧，隨著年齡漸長，手法也愈趨純熟。如果不這樣做，他恐怕活不了多久。

金赫成為火車站的遊民，他的例子見證了北韓核心階級的沒落。金赫原是特權階級子弟，一九八二年，他出生在一名忠貞共產黨員的家裡。他的父親服役於菁英軍事單位，負責滲透南韓。他後來獲得勞動黨黨員身分，進入軍方經營的公司上班，這間公司專門出口魚類與松茸，藉此賺取外匯。金赫家住在水南區，就在化學紡織工廠附近，他的母親也在這裡工作。金赫兩個月大的時候就被送到工廠的托兒所，其他女工的子女也被送來這裡。

金赫的人生開始變調，起因於母親突然在他三歲時心臟病發過世。他對母親的臉孔幾乎沒有印象，唯一的記憶只有葬禮時焚香的氣味。金赫的父親隨即再婚。金赫與大他三歲的哥哥金哲經常為了食物與繼母起爭執。

兩兄弟都很淘氣、頑皮，而且經常餓肚子。他們相信繼母一定給自己的女兒也就是他們的同父異母妹妹比較多的東西吃，所以從廚房偷了玉米穗軸到市場換取煮熟的麵吃。當繼母把食物櫃鎖上時，他們就偷走她的毛毯去換食物。

金赫第一次偷陌生人的東西是在十歲的時候。他從一個小販的推車上偷了一塊包了紅豆餡的米糕，然後逃跑。他的腿雖短但跑得飛快，小販追不上他，照理說他應該不會被抓到。但他不應該再跑回去偷第二次，只因為那米糕實在太甜太好吃了。

金赫的父親到警察局接他回家時，羞愧地抬不起頭來，淚水不斷從兩眼湧出。回到家之後，他的父親用皮帶狠狠抽他一頓，他的小腿因此留下一道道紅色的傷痕。

「我的孩子怎麼會去當賊？」他的父親氣急敗壞地說：「寧可餓肚子也不能偷東西。」

金赫不這麼認為。他繼續偷竊，而且尋找食物的距離一次比一次遠。清津南方的鏡城郡有幾座礦坑，過了礦坑就是果園。金赫與朋友經常攀著公車的後保險桿前往果園。一九九〇年代，他一直持續這種做法。梨子撿完了，他們就偷玉米。就算被抓，警衛也會看他年紀小，口頭警告一番就放他回去。金赫對於自己的偷竊行為毫無悔意。即使在金日成去世的國喪期間，他還是照偷不誤，前往大銅像致意的民眾可以分得的米糕，他多拿了好幾個。

金赫的父親對兒子的行徑感到憤怒，卻苦無嚇阻良策。家裡幾乎沒有糧食，金赫的繼母也帶女兒回娘家生活。他的父親不斷地換工作，後來成為精神療養院的黨委書記。他把兒子安置在看護原先居住的房間。金赫喜歡療養院的生活，也喜歡跟病人說話；病人跟他一樣寂寞，跟他說話時總把他當大人，而不把他當孩子。但療養院也缺乏食物。雖然金赫的父親是黨委書記，握有的權力比院長還大，卻未因此獲得更多配給。他唯一能得到的好處是，動用關係讓自己的兒子住進孤兒院。

跟許多共產國家一樣，北韓的孤兒院並未嚴格限制資格，它們也收容被父母遺棄的孩子。孤兒院如同寄宿學校，提供教育、房間與伙食。能進入孤兒院等於是一項特權。

東城二十四號孤兒院位於穩城郡，這個郡位於咸鏡北道最北端，鄰近中國邊境。九月的第一個星期，父親帶著兩個兒子搭火車來到孤兒院，想趕在學年開始前登記入學。金赫此時十一歲，就讀小學六年級；哥哥十四歲，就讀國中。搭乘火車需要六小時的時間，在擁擠的列車上，父子三人都沒有位子坐。他們就在陰鬱的沉默中，一路站著抵達目的地。

「你們是兄弟，要彼此照顧，不要讓別人騎到你們頭上，」父親簽完交由孤兒院撫養的同意書後，再三叮囑他們。

當父親轉身離去時，金赫這才驚覺父親的衰老。曾經高大英挺的他，如今變得枯瘦憔悴，背脊微彎，髮絲已漸花白。

至少在一開始，孤兒院的餐廳還能讓兄弟倆吃頓飽飯。當時正值秋天，是收成的季節，糧食相當充裕。兩人很高興每天都能吃到一碗白米飯，即使飯裡還參雜玉米、大麥與廉價的穀物，但這已是他們這幾年來吃過最好的東西了。春天來臨時，他們發現孤兒院的樹林種有杏樹，他們可以撿拾杏仁來填飽肚子。

但到了冬天，糧食停止配給，沒有白米飯，孩子們吃的是上面漂浮著少許玉米麵的加鹽清湯。一九九六年的前三個月，孤兒院死了二十七名院童。金赫與哥哥翹課到鎮上找東西吃，他們發現鎮上的情況不比孤兒院好。金赫遇見一名與他同年齡的男孩，他還帶著一個六歲妹妹，兩人的父母已經死了。鄰居會定期煮粥給他們吃，其餘的時間他們必須自己照顧自己。

金赫與哥哥還有他們的新朋友，四人一起出去尋找食物。金赫擅長爬樹，他修長而強壯的手臂彌補了粗短的雙腿。他可以爬上松樹，用銳利的刀子剝掉外層樹皮，取得內層柔軟的部分。黃色的樹皮耐嚼且帶有些許甜味，有時金赫一邊爬樹一邊嚼了起來。其他人也會爬樹，但金赫可以爬得更高，高處的樹皮幾乎是完好的。

「你是隻小猴子，」他的朋友讚美他。

金赫成了一名獵人。他獵捕大老鼠、小老鼠，青蛙與蝌蚪。當青蛙被獵捕一空時，他開始捕捉蚱蜢與蟬。小時候在清津，金赫常看到朋友在水南江邊抓蟬來吃，他覺得很噁心。但現在沒那麼挑剔。他製作網子設計陷阱捕捉麻雀，用線綁住玉米仁，左右晃盪做為誘餌，抓到之後拔去鳥毛，用鐵叉固定烤熟下肚。金赫也嘗試捕捉鴿子，他使用臉盆還有繩子，卻發現鴿子比他想的聰明許多。

狗就沒那麼聰明了。金赫發現一隻友善的小流浪狗，搖著尾巴跟著他走進朋友家的院子。金赫關上門，跟朋友一起將狗抓起來丟進裝滿水的桶子裡，然後蓋上蓋子。這隻狗足足掙扎了十分鐘才溺死。他們剝掉牠的皮，烤來吃。狗肉是一道傳統的韓國菜，雖然喜歡動物的金赫對吃狗肉並無好感，但他還沒有厭惡到從此不吃狗肉的地步——儘管到了一九九六年，狗已經非常稀少。

金赫繼續偷竊。他跟哥哥翻牆到別人家的菜園裡挖掘埋在土裡的泡菜罈子，直接從罈子裡舀出泡菜，當場就吃進肚子裡。

自始至終，金赫一直記得父親的告誡：「寧可餓肚子也不能偷東西。」

金赫想像自己與父親的對話，他反駁說：「人死了還充什麼英雄。」

金赫很想念故鄉。他想念父親和金哲。當金哲滿十六歲，也就是在法律規定的成年年齡時，離開了孤兒院。金赫一直倚靠哥哥做他的保鑣，在他任性胡為時保護他。金哲遺傳到父親的挺拔身材，沒有他，金赫被打成了家常便飯。有一天，金赫到野外砍柴時遇到了一群來自穩城的男孩，他們也來砍柴。鎮裡的孩子經常找孤兒院的孩子打架，指控（並非空穴來風）對方偷他們的糧食。起初金赫以為他們潑他一桶水，後來才發覺自己的腳上全是血，斧頭砍中了他的大腿。金赫的傷一好，就決定偷偷搭乘火車返回清津。

金赫抵達清津時，他幾乎認不出自己的故鄉。清津看起來就像座死城，破敗腐朽毫無生氣。店鋪全停止營業，車站附近的路面電車也停駛了。他沿著與海岸平行的一號道路步行回家。當他經過水南江時，能清楚望見河岸那頭排列整齊的煙囪，只是完全沒有煙霧冒出。過了橋，他從大街拐彎，往化學紡織廠走去，這是他母親過去工作的地方。工廠的大門深鎖，建築物卻已遭到破壞，竊賊早將裡頭的機器拆卸一空。隨著天色漸漸昏暗，金赫走到家附近時已無法分辨方向，他覺得自己好像在沒有月亮的夜裡站在農田中央。童年時期存在的建築物，在他離家期間似乎移了位置，隱沒在黑暗之中。

金赫終於找到自己的家。他推開未鎖的前門，在黑暗的樓梯井摸索拾階而上，數著樓層。公寓實在太安靜了，感覺好像沒人居住似的，除了隨著他上樓而更加響亮的嬰兒啼哭聲。金赫覺得自己的決定可能是錯的。他家在八樓，再往上就是頂樓。當他走上樓時，看到光從門縫裡透出來，也許是油燈，他重新燃起希望。

金赫敲敲門，來應門的是一名年輕美麗的婦人，她懷裡還抱著嬰兒。她請金赫入內，向他解釋大約在一年前，她和丈夫向金赫的父親買下這間屋子。他沒有留下地址，但留下明確的訊息：「如果我的兒子回家，告訴他們來車站找我。」

清津車站，當人們一文不名無家可歸時就會來此。人們並非完全放棄希望或只是倒在路邊。火車的來去製造了一種目的的假象，讓人產生能夠對抗命運的希望。人們幻想火車進站帶來吃的東西，或火車出站前往更好的地方，而你可以跳上車一同前往。清津是鐵路網大站——南北線往海岸延伸與往西通往中國邊境的鐵路連接。民眾來清津尋找食物，因為其他城市如咸興、吉州、金策的情況更糟。人們不斷地移動，他們未曾放棄。

清津車站是一座巨大高聳的花崗石建築，有一排狹長的窗戶，樓高兩層。高處懸掛著巨幅金日成的肖像，與建築物的大小成比例。肖像下方是時鐘，鐘面以石子打磨而成，但這座鐘幾乎從未準點。車站裡瀰漫著火車廢氣與香菸味。

人們蹲坐著等待火車，累了就躺在候車室地板上，昏暗的走道因此排了一列人龍。金赫在人群中穿梭，尋找四肢修長的父親躺臥的身影。他彎腰凝視每張臉孔，希望能看到認識的人。金赫有許多鄰居生活在車站骯髒的角落，但沒有人知道父親與兄長的消息。金赫沒有地方可去，他看到收納沉重鐵門的小細縫，於是縮起胸部，鑽到裡頭，蜷曲著身體，斷斷續續地睡去。

隔天早晨，他發現一個有水可用的水龍頭，他洗臉，但洗不掉頭上的蝨子。

值得一提的是，在北韓，要淪為無家可歸的遊民並不是那麼容易。北韓為了掌握人民行蹤，費盡苦心建立了一套制度。每個人都有固定的住址與工作崗位，你必須根據這兩項條件才能領到配給——如果你離家出走，你就領不到糧食。民眾不敢在沒有旅行許可的狀況下到鄰鎮拜訪親人。外地來的客人就算只是過夜，也要向人民班報備，由人民班向警方通報客人的姓名、性別、登記號碼、旅行許可號碼與來訪目的。警察固定在午夜時分進行抽查，確保沒有人敢在未經授權下來往各地。民眾必須隨時攜帶「公民證」，這是一本厚十二頁如護照大小的小冊子，裡面記錄了證件主人的完整資訊。這種公民證是仿傚舊蘇聯身分證設計的。

然而饑荒出現改變了這一切。沒有糧食配給，就沒有理由待在固定的住址。如果枯坐只能等死，那麼政府再怎麼威脅，人民也不可能乖乖待在家裡。這是第一次，北韓人民可以任意在自己的國家到處遊蕩。

在無家可歸的人口中，兒童與青少年佔的比例極高。有些是父母離家尋找工作或食物。但有些理由十分奇怪。面對糧食短缺，許多北韓家庭做了殘酷的決定——父母與祖父母絕食，讓孩子活下去。這種做法造成大量的孤兒，因為孩子通常是一個家最後死亡的成員。

流浪的燕子是火車站裡最醒目的一群。與金赫一樣，他們穿著大人的靛青色工作服，小小的身軀懸掛著大一號的衣物。已經關閉的工廠還有多餘的工作服，當局於是免費奉送這些衣物，並且稱之為「團體服」。孩子幾乎都沒有鞋穿。就算有，也會馬上拿去換取食物，然後把塑膠袋套在腳上。他們的腳因此經常凍傷。

糧荒剛開始的時候，火車站的孩子還能靠乞討維生，但不久，聚集的孩子愈來愈多，沒有那麼多人有食物分給他們。「吃飽了才有慈悲心，」北韓人常這麼說；你不可能把食物分給別人的孩子吃，而讓自己的孩子挨餓。

討不到食物的時候，孩子就會將地上看起來可吃的東西撿起來吃。如果還是找不到食物，他們會撿起菸屁股，用紙屑將殘餘的菸草重新捲妥。幾乎所有的孩子都抽菸，這樣可以讓肚子不那麼餓。

金赫曾經加入其他孩子組成的竊盜集團。清津因為街頭幫派橫行而名聲敗壞，但在艱困的環境下，幫派活動其實是一種求生方式。孩子依照年齡大小分工，年紀較大的孩子速度快體力好，而年紀較小的孩子一旦被抓，比較不容易被打或扭送警局。大孩子會衝到食物攤前把東西撞倒，等到食物散落一地，他們拔腿就跑讓憤怒的小販在後面追趕他們，此時小孩子就趁機把地上的食物撿走。

另一種做法是尋找載運穀物車速緩慢的火車或卡車，用削尖的木棍刺破裝穀物的麻袋。掉下來的穀物就成了孩子撿拾的目標。鐵路公司於是僱用武裝警衛，下達格殺令以嚇阻這類竊盜行為。

這是一種危險的生活方式。孩子睡覺時要提防其他幫派偷走他們的少許餘糧。此外也流傳著許多詭異的故事，提到成年人把孩子當成獵物。不只用來發洩性欲，也當成食物。金赫聽說有人對孩子下毒，殺死孩子，大卸八塊吃下肚。在火車站後面，靠近鐵道邊，有些小販在小火爐上煮湯煮麵，據說浮在上面的灰色肉塊就是人肉。

無論這是不是都市傳說，吃人肉的傳言傳遍了各個市場。宋太太從一名愛聊是非的太太口中知道這件事。

「不要買來路不明的肉，」那名太太私下警告。她宣稱自己認識某個吃過人肉的人，那個人還說味道不錯。

「不知情的人，還一口咬定那是豬肉或牛肉，」她低聲對宋太太說，宋太太嚇壞了。

故事變得愈來愈恐怖。據說有一名父親餓到精神錯亂，把襁褓中的孩子給吃了。還聽說市場有一名婦女因為用人骨熬湯而遭到逮捕。根據我訪談脫北者得到的說法，至少發生了兩件案子，一件在清津，另一件在新義州，有人因為吃人肉而遭到逮捕處死。然而，這種情況應該不普遍，更不可能嚴重到像中國在一九五八年到一九六二年大饑荒的程度，那場災難造成三千萬人死亡。

即使這當中並未出現人吃人或搶掠的事件，這些在街頭生活的孩子也活不久。年紀較小的通常只能活幾個月。宋太太的長女玉熙住在火車站對面的公寓二樓，每天回家都會看到這些孩子。

「他們撐不到明天早上，」玉熙心裡這麼想著，多少是為了讓自己狠下心來不對他們伸出援手。

我遇到許多清津人都提到有相當多的屍體散布在火車站周圍與火車上。一名女工告訴我，一九九七年她搭乘從吉州開往清津的火車，後來才發現坐在同車廂的一名男子已經死亡。他是一名退役軍官，僵硬的手指還緊抓著勞動黨黨員身分文件。她說，其他乘客完全無視於屍體的存在。她猜想，火車抵達清津車站後，屍體就會被抬走。

清津車站負責清掃的員工定期巡視公共區域，把屍體抬到木頭推車上。他們巡視候車室與站前廣場，留意那些躺在地上的蜷曲身體，有些從前一天開始就靜止不動。金赫說，有一段時間，他們從車站清運了三十具屍體。很難確認死者的身分，因為他們的證件連同比較好的衣服與鞋子通常會被偷走。這些死者的家人很可能已經死亡或分散各處，所以他們的遺體全葬在集體墓園裡。這在儒家社會來說是很不名譽的，一般認為祖先墳塋的位置會左右後代子孫的繁榮。

南韓的佛教團體「好朋友」(Good Friends)與美國援助官員安德魯・納特修斯(Andrew S. Natsios)曾在中國邊境附近目睹集體埋葬的過程。他看到一堆屍體被用白色塑膠布包裹起來，放入墓園附近的大坑裡。之後，工人站在坑旁低著頭，似乎是在默哀或進行某種葬禮儀式。

金赫相信，他的父親很可能就埋在那幾座集體墳墓裡。幾年後，金赫遇到一名認識的人告訴他，他的父親一九九四年冬天曾住在火車站，一九九五年住進醫院。這名曾發誓絕不偷竊自視甚高的男子，很可能是最早死於這場饑荒的受害者。

從金赫放棄尋找父親的那一刻起，他已經沒有理由待在清津。他想偷偷搭上火車。這很簡單。火車沿著鐵軌緩慢而顛簸地行進，經常不按預定時間停車。金赫追上一列火車，抓住車廂之間的扶手，用猴子般的長臂將自己拉了上去。車廂非常擁擠，警察無法穿過走道一一檢查每個旅客的旅行許可與車票。金赫不喜歡封閉空間，於是他爬上車頂。火車車頂略呈圓形，就像麵包一樣。他在車頂中央找到一處平坦地帶，他躺平身子避免觸碰到頭上的電線。金赫以背包當枕頭，面朝上的躺了幾個小時。他的身體跟著火車一起晃動，眼睛凝視天空移動的雲朵。

起初，金赫活動的區域不超過清津外圍。他回到鏡城，幼年時他曾在此地偷梨子與玉米。但這裡現在比較難偷了，農地有武裝警衛巡邏，金赫必須走得更遠。他回到穩城的孤兒院。此時的穩城情況已跟清津差不多。記憶中孤兒院附近茂盛的樹林現在同樣被剝得精光。他知道，離孤兒院只有幾哩遠的地方，從宿舍窗戶看過去，低矮丘陵的另一邊，有一條細長的灰色河流──圖們江──流向遠處你看不見的地方。在河的對岸，樹木仍有樹皮，而玉米田無人荷槍把守。

那個地方叫做中國。

中國與北韓的疆界沿著兩條河流延伸八百五十哩，這兩條河川發源於同一座休火山，韓國人稱為白頭山，中國人稱為長白山。往南流的是鴨綠江，中國軍隊在韓戰期間就是在這條著名河川擊退美軍部隊。今日，中國與北韓的官方往來幾乎都在鴨綠江注入黃海的河口附近進行。與鴨綠江相比，圖們江宛如涓涓細流，水淺且水流平緩。往北的圖們江蜿蜒描繪出北韓的東北疆界，最後在海參崴的西南方入海。圖們江江面狹窄，即使在雨季水位高漲的時候，人們也能夠輕易泳渡。

孤兒院的孩子不許接近圖們江邊。整個河岸線是封閉的軍事區域。如果他們在支流游泳時太靠近禁區，邊防警察會將他們驅離。河岸是平坦沙地，低矮植物不足以提供掩蔽。但是只要往穩城南方走一兩個小時，就會到達一處人煙稀少的地區，這裡的河岸長滿灌木與高聳野草。邊防衛兵的位置相當分散，入夜後就可以偷偷穿越。兩名衛兵輪流站哨，一名睡覺，另一名負責警戒，但過了凌晨一點，通常兩人都會睡著。

金赫首次渡過圖們江是在一九九七年年底。那時是乾季，河川水位低，國界兩邊的河岸沙地就像兩個指尖一樣伸向彼此。但是河水冰冷，當金赫走入水中時，差點受不了刺骨的寒冷。雖然河面並未高過他的胸部，但暗流仍不斷掃過他的雙足。河水將金赫帶往下游，最後他只能以走對角線的方式渡河。當他終於在冷風中爬上對岸時，身上的衣服已經結凍，硬得像盔甲一樣。

金赫向來對中國不感興趣，他認為中國只是另一個跟北韓一樣窮的共產國家。表面上看來，兩國沒有什麼分別，但隨著他從河岸往裡頭走去，看到綿延數哩等待收成的玉米田。小小的紅磚房堆滿高及屋瓦的去殼玉米，格子架上爬滿南瓜藤與豆類植物。他走到某個小鎮，熱鬧的程度超乎他的想像，有計程車、速克達與人力三輪車。招牌既有中文也有韓文。令他高興的是，當地有許多居民雖是中國公民，卻是韓裔，會說韓語。他們馬上認出金赫是北韓人，不只是因為他的衣衫襤褸。十五歲的他只有四呎七吋（一百四十公分）高，相對於身體，他的頭顯得很大，這是長期營養不良的顯著特徵。當孩子長期營養不良時，他們的頭會長到正常大小，但四肢卻發育不良。

金赫在市場遇到一名男子，他專賣二手餐盤、首飾與小古董。這名男子問金赫能否從北韓帶熨斗給他——這是一種放在煤炭上加熱的舊式熨斗。幾乎每個北韓家庭都有這種熨斗，但人們幾乎已經不再使用，因為大家身上穿的衣物多半是合成纖維。金赫不用花什麼錢就在北韓買到這些熨斗，這些熨斗在中國一只可以賣到十美元。他這輩子從未看過這麼多錢。有了這筆錢，金赫返回北韓買了更多東西。陶瓷器、珠寶首飾、繪畫與玉器。他買了一條背巾，傳統韓國婦女會用這種布來揹孩子，但他用這種布把商品綁在背上，這比背包裝的東西多。

金赫定期穿越邊境。他尋找邊防衛兵特別不注意、懶惰或腐化的地點。他發現過河前最好先脫下身上衣物。他愈來愈熟練，後來連穿衣服渡河也不會重心不穩，他將商品高舉過頭（為了預防不慎跌倒，他還用塑膠布將商品緊緊裹住）。他從不在中國久待，因為有人警告他，中國警察會將越境的北韓人抓起來交給北韓政府。

金赫不再偷竊。如果他想吃碗麵，他會用自己的錢去買。他買了褲子、T恤、藍色雪衣與膠底運動鞋，讓自己看起來不再像個難民。他試著回歸正軌，掌控自己的人生。私下購買物品轉賣獲利是違法的，沒有旅行許可跨越國境更是罪加一等。十六歲的金赫在法律上已算是成年人，一旦被抓，他將遭受嚴厲的處分。

立正站好的北韓平壤衛兵

chapter 12
sweet disorder

第 十 二 章
人 人 自 危

★

北韓人有很多表示監獄的詞彙，正如伊努特人（Inuit）有很多形容雪的詞彙。犯了輕罪的人，例如曠職，可能被送到拘留所或勞動鍛鍊隊。拘留所是人民警察署（基層警察單位）管理的拘禁機構。勞動鍛鍊隊是勞改營，犯人會被判處一到兩個月的重勞動，例如鋪路。

最惡名昭彰的監獄是「管理所」，實際上就是勞改營，分布在北韓最北邊的山中，綿延長達數哩。衛星情報顯示，北韓的「管理所」拘禁的人數達二十萬人。金日成取得政權後不久便仿傚蘇聯古拉格設立了勞改營，以清除可能挑戰他的權威的人，例如敵對的政治人物、地主或通敵者的子孫、基督教教士。有些人因為閱讀外國報紙被捕。有個男人喝了太多酒，揶揄金正日的身高，「侮辱領袖權威」是最嚴重的「叛國罪」。宋太太工廠有一名女工因為在日記裡寫了政治不正確的東西而被帶走。我認識的北韓人都提到，他們知道（或聽說）有人在半夜被帶走，從此沒再回來。「管理所」的刑期是終生監禁。子女、父母與兄弟姊妹通常也會被一起帶走，以免「有污點的血統」繼續傳承下去；配偶之間沒有血緣關係，所以倖免於難，但必須強制離婚。幾乎沒有人知道「管理所」內發生了什麼事，也沒有人現身說法。

另一種勞改營叫「教化所」，設立教化所的目標是讓犯人改過遷善。教化所針對的是非政治犯，凡是非法跨越國界、走私或單純從事商業者均屬此類。與關政治犯的管理所相比，教化所比較不可怕，因為理論上這裡的犯人最終都會被釋放，但前提是犯人必須努力活下去。

金赫剛過完十六歲生日就遭到逮捕。當時他待在穩城一名朋友的家，離孤兒院不遠。在金赫心中，要說有什麼東西與家最接近，那就是孤兒院，他總是忍不住回孤兒院探望。金赫去中國好幾趟，此時的他才剛從中國回來——事實上，光是去一趟就已經夠危險了，因為他的行動早已引起警察的注意。

金赫等待八月白晝的暑熱消褪，好劈點柴火。下午四點左右，他走到後院，看見一名男子，而後又看見另一名，兩人正看著他。他發現這兩名男子沒有穿制服，但兩人的眼神十分專注，顯然是衝著他而來。金赫拿起斧頭，繞過房子慢慢走到前面，心想自己要趕緊翻牆逃跑。但他發現有更多人站在前門口。全部也許有八個人。於是他決定不輕舉妄動，開始劈柴，彷彿劈柴的聲響可以驅散內心的焦慮與急促的心跳。

便衣警察把金赫帶到市中心的公署。這些人來自保衛部，負責調查政治犯罪。這比金赫想像的嚴重得多。他在中國時曾為一些想潛入北韓的中國商人繪製地圖。根據北韓刑法第五十二條背叛祖國罪的規定，他的行為等同於叛國：「共和國公民逃往外國或敵國，包括在外國大使館尋求庇護……或資助敵國機構或公民，擔任旅行嚮導或口譯，或提供精神或物質協助……應判處死刑。」

警察利用角材，屈打成招。他們毆打金赫的背、肩膀、腿、腳與手臂，幾乎身上所有地方都打遍了，除了頭部，他們希望他保持清醒。金赫為了閃避棍棒，像胎兒一樣蜷曲著身體。這裡沒有監獄，只有辦公室。警察把他鎖在房間裡，房間小到讓他無法躺下，瘀傷的身體一碰著牆就令他疼痛難忍。他夜裡無法入睡，到了白天，即使遭到毆打，他發現自己仍不知不覺地睡著或失去意識。金赫不知道自己還能期待什麼。雖然他的噩運連連，但在此之前也只被逮過一次，那是他十歲偷米糕的時候。他是那種總能順利擺脫困境的孩子。現在他長大成人，卻被當成重罪犯。他感到一籌莫展、挫敗、毫無尊嚴。訊問時，他滔滔不絕地說著。拷問者想知道什麼，他就說什麼，但他們只想找到中國商人，而金赫根本不知道他們在哪兒。

幾個月後，警察將金赫移送到普通的郡監獄，他在那裡又被重新拷問一遍。

金赫未獲審判，但國家安全警察卻放棄對他的叛國指控，因為他們找不到中國商人，也不想因此受到追究。金赫被起訴的罪名改成非法跨越國境。這個罪也是重罪，他被判處三年勞改。

第十二號教化所位於會寧市郊，會寧也是邊境城鎮，大約位在穩城南方四十哩處。金赫上了手銬，搭乘火車前往該地。他在車站看到其他被押送前來的犯人。他們被用粗繩綁在一塊，整隊齊步通過市區，然後入山前往勞改營。引擎隆隆作響，沉重的鐵門緩慢開啟迎接這群新抵達的犯人。門的上方題著金日成的語錄，但金赫害怕到不敢抬頭去看上面寫了什麼。

金赫首先被帶到診所，他在這裡量了身高體重。勞改營沒有制服，犯人仍穿著自己的衣服。如果襯衫上有衣領，那麼這些衣領會被剪掉，因為領子是一種身分象徵，勞改營的犯人沒有資格擁有這種東西。明亮顏色的衣服會被拿走。金赫在中國買的藍色夾克被警衛沒收。另一名犯人則拿了他的膠底運動鞋。

這座勞改營容納約一千五百名犯人，金赫看到的幾乎全是年紀比他大的人。他是年紀最小的，但不是最瘦弱的。先前被拘禁在國家安全局的時候，他反而吃得不錯——局裡只有幾名犯人，所以警察會到市場買麵給他們吃。當金赫在勞改營吃到第一頓晚飯時，他才了解為什麼這裡的犯人身上長滿了瘤而且身體瘦弱，為什麼他們的肩膀只剩皮包骨，像衣架一樣從T恤裡凸了出來。警衛發給犯人一人一粒米球，但實際上裡面大部分是玉米、玉米穗軸、玉米殼與玉米葉。米球的大小約等於一顆網球，可以輕易放入金赫的掌心。這就是晚餐。有時除了米球，還可以吃到一點豆子。

犯人從早上七點開始工作，直到日落為止。勞改營名副其實存在各種產業，包括木材場、磚頭工廠、礦場與農地。勞改營從家具到腳踏車，每件東西都能生產。金赫被分配到一個負責砍柴的工作班。因為他個子太矮，所以只負責登記其他人收集了多少木柴。他也要負責記錄犯人的休息時間。金赫不認為自己得到這份工作是運氣好。他怎麼管得動這些比他大十歲的犯人呢？

「他們受什麼懲罰，你也要受什麼懲罰。」衛兵分配工作給金赫時咆哮說：「如果有人想逃，他們會被槍斃，你也一樣。」

雖然不是在金赫監督下發生的事，但的確有人試圖逃走。這個人悄悄溜出工作班，躲進樹林裡尋找逃亡路線。但是勞改營的圍牆將近十呎高，上面還纏繞著像剃刀般鋒利的鐵絲網。這名男子在樹林裡躲了一整夜，最後回到前門討饒。事實上，他們的確饒他一命，並且宣稱這是「父親般的領袖施予的慷慨」。

犯人唯一允許停止工作的時間是用餐、睡覺與意識形態課程。新年期間，犯人必須複誦金正日的新年講話，直到每個字都能背誦為止。「全體人民必須在今年加快步伐，堅定支持政策，強化我們的意識形態、武器、科學與技術。」

晚上，犯人睡在光禿禿的水泥地上，五十個人一間房。他們只有幾條毯子，所以只能擠成一團彼此取暖。有時十個人睡一條毯子，頭對著腳交錯著睡。夜裡，大家都累得說不出話來，但他們會彼此搔背或按摩對方的腳，然後放鬆入睡。為了讓更多人蓋到毯子，他們經常頭對著腳交錯著睡，這麼做也能按摩彼此的腳。

金赫剛到勞改營時，懼怕其他犯人就像懼怕衛兵一樣。他原以為這關著殘忍的殺人犯、令人恐懼的暴力犯與強姦犯。事實上，飢餓的附帶效果是生理欲望的減少。勞改營裡幾乎沒有性活動，也很少有鬥毆事件。除了有人偷了金赫的鞋子，這裡的犯人兇惡程度甚至不及他在火車站遇見的孩子。他們絕大多數都是「經濟犯」，因為在邊境或市場做生意才惹上牢獄之災。這些人當中，真正算得上小偷的其實偷的也不過是糧食。有一名四十歲的牧場主人，過去曾在飼養牛群的集體農場工作。他的罪名是未通報產下一頭死牛，反而將這頭死產的小牛帶回家給妻子與兩名子女吃。金赫遇見這個人的時候，十年刑期他已經服完五年。金赫經常跟他睡同一條毯子，他的頭枕在那名男子的手臂上。這名牧場主人個性溫和言語輕柔，但是某個資深衛兵非常討厭他。他的妻子與子女來探望過他兩次，都不得其門而入，也不許送吃的給他，衛兵只將這種特權給予他們比較喜歡的犯人。

這名牧場主人最後是餓死的，整個過程無聲無息；他睡著，但沒有醒來。人們在夜裡死去，這種情況很常見，通常只有睡在旁邊的人才會發現，因為快死的人會尿失禁，唇邊會出現微小的泡沫，宛如液體滲出到體外。通常人們會等到早晨才挪動遺體。

「噢，某某人死了，」有人會先平淡地陳述這項事實，然後再告知衛兵這件事。

犯人的遺體會在他們平日砍伐的山上火化。家人要等到探親那天才會得知親人的死訊。光是金赫睡的那間房間，每星期就會有兩到三人死亡。

「沒有人想到自己即將死亡。他們都以為自己會活下去，可以再次見到自己的親人，但事情就是發生了，」幾年後，在首爾生活的金赫這麼對我說。他才剛從在華沙舉行的人權會議回來，他到那裡是為了作證。開完會之後，他去了一趟奧什維茨，發現當中有許多地方跟他的經驗有類似之處。在勞改營裡，沒有人被送入毒氣室，如果有人身體太虛弱而無法工作，就會被送到另一座監獄。雖然有人被處決或毆打，但最主要的懲戒方式還是剋扣糧食。北韓政權最喜歡以飢餓來除去敵人。

金赫對於第十二號教化所的生活所做的描述是否真實，我們難以證實，但也無法反駁他的說法。他敘述的細節，許多都與其他脫北者（無論是之前的犯人還是衛兵）的證詞相符。

金赫於二〇〇〇年七月從第十二號教化所獲釋。金赫被判三年徒刑，如果加上他被警察羈押的時間，其實一共只服刑了二十個月。獄方告訴他，他獲得赦免是為了慶祝即將到來的勞動黨建黨週年紀念。但金赫相信，獄方釋放他是為了騰出空間容納如洪水般湧入的犯人。北韓政權還有比金赫來得重要的敵人。

「糧食問題正創造出一種無政府狀態」，金正日在一九九六年十二月於金日成大學演說時抱怨。他警告，私人市場與買賣的出現，將導致勞動黨「土崩瓦解……就像波蘭與捷克斯洛伐克。」與世界其他強人一樣，金正日深知這句老話的重要，那就是絕對專制的政權需要絕對的權力。生活中一切好的事物都必須由政府掌控與給予。他不能容忍人民自行外出尋找食物或用自己的錢購買糧食。「告訴人民自行解決糧食問題，只會增加農民市場與小販的數量。而且造成民眾的利己心態，黨的階級基礎可能動搖。波蘭與捷克斯洛伐克就是明證。」

隨著糧食短缺問題逐漸穩定，金正日覺得自己在危機期間過度放任，因而決定反轉這股自由化風潮。監獄擠滿被安上新罪名的罪犯，小販、商人、走私者，以及曾在蘇聯或東歐接受訓練的科學家與技術人員，這些過去曾信奉共產主義的國家如今背棄了共產主義理想。北韓政權開始對可能威脅舊秩序的人士進行反擊。

在此同時，金正日加強巡邏中國與北韓之間長達八百五十哩的邊界。他加強圖們江水淺地帶的駐警數量，金赫先前就是從這些地方跨越國界。北韓人也要求中國政府追捕與遣返脫北者。中國便衣警察開始巡邏脫北者可能搜尋食物的地點，例如市場。中方允許北韓派遣便衣警察進入中國境內，這些警察有時會喬裝成脫北者。

如果越界者只是為了尋找食物，那麼只會被關幾個月，但如果是為了跨界買賣或與南韓人或傳教士接觸，則會被送到勞改營。

就連無家可歸的孩子也不能免於制裁。金正日知道，如果縱容民眾（無論他們幾歲）在沒有旅行證明下搭乘火車與渡河前往中國，他的政權將會垮台。他建立了所謂的九二七中心，以一九九七年九月二十七日命名，他在這天下令為無家可歸者設立庇護所。這些中心沒有暖氣，食物與衛生設施也很少。無家可歸者馬上看出這些中心其實是監獄，於是盡一切努力避免被警察抓住。

清津是這道政令的第一個受害者。清津是咸鏡北道首府，從朝鮮王朝時代開始，這裡就是流亡者、異議人士與非主流人士的聚集地，此時它又再次與政治中心齟齬。咸鏡北道比北韓其他地區更早失去糧食供應。有些人認為，金正日是故意切斷對咸北的糧食供應，因為他相信這裡是較不忠誠的地區。除了咸興，清津營養不良的比例大概是全國最高的，而這也造成清津的地下經濟提早發展。

「為什麼政府不讓我們過自己的生活？」市場的婦女滿腹牢騷。

「沒有人理會政府，」幾年前一名清津的年輕人對我說。

清津其實跟北韓其他城市一樣，都偏離了黨的路線。到了二〇〇五年，清津的水南市場已經成為北韓最大的市場，擁有的商品種類遠超過平壤。在這裡，你可以買到鳳梨、奇異果、柳橙、香蕉、德國啤酒與俄國伏特加，甚至能買到盜版的好萊塢電影DVD，不過一般的小販不會公開販賣這些東西。上面印著人道援助的成袋白米與玉米公然在市場上販售。性的買賣也坦然無隱。在清津火車站前拉客的妓女，大喇喇地從事賣淫工作。相較於過分拘謹的平壤，清津就像昔日的美國蠻荒西部。

金正日不可能讓北韓第三大城偏離勞動黨堅持的路線。雖然清津的鋼鐵廠、化學紡織廠與機械工業因缺乏燃料而停工，但它們仍是北韓工業引擎的核心，金正日希望讓這些廠房重新恢復運轉。從軍事的角度來看，清津由於地近日本而顯得重要。日本是北韓僅次於美國的頭號敵人，清津南方海岸地帶的軍事設施全是針對日本而來，其中包括舞水端里飛彈基地。一九九八年，北韓曾在此試射遠距飛彈。

金正日在父親去世的隔年，開始對駐紮在清津的第六軍進行整肅。北韓擁有二十個軍、數量達一百萬人的地面部隊，第六軍是其中之一。第六軍司令部設在羅南，這是清津市南部的一個區，位於煤礦區的北方。一天夜裡，民眾聽到數十輛卡車與坦克震耳欲聾的引擎聲，空氣中充滿車輛排放的刺鼻廢氣。整個軍，包括三千名士兵、坦克、卡車與裝甲車，全撤離了羅南。

車隊先在羅南車站周圍集結，然後緩慢沿著顛簸的路面移動，發出巨大可怕的聲響。居民感到恐懼，但誰也不敢起身從門縫偷窺。

《勞動新聞》與廣播新聞對於這件事隻字未提。要獲得第一手資訊是不可能的，因為朝鮮人民軍的士兵要服役十年，在這段期間他們遠離家鄉，無法與家人聯繫。

在沒有確切消息下，謠言紛起。軍隊終於要與美國雜碎開戰？南韓人發動攻擊？政變？最普遍的說法是，第六軍的軍官圖謀控制清津的港口與軍事設施，而他們在平壤的同夥也準備暗殺金正日，但他們的計畫失敗了。

在醫院，金醫生聽病人說，這場政變是由中國富商資助的。

在幼稚園，老師們聚集在餐廳裡專心聆聽廚師的說法，廚師表示自己從親戚那裡獲得第一手資訊，因為他的親戚也參與了這場陰謀。他說，整件事是南韓總統金泳三策動的。

一名學校老師宣稱，她看到鄰居——與陰謀者有親戚關係——連同三個月大的嬰兒一起被帶走，因為他們的血統已帶有污點。深夜時分，卡車過來帶走他們。

「他們把嬰兒丟到卡車後面，就像扔家具一樣，」這名老師低聲地說。嬰兒在卡車後面翻滾的想像畫面觸動了美蘭的恐怖神經，往後數年，無論清醒還是睡夢中，這幅可怕的場景不斷糾纏著她。

最後，整個第六軍都被解散，改由元山第九軍的部隊取代第六軍駐防羅南。這段換防的過程拖延了好幾個月。直到今天，確切的理由依舊成謎。

情報分析家駁斥政變的說法。多年來，北韓不斷傳出暴動、叛亂與暗殺的消息，但沒有一件遭到證實。關於第六軍，最合理的解釋是金正日想加強控制軍方的商業活動，因而解散了第六軍。北韓軍方設立各種貿易公司，出口各種物品，從松茸、魷魚乾，到安非他命、海洛英——毒品成為北韓政權獲取強勢貨幣的主要途徑。可能是第六軍內部出現嚴重腐敗，軍官中飽私囊，所以這些人就像黑手黨的小頭目一樣遭到老大的懲罰。一名軍官於一九九八年叛逃到南韓，他向調查員表示，第六軍的軍官在清津郊區的集體農場種植鴉片罌粟出售牟利。

整肅軍隊後不久，清津出現了一連串怪事。平壤派了特別檢察官來清津嚴辦工廠貪污。他們鎖定的目標是金策鋼鐵廠，它是北韓最大的煉鋼廠，在一九九〇年代幾乎完全處於停工狀態；十根煙囪只有兩根還在運轉。有些管理人員將僱員組織起來，要他們收集廢鐵，然後越過中國邊境去換取食物。當這麼做還是不夠時，他們就自行拆卸機器，然後運到邊境販售。賣掉設備得到的現金，至少有一部分是用來為工廠員工購買食物。

鋼鐵廠總共有八名管理人員，他們全被行刑隊槍斃。人民安全局選擇在水南市場斜向水善溪（音譯）邊的泥濘草地槍決犯人。

之後，檢察官開始注意比較小的目標。他們處決的人犯包括從電線桿偷取銅線換取食物的人、偷羊賊、玉米賊、偷牛賊與黑市的白米交易者。一九九七年，清津與其他城市紛紛貼出布告，警告民眾，偷竊、囤積或甚至販賣穀物是「破壞我們的社會主義生活方式」，將予以處決。

北韓刑法把死刑限制在預謀殺人、叛國、恐怖主義、「反國家活動」與「反人民活動」上，但這些定義太寬鬆，凡是可能冒犯勞動黨的活動都可以包括在內。南韓的脫北者提到，一九九〇年代，通姦、賣淫、拒捕、妨害社會秩序都會被處死。在穩城，金赫待的孤兒院就位於這座邊境城市，據傳有四名學生因為喝醉裸奔而被處死。

北韓過去是個有秩序、質樸與凡事按規矩來的地方。如果有人被殺，通常是幫派鬥毆或爭風吃醋的結果。偷竊少之又少，因為大家都一樣窮。民眾知道規則，知道什麼能做什麼不能做。現在這些規則全成了裝飾品，生活變得混亂而令人恐懼。

位於平壤的人民大學習堂是北韓最大的圖書館，圖為正在研讀的學生

chapter 13
frogs in the well

第 十 三 章
井 底 之 蛙

★

有一年夏天，俊相返鄉過暑假，目睹了公開處決的過程。廣播車連續幾天都在宣傳處決的時間與地點，人民班長也挨家挨戶拜訪，提醒民眾前去觀看。俊相對於這種場面完全不感興趣。他討厭看到血，也不忍心看到人或動物受苦。俊相十二歲時，父親曾強迫他殺雞。當他抓住雞脖子時，手禁不住顫抖。「你連這個都做不好，還怎麼當男人？」父親把他罵得狗血淋頭。俊相最後還是乖乖落下手中的斧頭，與沒頭的雞相比，父親的取笑更讓他害怕，但這段體驗也讓他晚上食不下嚥。觀看人類死亡，對他而言更是難以想像。他發誓絕不去看。然而到了行刑那天，當所有鄰居都出外觀看時，他發現自己也亦步亦趨隨群眾前往。

行刑地點設在溪邊沙地上，離俊相與美蘭夜間散步的溫泉區不遠。大約有三百名群眾已聚集在當地，孩子們擠到最前面的位置，打算在公開處決後爭搶留下的空彈匣。俊相穿過人群，擠到一個視野較佳的位置。

國家安全局將溪邊空地布置成一個臨時法庭，為檢察官準備了幾張桌子，也擺了兩具巨大的擴音器與整套音響設備。犯人被指控爬上電線桿，剪下銅線之後拿去販賣。

「這項竊盜行為對國家財產造成巨大損害，故意破壞我們的社會制度。這是資助社會主義國家敵人的叛國行徑，」檢察官朗讀判決文，他的聲音透過沙啞的擴音器咆哮著。然後，一名看似被告辯護律師的男人說話了，但他沒有做出任何辯護：「我認為檢察官說的千真萬確。」

「因此，被告應判處死刑並立即執行，」第三個人宣布判決。

這名被宣判有罪的男子被固定在木樁上，眼睛、胸部與雙腿三個部位各被綁上繩子。行刑隊依次射斷三條繩子，每個位置三發子彈，從上到下總共九發。首先，失去生命徵象的頭部會垂下來，接著整個身體會由上到下慢慢坍倒在木樁下。乾淨俐落。受刑人最後看起來如同在鞠躬時死亡，彷彿在道歉似的。

群眾竊竊私語。不只是俊相，許多人都認為這麼一件輕微的竊盜案件，判處死刑實在太重。不管怎麼說，那些電線根本沒用。這名男子偷的幾公尺銅線，大概只能讓他換到幾袋米。

「真可憐，他還有個妹妹，」俊相聽到有人這麼說。

「兩個妹妹，」另一個人說。

俊相心想，這個人的父母大概已經死了。顯然他不認識什麼權貴可以幫他疏通案子。他也許出身下層階級，是礦工的兒子，就像美蘭教的那些學生一樣。

當俊相思索各種可能時，槍聲響起。

頭。胸。腿。

男子的頭像水球一樣爆了開來，鮮血噴濺在泥土上，差點濺到群眾的腳。俊相覺得自己快吐了。他轉身撥開人群，頭也不回地朝家裡走去。

對俊相來說，每次回到清津總會發現一些令人不快的事實。在大學裡，俊相完全隔絕於極度貧窮的生活之外。他可以吃飽，而且晚上有電可用。平壤頂尖大學的學生是特權城市裡的特權公民。然而，一旦他離開學術的保護圈，現實就會狠狠地給他一巴掌。

俊相曾經有過美好回憶的地方都已關門——他幼年上的館子，他首次遇見美蘭的電影院。清津完全沒有電力，除了少數國定假日，例如金日成與金正日的生日。

晚上，家中是一片黑暗，俊相只能聽父母不斷抱怨。他在東京的祖父母雖然富裕，但已經過世，其他親戚不像他們那麼慷慨，願意寄錢給窮親戚。俊相母親的風溼症十分嚴重，她無法走路到市場或使用她從日本帶來的珍貴縫紉機。

每天晚上總是上演同樣的戲碼。俊相的父親坐著抽菸，在黑暗中，香菸的餘燼成了發亮的紅點。只要他吞雲吐霧，大聲嘆氣，接下來大概就是要宣布什麼壞消息。

「你知道誰死了嗎？你記得……」

父親提起俊相高中時幾位老師的名字。他的數學老師。他的中文老師。文學老師是個電影迷，他曾經借了幾本《電影文學》雜誌給俊相，裡面談到東歐電影與電影的反帝國主義角色。這些老師全是五十多歲的知識分子，在學校停止支薪後，他們發現自己完全沒有謀生技能。俊相過去從平壤回來時，會順道拜訪他的高中老師；老師們看到他總是很高興，因為他表現得非常傑出。現在俊相卻不想見到高中時代認識的人。他不想知道誰死了。

死去的不只是老人。俊相的母親告訴他哪些同學死於饑荒，哪些人沒考上大學而必須服兵役。俊相與同學已失去聯繫，令他安心的是，就算時局如此艱困，當兵的同學也應該不會有事，因為軍人總能優先取得糧食。畢竟金正日主張「先軍政治」，一切以軍事為優先。寧可犧牲學童，讓強大的軍隊保護他們免於美國雜碎的轟炸。

但現在俊相發現自己的想法不完全正確。清津附近的士兵看起來就像貧民一樣，他們瘦弱的身軀撐不起原先穿的制服，只能勒緊褲帶。士兵因為營養不良，整張臉呈現蠟黃色，而且許多人的身高只有五呎（一百五十二公分）。（一九九〇年代初期，北韓軍隊被迫降低原本五呎三吋〔一百六十公分〕的身高要求，因為年輕一輩普遍有發育不良的問題。）晚上，這些士兵不好好站崗，反而翻牆到老百姓的菜園裡偷挖泡菜罈與偷拔青菜。

俊相的鄰居絕大多數都將住家四周的圍牆加高，無視於法令規定圍牆高度只能達到五呎，好讓警察能夠探進圍牆內。此外，俊相家的菜園曾經三次遭過小偷，他們拔走了大蒜、馬鈴薯與大白菜。俊相的父親在菜園日誌裡詳細記錄了自己使用的種子種類與發芽時間。

「他們為什麼不等這些菜完全長成再拔呢？」他痛苦地說。

俊相的母親因為家中有隻狗被偷而悲傷不已。俊相還小的時候，她養了幾隻珍島狗的幼犬。她疼愛這些狗，狗的食物都是她親自煮的。當她寫信給在平壤念書的俊相時，信裡提的都是狗的事。她不敢想像被偷走的狗兒可能被人吃了。

其實，他們應該感到慶幸，這回被殺的只是一隻狗。每個人都知道從日本回來的家庭有的是錢，這些人往往成為竊賊的目標。他們村裡有一戶人家，因為小偷闖入而全家遭到殺害。俊相一家人必須比以前更小心。他們在自家高牆的掩蔽下快速吃完晚餐，他們不想讓鄰居知道他們還能吃頓飽飯。

從此以後，俊相無法真心哀悼金日成的死，他發現自己對北韓體制感到幻滅。他所看到、聽到或讀到的每件事，都讓他日漸遠離政治正確的思考。他的大學經驗也改變了他。這是他人生第一次接觸到新的觀念。

俊相小時候什麼書都讀，小說、哲學、科學、歷史，甚至包括金日成的演說。清津書局賣的短篇小說，描寫的多半是殘忍的美國人、畏縮而膽怯的南韓人，與英雄般的北韓人；偶爾會有俄國的小說，如托爾斯泰（Tolstoy）或高爾基（Maxim Gorky）的作品。高中書籍通常由教材供應局提供。由於俊相的父親收藏了豐富的希臘與羅馬史書籍，所以俊相喜歡閱讀古代戰士的故事，如漢尼拔（Hannibal）與羅馬帝國奮戰，最後寧可飲鴆自殺也不願淪為敗軍之將。

等到俊相來到平壤念書時，他已準備好接受更現代的觀念。在大學圖書館員的書桌後面，有一小櫃被翻成韓文的西方書籍。一般大眾不許閱讀這些作品，只有最頂尖的學生才能接觸。北韓有些政府高層認為，國家需要的思想菁英必須具有一定的西方文學知識。這些書的書名頁沒有標示出版社，但俊相聽說這些書是由人民大學習堂所出版——人民大學習堂位於金日成廣場，是北韓的國家圖書館，也是櫥窗建築之一。這套藏書甚至收錄了美國的作品。

俊相最喜歡的作品是《飄》。這本書的通俗劇風格與韓國小說差異不大。俊相對於美國南北戰爭與韓戰之間的類似感到吃驚，他也驚訝於民族內部的鬥爭會如此邪惡──顯然美國人也與韓國人一樣勇於內鬥。他認為美國人比韓國人好的一點，在於他們最終成為一個國家，不像韓國分裂成兩個國家。俊相欣賞女主角郝思嘉（Scarlett O'Hara）的勇氣。她讓俊相約略想起北韓的電影女主角，總是滿身塵土，為祖國而戰，但郝思嘉強烈的個人主義不是北韓文學欣賞的特質。而且北韓的女主角絕不會有不倫之戀。

從北韓的標準來看，《飄》的內容跡近於猥褻，但俊相希望閱讀更多的西方作品。他把所有找得到的書籍全借出來，從席尼・薛爾頓（Sidney Sheldon）的《天使之怒》（*Rage of Angels*），到賈西亞・馬奎斯（Gabriel García Márquez）的《百年孤寂》（*One Hundred Years of Solitude*）。他甚至讀了《如何贏取友誼與影響他人》（*How to Win Friends and Influence People*），這是一九三〇年代戴爾・卡內基（Dale Carnegie）的自助經典。俊相第一次接觸西方的商業觀念，令他感到震撼。他不敢相信卡內基居然給予讀者這樣的忠告。

「學習喜愛、尊重與欣賞其他人。」

美國資本主義作品怎麼可能寫出這樣的句子？俊相問自己，資本主義敵人不都是依據叢林法則行事嗎？不是殺人，就是被殺。

俊相也跟同學借書。在頂尖大學裡，許多學生的親戚握有權力，他們出國旅行洽談生意並且帶回書籍與雜誌。在中國延邊朝鮮族自治州可以找到許多韓文書籍。俊相透過同學拿到一本中國教育單位出版的性教育書籍，他再次開了眼界！俊相發現自己與其他二十幾歲的未婚朋友對性的了解還不如一般的中國學童。想了解女性月經是怎麼回事，這本書解釋得很詳細。

俊相同樣感到驚訝的是，他讀到一篇在共產黨大會上發表的演說，裡面針對毛澤東所發動文化大革命提出批評。他想，總有一天，勞動黨也會對金日成提出批評。

有一天，一名很少與俊相交流書籍的同學跑來找他。這名學生緊張地四處張望，然後塞了一本書給俊相。

「這是一本好書，」他低聲說道。「也許你會有興趣。」

這是俄國政府發行的一本談論經濟改革的小冊子。男孩的父親在俄國駐平壤大使館舉辦的書展中買了這本書。作品似乎完成於一九九〇年代初期，正是俄國嘗試建立新自由市場經濟的時候。俊相突然察覺自己手裡拿著一件危險物品——北韓民眾必須將發現的任何外國書籍交給警察處理。他、男孩與男孩的父親可能因為這本書招來危險與麻煩，俊相隨即將這本書藏在櫃子衣物的底層。他的宿舍寢室有兩張雙層床，四名學生一間寢室，幾乎沒有隱私可言。他只能躲在棉被裡偷偷用手電筒照著才能讀這本書。

他讀到一段文字：

資本主義初期以無人性的競爭方式生產財富。當時沒有將財富或福利公平分配給一般工人的概念，而經濟的發展亦毫無秩序可言……但現代資本主義已經獲得高度發展，而且更正了先前的錯誤。舉例來說，反托拉斯法確保生產井然有序，但這不表示生產是由國家掌控。

這本書接著談到年金制度與保險和福利的概念，並且提到世界各地的社會主義經濟制度之所以失敗，主要是因為缺乏效率。俊相愈往下讀，愈覺得這本書說得有道理。

一九九六年，俊相拿到大學畢業證書。他不打算回清津，決定繼續留在大學，在研究單位任職。他在這個時候，從官方的定義來說，已經算是成年人，可以搬到校外住宿。俊相搬出宿舍，找了一間單人房。這是一間破舊、骯髒、幾乎沒有家具的房間，但他喜歡房東，他們是一對老夫妻，兩人都重聽且視力不良，完全符合俊相的需要。

俊相有了自己的房間後，就用祖父餘下的最後一筆錢買了一臺索尼牌電視機。根據北韓法律，他必須向電波檢查局登記這臺電視機。北韓已經停產電視機，進口的電視機必須把頻道固定在政府的電視臺上，並且要去除選臺功能——這是北韓版的功能限制品，用來防止電視機接收任何外界資訊。北韓人開玩笑說自己是「井底之蛙」。對他們而言，頭上那塊圓形光景就是全世界。擁有技術知識的人早已想出破解之道。如果是收音機，要破解很容易——拆掉收音機的外殼，切斷黏在選臺鈕上的傳送帶，改用橡皮筋套上，這樣你就可以任意選臺。至於電視機則需要更專門的知識。

電波檢查局在電視機的按鈕上貼了一張封條，證明這臺電視機已經設定只能接收當局准許的電視臺節目。為了在不破壞封條下碰到按鈕，俊相找了一根長而細的縫衣針，用這根針來推這些按鈕。他的房間有道後門通往院子，他在那裡安裝了天線。俊相利用夜裡大家入睡時試驗，他不斷調整天線，直到接收到自己想要的訊號為止：南韓電視臺。

俊相只在深夜聆聽電視，從九十哩外穿越非軍事區傳來的訊號在這個時間是最清楚的。他會先等房東上床睡覺後才打開電視——屋子的牆壁很薄，他可以聽到他們的鼾聲。電視機沒有耳機插孔，所以他只能把音量調高到剛好可以聽見的程度。俊相蹲在電視機旁，耳朵緊貼著喇叭，他一直維持這個動作，直到腿與脖子受不了為止。他聽電視的時間比看電視的時間多。而打開電視機的時候，他總是處於高度警戒的狀態，因為電波檢查局是出了名的總在令人意外的時刻進行突擊檢查。離俊相房間幾戶的距離，有個鄰居養了狗；俊相在夜裡只要一聽到狗叫聲，就立即扭回中央廣播頻道，並且衝出屋外拆掉天線。

電視檢查員確實來了。其中一名眼尖的檢查員注意封條上貼著一塊透明膠帶。這塊透明膠帶是俊相用來遮掩縫衣針留下的記號用的。

「這塊膠帶是做什麼用的？」檢查員問。

俊相的心跳加速。他曾聽過一整個家庭被送進古拉格，只因為其中一名成員看了南韓的電視節目。他有一個朋友只是被懷疑聽了南韓廣播節目，就被訊問了一整年，在這段期間，他一直關在不見天日的房間裡。當他獲釋時，整個人是慘白的，而且神經受損。

「喔，我怕封條掉了，所以貼膠帶固定住，」他盡可能裝做若無其事的樣子。

檢查員皺了一下眉頭，這事就不了了之。

好不容易通過這道關卡，俊相應該更謹慎小心才是，但他還是掩不住內心的好奇。他對資訊有著無法滿足的胃口，他需要即時的最新訊息。電視帶給俊相的不只是外在世界的新聞，還有更多他過去從未聽聞的外界對他的國家的看法。

俊相得知一些令他震驚的事，這些都是他過去曾經懷疑但無法證實的猜測。他聽到柯林頓總統表示，美國已經提供燃料石油與能源援助，但北韓堅持要發展核子武器與飛彈。他發現美國已經人道援助北韓數十萬噸的白米。

美國國會代表團成員在記者會上表示，北韓的饑荒已經造成兩百萬人死亡。人權組織估計，有二十萬人被拘禁在監獄集中營裡，而且北韓有著世界最糟糕的人權記錄。

二〇〇〇年，南韓電視報導該國總統金大中將前往平壤與金正日舉行歷史性的高峰會。在開會期間，南韓電視播出金正日與南韓總統交談時的說話聲。俊相從未聽過親愛的領袖的聲音；在北韓的廣播與電視上，金正日的演說都是透過專業播音員發聲，這些人以顫抖、敬畏的聲調來朗讀領袖的文稿。這麼做保留了神秘面貌。「這些歷史名勝，您覺得如何？」俊相聽到親愛的領袖的聲音，聽起來蒼老、平凡，與常人無異。

「聽起來就像一般人，」俊相自言自語地說。

聆聽南韓電視就像生平第一次照鏡子，發現自己乏善可陳。北韓人總是宣稱他們的國家是世界上最值得自豪的國家，但世界其他國家卻認為北韓是個悲慘而破產的政權。俊相知道人民在挨餓。他知道有人被送進勞改營；但他從不知道具體數字。南韓的新聞報導是否誇大其辭，就像北韓的宣傳一樣？

俊相搭火車返鄉時看到的情景，讓他想起佛經描寫的人間地獄。車廂非常擁擠，你不可能起身去上廁所。民眾只能朝著窗外尿尿或等列車停止時到田裡舒解，有時兩項都行不通，只好尿在車內。流浪的孩子在緩慢移動的車廂旁一邊跑一邊乞討，有時還哭著要東西吃，他們試圖將手伸進破掉的窗戶。火車誤點的時間很長，行經平壤北方山區，火車經常在攀登陡坡時故障。俊相曾在仲冬季節在故障的火車上受困兩天，車廂窗戶沒有玻璃，寒風不斷地吹進來。當時他照顧了幾名乘客——有一名婦女，她懷裡的嬰兒才出生二十天，還有一名婚禮遲到的年輕新郎倌。他們一起偷了一個鐵桶，然後在裡面生火，列車長要他們把火熄滅，但他們充耳不聞。要不是這把火，他們恐怕早就失溫而死。

一九九八年，北韓經濟跌到了谷底，俊相搭火車返鄉時，被困在咸鏡南道的一處小鎮，他通常會在這裡換車，由東行列車改搭北上列車。鐵軌被洪水淹沒，寒冷的驟雨將等候的旅客淋成落湯雞。俊相在月臺上勉強找到一處避雨的地方。當他等待的時候，目光被一群無家可歸的孩子（流浪的燕子）所吸引，他們正在表演才藝，藉此賺錢買點糧食。有些孩子表演魔術，有些孩子跳舞；一名年約七、八歲的男孩唱歌。他嬌小的身軀完全被成人尺寸的工廠制服所掩蓋，但他的聲音卻相當成熟。他瞇著眼睛，投入所有的情感，用力將歌聲傳遍整個月臺。

我們的父親，在這個世界上，我們最幸福。
我們的家在勞動黨的懷抱裡。
我們親如手足。
即使火海靠近我們，甜蜜的孩子
無庸畏懼，
我們的父親在這裡。
在這個世界上，我們最幸福。

俊相從小記得這首歌曲，不過歌詞有一點變動。「我們的父親金日成，」孩子把名字改成了金正日。這個小孩唱這首歌實在沒什麼道理，這是一首讚頌父親保護他的歌曲，但現實上這名父親顯然辜負了他。孩子站在月臺上，全身濕透、污穢、顯然餓壞了。

俊相把手伸進口袋，給了男孩十圓，對一名街頭藝人來說，這筆小費給的相當慷慨。與其說是善心，不如說是感謝這個孩子給他的啟示。

俊相日後提到，這個男孩讓他感到覺悟。他終於確定自己不相信這個政府；這是個自我領悟的關鍵時刻，就像決定一個人是無神論者一樣。但這也讓他感到孤單——他與別人完全不同。他突然自我覺醒，開始擔負從自己身上挖掘出來的祕密。

起初，俊相以為自己的人生將因新的領悟而有極大的不同。事實上，他的生活跟過去還是一樣。他跟別人一樣，表現出忠誠順服的樣子。每個星期六早上，他準時參加大學的精神講話。勞動黨黨委書記在台上用單調低沉的聲音陳述金日成的遺產，聽起來就像一部自動朗讀機。冬天，演講廳沒有暖氣，講者總想盡快結束演說。俊相經常偷看其他的聽眾，大約有五百多人，絕大多數是研究生與博士後研究人員。上面的人在演說，下面的人要不是腳動來動去，就是把手墊在屁股下取暖；但他們的臉還是平靜毫無表情，就像百貨公司櫥窗裡的模特兒一樣。

俊相突然明白自己的臉上也同樣空虛茫然。事實上，大家對於演說的內容或許跟俊相的感受完全相同。

「他們知道！他們全知道！」俊相非常確定，只差沒叫出聲來。這些人是國內最優秀的年輕人。「凡是腦袋正常的人，不可能『不』知道事情不對勁。」

俊相知道他不是演講廳裡唯一的不信者。他甚至相信自己可以看出某種不言而喻的溝通方式，其微妙程度甚至比眨眼或點頭都來得隱晦。有一名年輕女大學生獲得嘉獎，因為她在日記裡頌揚親愛的領袖。《勞動新聞》有一篇文章提到她，而她也因她的忠誠而獲得獎賞。大學生無情地取笑她。他們認為她是個怪胎，但嘴上不能說，只能揶揄她。

「哪個幸運兒能娶到『妳』呢？」，他們問她。但他們也只能做到這種程度。

北韓大學生與知識分子不敢像其他共產國家的青年一樣發動抗爭。沒有布拉格之春或天安門廣場，因為這裡的壓迫非常巨大，任何有組織的抵抗都無法生根。抗議者的反政權活動招致的是恐怖的後果，不只是抗議者自己，連他的近親與所有已知的親戚都無法倖免。北韓體制對於有污點的血統進行壓迫，株連三代，懲罰延伸到父母、祖父母、兄弟姊妹、姪甥、堂表兄弟姊妹。「許多人覺得，反正只有一條命，不如豁出去逃離這個恐怖政權，但受懲罰的不只是你。你的家人都會跟著下地獄，」一名脫北者跟我說。

人們不可能從事讀書會或政治討論。觀念的自由交流一定會觸及禁地。三到四人組成的團體，當中一定有人為情報機構工作。俊相懷疑他的高中好友就是向政府通風報信的人。這名男孩曾是高中成績最好的學生，甚至比俊相優秀，但他因為童年時染上小兒麻痺，行動不便，因而無法進入平壤的大學就讀。俊相從平壤返鄉，他的朋友會大聲埋怨政府，並且煽動俊相回應。他的聲調大膽而刻意，俊相擔心這是陷阱。之後他再也不跟這名朋友見面。

俊相提醒自己，只要身在北韓，絕不要談論政治。無論是你的好朋友、老師或父母，當然也包括你的女朋友，都不是你討論政治的對象。俊相從未跟美蘭提起他對北韓政權的感受，還有他會看南韓的電視節目與閱讀資本主義小書。他當然不會告訴她，自己已經開始妄想要逃離北韓。

從中國境內看去的圖們江

chapter 14
the river

第 十 四 章
河 流

★

俊相與美蘭彼此能夠吐露的祕密愈少，兩人的關係就愈顯緊繃。

過去，俊相與美蘭可以連續幾個小時談論他們的同學、同事與家人。當他們在黑暗中散步時，俊相說著自己看過的電影情節與自己讀過的書。他朗誦詩歌。他喜愛美蘭自然的好奇心，她不會因為俊相說了什麼她不知道的事而感到困窘，她與那些努力認真的大學同事完全不同。俊相閱讀的樂趣，大部分來自他渴望日後能向美蘭訴說。在長達幾個月分離的日子裡，俊相會儲存最好的材料，在心裡不斷預演，想像她的眼睛閃爍著快樂，她會放聲地笑，不會嬌羞地遮住自己的嘴。但現在他祕而不宣，即使他的腦子充滿了各種想法，卻無法分享。

俊相不是不相信她——除了近親外，他最親近的人就是美蘭。當朋友一個個消失時，美蘭在他心中的地位也愈來愈重要。可是告訴她有什麼好處呢？如果她知道俊相知道的事，豈不是讓她跟俊相一樣不快樂？如果她知道南韓人有多富有，她要怎麼繼續教導飢餓的孩子唱歌讚頌金正日？她有什麼必要知道中國或俄國的經濟改革？俊相擔心美蘭。美蘭的階級背景低下，她必須比別人更留意自己的行為。一旦說溜了嘴，就足以讓她送進勞改營。當他們提到美蘭挨餓的學生時，他們會委婉地說這個「狀況」與「苦難的行軍」。說得太清楚，可能讓他們接著思考誰該為此事負責而陷入危險。

還有一些是難以啟齒的私事。俊相一九九七年畢業之後，選擇繼續留在研究機構，他懷疑自己的決定傷害了美蘭，而可悲的返鄉列車與同樣悲慘的郵務體系也讓兩人的關係難以維持。就算俊相返鄉，情況也好不到哪裡去。兩人都沒有電話，也無法留言給對方的家人。為了預訂計畫，俊相必須設法在美蘭出門或在學校上課時找到她。有一次，暴風雪來襲，俊相跋涉了數小時，在難辨方向的雪地裡利用鐵軌做為指引找到前往學校的路。等到他抵達的時候，他的手指凍得發疼，卻發現美蘭當天請假。

他們一年見面兩次——暑假與寒假。長時間的分離，他們需要一點時間克服彼此的陌生。美蘭變了。美蘭在他們第一次見面時留的醒目短髮早已消失。現在的她看起來比較像是一般的年輕韓國女性，長髮及肩，而且用髮夾別在後面。俊相驚訝地發現美蘭已經開始化妝。

更重要的是，他們已經成年——俊相二十七歲，美蘭二十五歲。他們的未來該怎麼走，顯然還找不到答案。

這個問題在俊相某次返鄉時意外浮上檯面。美蘭當天稍早參加了同學的結婚喜宴。晚餐後，她與俊相在她家後面碰頭，然後走到山裡的溫泉區。那是個晴朗的夜晚，溫泉區闃無人聲。他們在樹林裡走了一圈，經過人造瀑布與平靜無波的池塘。他們坐在最喜歡的長椅上，看著山上的明月。

美蘭描述婚禮與朋友的新婚丈夫給俊相聽，想讓他開心。

「我不懂大家為什麼要這麼早結婚，」俊相突然插話。他最近讀了一些古典韓詩，從腦子裡記誦的大量詩詞，他找出一首形容年輕新婦哀怨的詩句。

如果山中的老虎朝我們跑來，牠會比
婆婆更嚇人嗎？
最凜冽的冰霜，會比妳的公公更冷淡嗎？
即使妳踩在豆莢上，爆出來的豆子恐怕也比不上
小叔們粗魯直視的眼神。
不，即使是最辛辣的胡椒，那滋味也好過
媳婦的生活。

俊相覺得這首詩很逗趣。美蘭笑了，但帶著一點遲疑；俊相心想，美蘭是不是把這首詩當成帶有警告意味的訊息。

事實上，俊相對婚姻從未多想，或者至少是不願去想。一方面，他無法想像自己會娶美蘭以外的女子，即使娶了她可能會粉碎他加入勞動黨的機會。沒有黨員身分，他幾乎不可能在平壤的大學取得終身職。不過這是就目前的政權來說。如果他離開北韓呢？也許跟美蘭一起？如果北韓政權崩潰呢？俊相從深夜電視節目得知，也許除了古巴之外，北韓已是世界僅存的共產國家。正如一九八九年柏林圍牆倒塌促成了兩德統一，或許兩韓也有這麼一天。每次他走在街

上，看到聚滿蒼蠅的屍體或看見又一個身上污穢瀕死的孩子時，他就有一股末日將至的感受。他們彷彿活在戰時，悲劇不斷從四面八方轟炸他們。在這種狀況下，俊相無法計畫下星期，更甭說是考慮結婚。

俊相突然充滿感傷，一方面為自己，另一方面也為美蘭，還有他們深陷其中的悲慘生活。他從未想過要用這首詩來反駁她。為了安慰美蘭，俊相做了一件先前從未做過的事：他傾身向前，親吻了她。

這或許算是一種親吻。其實俊相只不過用嘴唇輕輕拂過美蘭的臉頰，完全未碰觸她的嘴，但這已比他們先前的身體接觸更為親密。他們已經認識十三年，約會了九年，而他們所做的不過是牽手。

美蘭似乎嚇壞了，但沒有生氣，只是有點緊張。她突然從長椅起身，然後示意俊相也站起來。

「走吧，」美蘭說：「我們繼續散步。」

美蘭驚訝於俊相的舉動。雖然她對性只有非常粗淺的認識，但她知道親吻可能導致她不想要的結果。她聽說女孩與男人睡覺，然後惹上可怕的麻煩。當時沒有避孕工具，只有昂貴而危險的墮胎手術。

美蘭與充滿夢想的俊相不同，她不斷思索結婚的事。她的三個姊姊已有兩個結婚而且生了孩子，高中時代的朋友也訂了婚。她必須認真思考自己的未來，而她也不認為俊相會娶她。

可以確定的是，美蘭的處境已經有所改善。到了一九九〇年代，五十年前韓戰時為敵方效力的士兵以及他們的家屬，已經不是金正日的最大敵人。如同幼年的傷疤被老年的皺紋掩蓋消失，美蘭家的階級污名也逐漸消褪。即使是北韓法律，也規定經三代之後，有污點的血統將逐漸淡化。美蘭與弟弟獲准進入師範學院就讀。大姊的美貌打破了低下的階級背景，嫁給了家世不錯的丈夫；她的丈夫是軍方的民間僱員，他們住在封閉的軍事基地裡，一處少數森林尚未被砍伐的地區。她持續提供松茸給家人，這是可以換取糧食的珍貴商品。

此外，美蘭也受到一些限制。舉例來說，她懷疑自己或家人獲准在平壤定居的可能；還有如果她與俊相結婚，他們頂多只能住在清津，那麼她必須為俊相的犧牲負責。當美蘭看著俊相蒼白的臉孔加上小時候念書得到的近視眼，她擔心俊相回到清津可能無法存活。他的下場很可能跟他的老師一樣，那些挨餓的知識分子雖然對托爾斯泰的小說倒背如流，卻無法餵飽自己。

然後是俊相的父母。她從未見過他們，但對他們的事卻知之甚稔。如果俊相要娶她，他們一定會大發雷霆。他的父親可能威脅要自殺，母親大概會裝病。俊相是個有責任感的兒子，他不可能不聽從父母的話。

從日本回來的人，通常只與背景相同的家庭嫁娶。俊相的父母會幫他選擇一名在日本有財產的女孩，或者是他自己在大學裡遇見一名聰明而心思細膩的女孩。美蘭的這位浪漫而雅好吟詩的男友，終究跟她不是同一個世界的人。面對現實吧，美蘭對自己說道。

美蘭試著想像，少了俊相，自己的人生會是什麼樣子。平凡，沒有詩詞；與工廠工人或礦工（跟她父親一樣）結婚，生孩子；一輩子住在煤礦村，或頂多住在清津。她覺得自己被高牆圍住，牆愈靠愈近，令她喘不過氣來。

美蘭的教學工作儼然成為一種不幸。她的班級從最初的五十名學生，減少到只剩十五名。每天早上美蘭都要帶著忐忑不安的心情進到這棟破舊的大樓，死去的同學已讓這所學校蒙上悲傷的陰影。沒有人能專心在書本上——學生如此，老師亦然，自從金日成去世後，老師們就再也沒領到薪水。當美蘭問校長，薪水大概什麼時候能恢復發放時，校長低聲地笑著。

「或許要等到我們跟南韓統一的時候，」她語帶嘲諷地說。

美蘭考慮再找另外一份工作。或許她可以到市場或紡織廠工作。她當初這麼努力考進大學，成為一名老師，擠進主流社會。現在看來什麼都不是。

美蘭還有一件操心的事，那就是她的父親。現在他已六十五歲，在美蘭眼裡，他似乎縮小不少。太佑強健的身體隨著年紀增長而日漸彎曲，似乎愈來愈憔悴枯瘦。這讓美蘭的母親感到困窘，因為她向來對於自己能讓全家人吃飽感到自豪。太佑整天都在家裡閒晃，有時開始做一件事，如修修桌子或櫃子，然後做到一半就忘了自己要做什麼。他過去非常沉默，現在卻不管家裡有沒有人都會滔滔不絕地說話。將近半個世紀未提起的事，他卻一股腦兒地說出。太佑回憶他在忠清南道的童年，以及他美麗的妹妹。他誇耀自己的父親，以及某個曾位列「兩班」（貴族）的祖先。在隨意漫談間，他那出現黏稠分泌物的雙眼開始流淚。美蘭的三姊結婚時，太佑做了一件全家人從沒見過的事：他喝醉了。

美蘭父親與其同年紀的北韓男性的不同之處，就是他滴酒不沾。事實上，這大概是一種防衛機制。一九六〇年代，太佑曾看到幾名朋友——他們就像太佑一樣是南韓戰俘——因為酒後妄言而惹上麻煩。但到了現在，太佑覺得自己可以稍微放鬆一點了。婚禮在太佑家舉行，男方家長向美蘭母親敬了一杯自釀的玉米酒，太佑則是喝了三杯烈酒。到了賓客離去之時，他開始唱起童年感傷的南韓歌曲，完全忘了有人可能會聽到。

我總牽著母親的手。
然後我鬆手去拿蛋糕與水果。
噢，我怎麼會忘了抓緊母親的手。

美蘭的父親死於一九九七年，享壽六十八歲。美蘭當時不在家，她的弟弟陪在旁邊。他向姊姊們提到父親臨終說的最後一個字是「母親」。

太佑死前幾個月，開始詳細提起自己的家族。他堅持他的獨子必須牢記家譜記載的祖先姓名。太佑是家裡唯一的兒子，所以他的兒子必須跟他一樣將香火傳承下去。

太佑留下一項難以實現的遺願：希望能將死訊傳達給南韓的親戚知道。這項要求聽起來像是一種臨終幻覺。

儘管韓戰已經結束快五十年，但南北韓之間既不通郵也不通電話，紅十字會也未獲准傳遞訊息。（直到二〇〇〇年，兩韓才在特別安排下讓兩邊的家人團聚，但僅限那些因韓戰分離的家庭。）美蘭和她的姊弟都認為在南韓的祖父應該已經過世，只是不知道姑姑們人在何處，想與南韓親戚聯繫幾乎是完全不可能的事。

美蘭父親去世後的隔年某天，美蘭的姊姊昭熙匆忙地跑回家裡。她跑得上氣不接下氣，臉上還泛著興奮的紅暈。她剛剛才跟一名經常往返中國的朋友說話，那個人在當地有朋友，可以幫她們與父親的家人聯繫。他向美蘭的姊姊保證，只要你人到了中國，只需要拿起話筒就能打電話到南韓。

也許她們想試試看？

美蘭與昭熙起初抱著懷疑的態度。你不可以信任外人。祕密警察就是用這種方式來陷人於罪。

在經過幾天長考之後，她們認為這個朋友是誠心的。他在中國有親戚，也有廣大的人際網絡可以幫忙。他認識某人可以開卡車載她們到邊境；有一名邊防警察知道哪裡可以渡河，也可以賄賂其他警察讓他們睜一隻眼閉一隻眼；有一名表親，他家就在國境旁邊，到了那邊她們就安全了。美蘭與昭熙計畫一起去個幾天。這件事她們只讓新婚的姊妹知道，而她也發誓守祕。然而，這麼大的祕密畢竟是守不住的。她告訴母親，母親當然反對。「未婚的女孩不許一個人去中國」，她下了禁令。已經有謠言說有北韓婦女被強暴或被綁架去賣淫，或者是殺死之後器官被挖走。美蘭的母親不給她們商量餘地。

最後全家聚在一起討論該怎麼做。美蘭的弟弟認為自己身為家中唯一的男人，當然應該由他去。但母親還是反對。他只有二十二歲，是家裡最小的孩子，也是她唯一的兒子。

最後決定由美蘭、昭熙、她們的弟弟，連同她們的母親，四人一起前往。這是一趟家族旅行。剛結婚的女兒不想去，而她們也不敢讓大女兒知道，她跟丈夫、子女住在營區裡，絕對不可能同意這件事。

美蘭家原本就不是最忠黨愛國的分子——美蘭的母親甚至瞧不起每天擦拭領袖肖像的婦女——但她們從未主動與政府唱反調。事實上，美蘭家最大膽的是弟弟錫柱，他瞞著家人在夜裡戴耳機偷聽南韓的廣播。其他人對時事沒什麼興趣，她們忙著工作，根本沒有閒工夫思考外面的世界。

與其他北韓人相比，美蘭家是新經濟中繁榮的一群。美蘭的母親仍在經營磨坊，她們未曾挨餓，也沒有遭遇法律上的麻煩，並沒有急迫的理由離開北韓。但是機會擺在眼前，一旦抓住機會，事情就像滾雪球一樣一發不可收拾。這個計畫獲得了往前運轉的力量，等到想回頭時已經太遲了。父親臨終的遺言成了一道不可違抗的命令，催促著她們前往邊界。

她們將前往中國與她們的南韓親戚聯繫。她們不知道這些親戚住在哪裡，也不知道這些親戚聽到她們的消息是否會覺得開心，更沒想過實際「前往」南韓。

計畫的一切細節都在幾星期內就緒。在口琴式住宅裡，隔著像紙一樣薄的牆壁那頭是愛管閒事的鄰居，她們必裝作若無其事，絕對不能洩漏內心的焦慮。她們的外表必須保持平靜，絕不能有任何事情看起來跟平常不一樣。她們不能把家中的財物賣掉籌措旅費，也不能釘牢門窗防止竊賊闖入。

在準備離開之前，美蘭還有一件要緊的事要辦。在出發的前一晚，她從衣櫥拿出一件被妥善收藏的包裹，裡面裝著俊相寫給她的每一封信。這幾年來，她一直保留著這些信以及俊相送的所有禮物；她最珍惜的就是那只蝴蝶形上面鑲著方形萊茵石的髮夾，她必須將它留下，而所有的信件必須摧毀。美蘭不希望有人得知她與俊相這十年來彼此思念的內容。他們之間的事，除了她的弟弟與兩個姊姊之外沒有人知道。現在，她有更重要的理由讓這段戀情成為永遠的祕密。

美蘭告訴自己這只是一趟短程旅行，目的是打電話聯絡親戚，但她心裡清楚知道自己很可能不會回來——無論在南韓的親戚接納她們與否。她們離開之後，一定會被說成是叛徒。「在黨的恩惠下接受教育，卻背叛祖國」，她幾乎可以聽到黨委書記如此宣布她的罪狀。美蘭不希望自己的罪名拖累俊相。她希望自己離開之後，俊相的人生可以一如以往地繼續下去。他可以為自己找個合適的伴侶，加入勞動黨，他往後的人生將是在平壤從事科學研究。

俊相會原諒我的，他會了解的，美蘭這麼對自己說。這麼做對他最好。

第二天早上，美蘭肩上掛著一個小背包。她騎上腳踏車，跟平常一樣向她的母親與弟弟道別。計畫要求每個人必須分別離家以避免引人注目。當天稍晚，美蘭的母親探頭到鄰居家前門裡，說她要去女兒那裡幫忙，她的外孫才剛生下來一兩個星期。這麼做可以在警察得知她們全家失蹤之前，為她們爭取一點時間。

她們在清津碰頭，地點在美蘭姊姊的公寓。美蘭與姊姊一起步行出門去找那位開卡車載她們到中國邊境的男子。美蘭內心感到出奇的平靜，彷彿每個動作都是機械性的。她在做自己必須做的事，無論行動會造成什麼結果。然而當她與昭熙走在街上時，偶然瞧見對街，她的心差點停止跳動。

美蘭看到俊相朝反方向走去，或者至少那個人看起來是他。美蘭的視力很好，即使隔著六條街的紅綠燈她都能確定那人就是俊相；儘管此時是十月，而他應該在大學裡做研究。美蘭的第一個反應是穿過寬闊的大街去擁抱他，當然，她不能在公眾場合做這種事，但她有太多的話想對他說。她希望俊相知道自己在乎他，希望他永遠過得好，感謝他鼓勵自己去念師範學院。她想告訴俊相，他對生命的熱情使她鼓起勇氣追求自己的人生，包括她現在要做的事。她很抱歉自己的行動很可能在短暫的時間內傷害了他，但是……美蘭停住了。就在這些話在她腦子裡浮現的同時，她知道一旦話說出口，就無法再保守祕密。如果俊相知道這一切，不僅美蘭的家人將陷入險境，對俊相的家人也同樣不利。

美蘭繼續在大街的這一邊走著，每隔幾秒就回頭看，直到那名也許是也許不是俊相的男子離開她的視線。

她們靜靜地坐在卡車後頭往茂山前進，美蘭的父親在韓戰結束後曾被送到這座煤礦城鎮做囚工。現在，這裡成了一座鬼城，它的礦坑與工廠早已關閉。不過在毫無生氣的外表下，此處其實聚集了許多走私客。茂山位於圖們江的狹窄處，與會寧、穩城一樣，逐漸發展成非法出境到中國的集結點。非法出境是一項成長中的產業，或許是北韓唯一一項成長的產業。這名卡車司機專門載運沒有護照或旅行許可的民眾前往邊境。搭乘火車不可行，因為火車的文件檢查比較嚴格。

無論是誰看到這一家人，都不會懷疑她們要逃離北韓。她們穿著最好的衣服，外面罩著日常的衣服，希望在抵達中國後不會讓人一眼看出她們是悲慘的北韓人。她們的服裝也能支持她們虛構的故事——要去茂山參加親人的婚宴。她們帶的行李看起來就像短暫的週末旅行。裡頭裝的是幾張家人的照片與曬乾的海鮮、魚、魷魚與螃蟹，典型的清津美食。這些食物不是留著自己吃的，而是要用來賄賂。往茂山的五十哩路上有兩處崗哨。如果再早個幾年，誰也不敢在沒有許可下前往茂山，但現在是一九九八年，你可以用食物購買任何東西。

渡河的時間必須謹慎選擇沒有月亮的夜晚，而且是邊防衛兵最可能睡著的時間。渡河的地點選在茂山郊外，這裡離最近的崗哨有兩百公尺。渡河的時間與地點已經與對岸的嚮導協調好了，他會在午夜之後來這裡「取貨」。

美蘭獨自渡河。依照安排，她的母親、弟弟與姊姊先走。家人分開渡河是比較好的做法。如果自己一個人被抓，還可以宣稱自己是因為飢餓才四處遊盪；運氣好的話，會得到比較輕的刑罰，也許是勞改一年。如果全家被捕，會被認定是預謀叛逃，那麼懲罰會非常、非常重。這正是美蘭不知道的部分，她從未見過任何逃亡者。她努力想擺脫失敗的想法。

一名嚮導護送美蘭出了茂山，沿著與河流平行的泥土路走去。泥土路走到盡頭是一處玉米田，嚮導送她到這裡。他示意美蘭穿過玉米田，朝河的方向一直走去。

「只要直走，一直往前走，」嚮導告訴美蘭。

這時，美蘭不尋常的冷靜突然消失無蹤，她的身體因恐懼與寒冷而顫抖。十月的白晝如同印度夏日一樣溫暖，但到了夜裡，溫度就下降到足以讓人感受到秋日的寒意。僅剩的幾片葉子仍頑固地抓著樹枝，幾近光禿的樹林使美蘭完全沒有遮蔽之處。最好是趁現在趕快走過玉米田。她行走的時候努力想放低音量，但枯乾的玉米莖卻在她的腳邊窸窣作響。美蘭覺得有人在看她，而且就快揪住她的脖子。

沒有指引的燈光，很難照著指示直走。哪一條路才是直走？河到底在哪裡？她是不是早該到了？美蘭懷疑自己是否一直在玉米田轉圈圈。

然後美蘭幾乎撞到一道牆。這道牆直接擋住她的去路，高聳的牆面籠罩著她的頭頂，往兩旁延伸，一眼望去看不到盡頭。這是一道白色的混凝土牆，就像監獄或營區的圍牆一樣。她是否掉進陷阱了？美蘭現在確定自己走錯路。她必須離開這裡，而且要快。

美蘭沿著白牆走。她一邊用手摸索著，一邊前進，而牆也愈來愈低，直到她可以翻越過去。美蘭懂了，這是河堤護岸。她從護岸爬下來，走向水邊。

韓國的秋天是乾季，河流的水位特別低，只到美蘭的膝蓋，但水溫很冷，她的腳開始感到麻木。美蘭的鞋子吸飽了水，雙腿也像鉛塊一樣沉重。她忘了聽從指示預先捲起褲管。她的腿陷進泥裡。美蘭先抬起一條腿，然後是另一條腿。一步接著一步，一吋吋地往前走，努力不讓自己跌進水裡。「一直往前走，」她告訴自己，不斷地重複嚮導的話。

突然間，美蘭發覺水退到她的腳踝邊。她爬上河岸，全身溼透，環顧四周，她已到了中國，但她沒看到任何人。沒有人在這裡。她一個人置身在黑暗中，喉嚨乾澀緊繃，就算她有力氣呼叫，她也不敢。

此時美蘭感到真正的恐慌。她回頭望向北韓。她看到對岸那堵曾令她大感困惑的白牆。越過白牆，就是鄰近路邊的玉米田，嚮導帶著她走到那裡。如果她能找到那條路，她就能走回茂山。從茂山她可以搭火車回清津，第二天她就到家了。她可以重新回去教書。俊相不會知道她差一點逃走。一切就跟沒發生過一樣。

正當美蘭沉思之際，她聽到一陣沙沙聲從樹林裡傳出。然後是男人的聲音。

「姊，姊。」

美蘭的弟弟在叫喚她，

美蘭握住了他的手，從此離開北韓。

清津的路面電車

chapter 15
epiphany

第 十 五 章
頓 悟

★

俊相待在平壤的大學，他完全仰賴不穩定的郵務體系與家鄉的朋友和家人聯繫。除了美蘭，他還有幾個固定的通信對象。母親總在信裡提到家中狗兒的近況。父親則是激勵他更努力用功。「為了金正日與勞動黨，他們給了你這麼多，」他認定檢查人員會拆信檢查，所以在信末寫下這句話以討好他們。在嚴寒的冬季期間，據說鐵路局員工會燒信取暖，俊相有時會有好幾個月收不到信。因此雖然他寫給美蘭的信一直沒有回音，他也不擔心。十月、十一月過去，到了十二月還是沒有美蘭的信，俊相開始著急了。

到了寒假，俊相一抵達清津，就準備以最平淡的語氣問他的弟弟，最近有沒有看到美蘭。但俊相還沒來得及問，他的弟弟反而先開口：「她離開了！」

「離開了？去哪裡？」俊相無法理解自己聽到的話。美蘭從未暗示計畫要去旅行的事。她總會明白告訴自己，她做了什麼，不是嗎？雖然俊相覺得美蘭夏天時寫給他的信似乎有點冷淡，或許當時她正擔憂自己為什麼不願結婚，但他無法相信美蘭會不告而別。於是他向弟弟追問詳情。

「她們全離開了。有傳言說她們去了南韓。」俊相的弟弟只知道這麼多。

俊相到美蘭家附近調查。首先他在附近繞圈子，彷彿是在進行監視；他無法讓自己更進一步。俊相的胃緊揪著，他感覺到自己脖子的脈搏急速跳動。幾天後，他再度前來。他站在牆的後面，也就是過去幾年他等待美蘭過來跟他祕密約會的地方。俊相親眼見到，住在她家的是另一戶人家。

寒假期間與日後幾次返鄉，俊相都會回到那棟屋子查看。與其說是打聽消息——其實大家知道的內容跟傳言差不多，不如說是去懺悔。他真是個大傻瓜！俊相憎恨自己；他不折不扣是個優柔寡斷的知識分子，凡事思前想後，到最後錯失先機。他花了太久的時間考慮向美蘭求婚，結果她離開了。事實上，俊相曾經想問她願不願意一起逃到南韓，但卻沒有勇氣。在兩人的關係中，他一直以為自己是主導的一方。他是男人，他年長兩歲，他有大學學歷。他從平壤帶回詩文給她，告訴她她從未聽過的書籍與電影。但最後真正有勇氣的人是美蘭，而他只是個懦夫。雖然沒人肯定，但俊相心裡感覺到，美蘭就在南韓。

「該死，她比我先去了南韓，」俊相對自己說。

事實上，美蘭幾乎比任何人都早到南韓。

從韓戰結束到一九九八年十月美蘭逃出北韓為止，將近半個世紀的時間，只有九百二十三名北韓人逃到南韓。如果考慮每年平均有兩萬一千名東德人爬過柏林圍牆逃往西德，就可以感受到這個數字的微小。

絕大多數叛逃的北韓人是駐外的外交人員或官員。黃長燁是北韓重要的學者與官員，曾是金正日的教授，他利用公務結束返家時，走進了南韓駐北京大使館。偶爾會有北韓士兵不計任何代價冒險穿越非軍事區叛逃。有些漁民則是駕船逃到南韓。

北韓政權採取不尋常的措施來封鎖人民。一九九〇年代初期，清津與其他濱海城市的海灘豎起了柵欄，以防民眾駕船逃往日本；北韓人因公出國時，必須將配偶與子女留在國內當人質，以確保他們回國。脫北者知道自己想獲得自由，必須以犧牲自己親人的自由為代價，他們的親人很可能餘生都要在勞改營度過。

到了一九九〇年代末期，情況出現變化。饑荒與中國經濟改革讓北韓人產生逃亡的動機。北韓人從邊境可以看到閃亮的新車行駛在圖們江畔的碼頭邊，他們親眼看見中國人過著不錯的生活。

曾經協助美蘭渡河的網絡擴展得相當迅速。他們重新繪製跨越圖們江的路線圖，標出距離最短的渡口，並且賄選邊防衛兵。如果你不會游泳，你可以付錢請人揹你過去。脫北者的數量呈指數成長。到了二〇〇一年，估計有十萬名北韓人偷渡到中國，其中一小部分最後逃往南韓。

交通的流動是雙向的。北韓人湧入中國，中國商品湧入北韓——不只是糧食與衣物，還有書籍、收音機、雜誌，甚至包括聖經這種違禁品。中國盜版工廠生產的DVD既小又便宜。一名走私客可以將上千片DVD塞進一個箱子裡，然後在上面鋪一層香菸，用來賄賂邊防衛兵。中國也生產DVD放映機，價格只有二十美元，對於新經濟下的北韓人，這個價錢是負擔得起的。銷路很好的影片如《鐵達尼號》(*Titanic*)、《空中監獄》(*Con Air*)與《證人》(*Witness*)。更受歡迎的是南韓電影、通俗劇與感傷的肥皂劇。南韓的情境喜劇原本描繪的是工人階級生活，但北韓觀眾特別感興趣的卻是廚房設備與主角的服裝。這是北韓民眾第一次看到沒有金日成或金正日口號的韓語戲劇。他們也看到另一種不同的生活方式(雖然這些戲劇都經過理想化與商業化)。

北韓政府指控美國與南韓以書籍與DVD做為幌子，企圖顛覆北韓政權。DVD的販賣者被捕，有時還因叛國罪而被處死。勞動黨的黨員發表演說，提醒民眾抗拒危險的外國文化：

> 我們的敵人刻意製作這些內容來美化帝國主義世界與散布他們腐敗、資產階級的生活方式。如果我們受到這些不尋常的內容影響，我們的革命心態與階級意識將會麻痺，我們對「金日成」大元帥的絕對崇敬將會消失。

然而，北韓境內的資訊傳布並不是靠書籍、報紙或電影，而是仰賴口耳相傳。沒有DVD放映機無法觀看外國影片的民眾，多半是從別人的口中得知訊息。一些不可思議的故事在民眾之間流傳著，內容不外乎誇耀鄰國財富與科技發展。據說南韓人發展了一種精巧的汽車，只要駕駛人對著酒測器吹氣，證明他沒有喝酒，車子就會發動(這是假的)。又說對岸一般中國農民的生活非常富足，他們一天三餐吃的都是白米(這是真的)。

一名北韓士兵日後回憶自己的同袍得到一只美國製的指甲刀，他拿出來向朋友炫耀。這名士兵剪了幾根指甲後，讚賞刀鋒的銳利與乾淨，同時對於這件小東西的力學原理驚異不已。接著他心情沉重地說：如果北韓連這麼精美的指甲刀都做不出來，還要怎麼跟美國的武器對抗？

一名北韓學生則是從官方媒體的照片中看出端倪。照片顯示有一名南韓人站在罷工的警戒線上。北韓官方原想用這張照片說明資本主義社會的工人是如何遭受剝削，但這名學生卻發現這位「受壓迫的」工人穿著有拉鍊的夾克，口袋裡還插著一枝原子筆，兩者在北韓都是奢侈品。

一九九〇年代中期，一名北韓海上官員乘船行駛在黃海海面上，這時無線電意外接收到南韓廣播。這個節目是一齣情境喜劇，描述兩名年輕女子為了爭搶大樓停車位而大打出手。他不理解車子多到沒地方停是個什麼樣的概念。雖然他已年近四十而且官階不低，但他認識的人裡面還沒有人擁有私家車——年輕女子就更不用說。他覺得這齣廣播劇只是個諷刺劇，但想了幾天之後，他認為沒錯，南韓一定有這麼多車子。

幾年後，這名官員叛逃了，那名看到指甲刀的士兵以及那名看到罷工者照片的學生也一樣。

即使有過最狂野的夢想，金醫生卻從未想過離開北韓。不是因為她對外在世界無知或毫無興趣——她喜歡閱讀，而且熱愛遙遠異國風情故事——而是因為對她而言，北韓是最好的國家，沒有必要去別的地方。

金醫生小時候常聽父親提起他在中國的悲慘生活，以及在一九六〇年代初期逃來北韓的事。金醫生覺得自己很幸運能生在北韓，而且非常感激政府願意讓身為卑微建築工人女兒的她免費就讀醫學院。她覺得自己的教育與人生都是國家給予的，因此她最大的野心就是加入勞動黨報效國家。

「如果黨需要的話，我願意掏心剖肺。我就是這麼愛國，」金醫生日後說道。

然而，金醫生在加班從事志工工作時（擔任黨委書記助理），卻發現黨並沒有以相同的方式看待她。

金日成去世的那年冬天，金醫生的志工工作從早上七點三十分開始，比醫院其他資深職員都要早，因此她可以慢慢整理黨委書記零亂的辦公室。醫院黨委書記是一名五十多歲的女醫生，她的專科是肝炎，大家都叫她鄭同志書記。科主任的辦公室是個很小的房間，裡面除了必要的金日成與金正日肖像，牆邊還擺放著檔案櫃。陳舊的木製書桌，抽屜沒有關緊，文件掉了出來，散落一地。然而，報紙卻小心翼翼地收妥放在書桌上。這些文件不應該扔在地上，可能會有人踩到金正日或金日成的照片。鄭同志書記不常閱讀，也不常寫東西；她完全仰賴金醫生幫她閱讀《勞動新聞》與當地的《咸北新聞》的社論，以及為她準備講稿。金醫生相信，同志書記一定會推薦她入黨做為回報。她甚至大膽想像，有一天她可能追隨導師的腳步，成為黨委書記。

金醫生整理文件時，注意到木製檔案櫃的門是開著的。她的好奇心戰勝了理智。一只大信封突出於檔案夾外。她打開信封，看見裡面有張人名清單，她認得這些人全是醫院員工，他們受到特別監視。每個名字旁邊附了評論，說明懷疑他們的原因。絕大多數都與階級背景有關——父母或祖父母勤跑教堂，前地主的子女，回歸北韓的在日朝鮮家庭，在中國有親戚的人。

金醫生的名字也在清單上。

她感到不可思議。她整個人生，她的行為都沒有瑕疵。她天生是個完美主義者，事事要求完全合於標準。念書的時候，她的成績非常完美。她總是第一個自願從事額外的工作，並且參加額外的精神講話。她的父親來自中國，而且在當地仍有親戚，但金醫生從未見過他們也從未跟他們聯絡。

一定是弄錯了，金醫生對自己說。

最後，她明白了。鄭同志書記一直在欺騙她，利用她的勤奮與才能，卻完全不打算讓她入黨。更糟的是，金醫生開始懷疑自己的確遭到監視。她發現醫院的黨部官員總是充滿興趣地看著她。

兩年後，金醫生的懷疑獲得證實，有一名國家安全探員突然來醫院找她。這名男子為保衛部工作，這是負責調查政治犯罪的警察單位。起初，金醫生以為他是來打聽某個病人或同事，但他只針對她、她的家人與她的工作提出問題，最後他終於進入主題。這個人造訪的目的是要調查金醫生是否計畫要逃離北韓。

「離開北韓？」金醫生感到憤慨。她從來沒想過這種事。當然，她曾聽過有人離開的傳言，但她瞧不起無法忍受苦難行軍的人與背叛祖國的人。

「為什麼我要離開？」她反問。

探員舉出幾個理由。她在中國有親戚。她的婚姻破裂。醫院停止支薪。

「妳聽好！我們在監視妳。妳休想逃！」他臨走前惡狠狠地丟下這句話。

事後，金醫生心裡回想這整段對話。她愈想愈覺得保衛部的人說的有道理。他在她心裡種下這個念頭，而她發現自己無法動搖它。

金醫生在北韓的生活是悲慘的。她的前夫在他們離婚後隨即再婚，六歲的兒子跟她以前的婆家住在一起，這是韓國人離婚的典型安排。根據法律與傳統，孩子的監護權屬於父親所有，登記在父親戶口下。金醫生只能偶爾週末去看孩子，看到瘦成皮包骨的他，金醫生只能感到心痛。她的前夫與婆家的糧食並不充裕。

但金醫生自己吃得也沒有多好。其他醫生藉由賣藥或動手術（特別是墮胎）來貼補家用。金醫生沒有受過手術訓練，也不想幹這種勾當。她僅靠病人送的糧食過活，但不久病人也沒有糧食可以給她。

一九九七年，金醫生離開小兒科，因為她再也無法忍受孩子們挨餓的眼神。她轉到研究單位，不想再接觸垂死的病人，但當時的狀況根本無法研究。早餐後，醫生們開始操心晚餐的事；晚餐後，又要擔心明天的早餐。金醫生開始提早下班，到山上尋找可吃的野草。有時她會砍點木柴賣錢。她的體重降到八十磅（三十六公斤）以下，胸部萎縮，月經也停止了。從遠處看金醫生，三十出頭的她看起來像是十二歲的孩子。在連續幾天沒吃東西的情況下，最初幾天，金醫生實在餓得受不了，一度想偷嬰兒的食物來吃。但四天後，飢餓的感覺消失，卻出現另一種奇怪的感覺，彷彿身體不再是自己的；她一下子被舉到空中，然後又掉下來。她已經累壞了，早上沒有力氣起床。一九九八年年初，金醫生辭去黨祕書處的志工職位，完全停止工作。她嘗試各種賺錢管道——在市場賣酒或煤炭。醫學院的訓練無法派上用場，金醫生並不感到難過。在饑荒最嚴重的時候，能夠活下來就已經足夠。

有一回，金醫生到市場閒晃，偶然遇見一個老朋友。她們是高中同學，兩人都曾是受人歡迎的聰明女孩，大家都認為她們「最有希望出人頭地」。金醫生的朋友還當過級長。兩人先是禮貌性的問候對方，雖然兩人的臉色蠟黃模樣憔悴，但還是表示對方的氣色不錯。然後金醫生問起同學的家人。「我丈夫和兩歲的兒子剛在三天前過世，」同學平淡地說。

金醫生試著安慰她。

「喔，我已經好多了。少了兩張嘴吃飯，」她對金醫生說。

金醫生不知道她的朋友是無情還是瘋了，但她知道，如果自己繼續待在北韓，可能會變得跟她的朋友一樣，或是餓死。

金醫生的父親臨終前，曾寫了一張住在中國的親戚姓名與住址的紙條給她。那是一張自殺紙條——她的父親因絕食而陷入精神恍惚，他用顫抖的手潦草地寫下這些訊息。當時，金醫生覺得自己受到傷害，但並未扔掉紙條。她挖出保存紙條的小箱子，小心地展開它，看著那些名字。

「他們會幫助妳的，」父親曾這麼說。

金醫生獨自一人前往中國。她沒有錢僱用嚮導或賄賂邊防衛兵，只能仰賴自己的機智與本能。到了一九九九年三月，邊境城鎮已有許多人準備離開，你可以輕易打聽到哪些地方最容易渡河。初春的地貌剛從苦寒的嚴冬解凍，但圖們江還有幾個地點仍處於結凍狀態。金醫生來到一個地方，聽說這裡的冰還能步行穿越。每走幾呎，她就將沉重的石頭往前丟，測試冰塊堅硬的程度。至少北韓這邊的河面相當堅硬。金醫生緩緩滑動一步，再踏出第二步，輕柔地像個芭蕾舞者。當她扔出去的石頭消失在對岸半融的雪地時，她的出逃行動也即將成功。金醫生直接朝岸上走去，河冰淹到她的腰部。她用手撥開河冰，宛如破冰似的清出一條路。

金醫生蹣跚爬上河岸。她的雙腿被結凍的褲管包裹著，凍得發麻。她穿過樹林，直到黎明第一道曙光照亮近郊的小村落。金醫生不想坐下休息，擔心身體會失溫，但她知道自己的體力支撐不了多久。她必須碰碰運氣，看能不能遇到好心的當地居民。

金醫生看到一條通往農舍的泥土路，大多數的農舍外側都圍著牆與鐵門。她走到一間農舍前面，發現鐵門沒鎖。她推開門，謹慎地掃視屋內。金醫生看到地上放著一碗裝了食物的小鐵碗。再仔細一看——那是米飯，不僅是白米飯，裡面還拌著肉片。金醫生已經不記得上次吃白米飯是什麼時候的事。為什麼米飯會擺在這裡，而且居然放在地上？當金醫生聽到狗叫聲時，一下子全明白了。

就在前一刻，金醫生還有點希望中國跟北韓一樣窮。她仍願意相信自己的國家是全世界最美好的地方。她一輩子珍視的信念也能得到證明。但現在她無法否認眼前出現的這一幕：中國的狗吃得比北韓的醫生好。

中國人娶的北韓妻子。圖們市，二〇〇三年

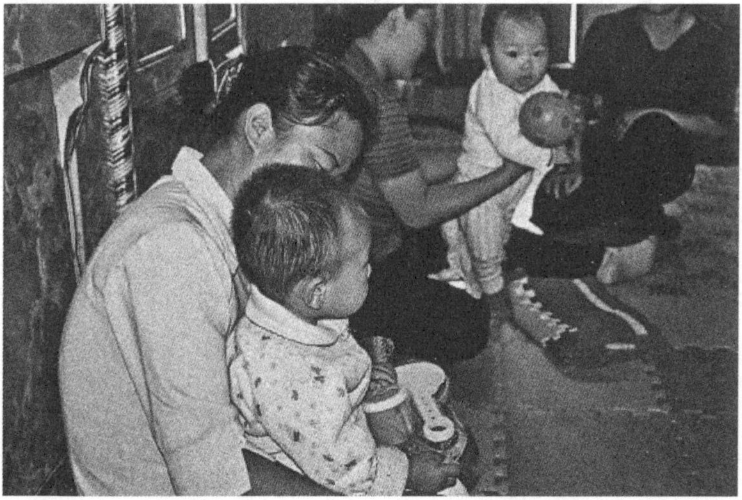

chapter 16
the bartered bride

第 十 六 章
買 來 的 老 婆

★

沒有人驚訝玉熙會在第一個機會出現時離開北韓。宋太太的長女還在學校念書的時候，已經無法像全國民眾一樣對金日成充滿偶像崇拜；只要放學一回家，玉熙馬上扯掉少年先鋒隊的紅色領巾。一九九四年金日成去世時，她連假哭都不願意。

這幾年來，隨著家中食物日漸缺乏，玉熙的火氣也愈來愈大。她責怪政府的經濟措施不當，還認為政府該為父親與弟弟的死負責。北韓電視不斷地播放歌曲〈同志的行軍〉(「我們生活在社會主義國家，不缺糧食也不缺衣／讓我們挺起胸膛，自豪地面對世界」)與旗幟飛揚的愛國影片，玉熙覺得這很荒謬。

「什麼都不缺？」她語帶輕蔑地關掉電視。

事實上，玉熙開始產生離開北韓的念頭，不僅與逃離這個體制有關，也跟她的婚姻狀況脫離不了關係。

這場婚姻從一開始就是一團混亂。與其他夫妻一樣，玉熙與永秀為了性與金錢而爭吵，隨著時局愈來愈艱困，他們開始為食物與政治爭吵。永秀總是贏。如果吵不過玉熙，永秀會重重賞她一巴掌，讓她踉蹌跌坐在房間裡，什麼話也說不出來。

儘管貪杯，永秀仍仰仗家人的影響力保住了列車長的工作以及他住的公寓。列車長這份工作在鐵路局是人人爭取的肥缺。在通往邊境的鐵路線上工作，永秀可以攜帶一些物品賣給中國商人來貼補收入。工人從停工的工廠收集銅線與廢鐵，永秀用五圓向他們收購這些物品，然後以二十五圓轉賣出去。玉熙一開始有點驚訝，因為過去她的丈夫一直幻想自己是黨的官員（即使他已被拒絕入黨），而且喜歡在妻子與願意聽他說話的人面前大談自私與資本主義的邪惡。他還譴責妻子對金正日的輕率陳述。現在，他卻毫無愧色。

「誰照著黨的話做，誰就是笨蛋。有錢才能使鬼推磨，」永秀對玉熙說。

永秀的廢鐵生意使他成為惡劣時局下的富人。他到邊境一趟，回來就帶著一大袋的米與好幾瓶醬油；有一段時間，他們家裡還放了成堆的玉米。然而，只要玉熙提議分一點糧食給她挨餓的父母與弟弟，永秀就勃然大怒。

「在這種時候，妳還想分糧食給別人？」他大叫說。

永秀不相信玉熙不會拿糧食給她的家人，所以即使他的工作需要離家數日而且火車時刻表又經常變動，他離家時仍舊只留下僅能糊口的糧食與金錢。一九九八年，他離家一星期，卻沒有留下任何糧食給玉熙與他們的兒子與女兒（分別是八歲與六歲）。六月五日兒童節，他們的兒子要參加學校舉辦的運動會。小朋友要自己帶便當去，但家裡完全沒有糧食。玉熙跑遍全市，向親戚們乞討糧食，但沒有人有多餘的東西給她。最後她在市場看到妹妹正在賣餅乾，於是拿了一些。她在午餐時間跑到學校，發現兒子噙滿淚水站在操場上等著。

「對不起，我的心肝寶貝，」玉熙對他說，然後把一小袋餅乾交給他。

永秀曾經是音樂家，他有著美妙的嗓音與吸引女性的外表舉止。現在他的口袋有了點錢，於是就開始與朋友到處尋芳作樂，飲酒狂歡。有天夜裡，玉熙與孩子都已入睡，她聽到喝醉的永秀跌跌撞撞進到公寓的聲音以及女人的笑聲。玉熙不知道那是女朋友還是妓女，但她不打算下床問個明白。

此後，玉熙開始認真考慮逃離北韓。訴請離婚雖然可能成功，但她將失去一切。雖然勞動黨嘴上表示要將女性從傳統封建社會的卑下地位解放出來，但北韓的制度實際上對女性極為不利。離婚以後，丈夫可以保留房子與孩子——就算丈夫施暴或外遇也一樣。玉熙的情況尤其不利，因為她的家庭階級地位較低，而且沒有父親能為她從中協調。玉熙心想，如果自己能到中國賺錢，事情才有希望。如果她能夠擁有自己的公寓，她就能迫使永秀放棄孩子的監護權。

有天夜裡，永秀喝得醉醺醺回來，脾氣特別不好。他揍了玉熙，將她打倒在地，然後用力踢她，玉熙覺得自己好像聽到肋骨裂開的聲音。突然間有人敲門——有一名旅人跑來問路，因為玉熙家離車站很近，所以這種事很常見。當她的丈夫去應門時，玉熙從地上爬起來，退到廚房裡。她從後門溜出去，跑下樓，身上只穿著睡衣。

火車站的時鐘顯示時間是晚上十點。此時是八月底，夜晚溫暖宜人。玉熙走了一段距離確定她的丈夫沒有跟來，於是站著思考下一步該怎麼走。通常在爭吵後，她會跑去找母親，母親會用溫暖的繃帶包紮她裂開的嘴唇與瘀青的眼圈。第二天早晨，永秀清醒以後，他會哭著抱歉，求她回家，而她總是照做。十年來他們一直是這樣相處。如果她想改變，現在就是時候。

玉熙不敢進到清津車站裡面，她丈夫的同事很可能會認出她來。於是她沿著鐵道往北走，在溫暖的夏夜裡，她走出了市中心，直到市郊第一個車站輸城。由於無家可歸的人到處可見，所以沒有人會特別留意一個只穿睡衣的女人。

玉熙在車站待了兩天。她的肋骨隱隱作痛。飢餓與脫水令她頭痛目眩，暈得站不起來。玉熙看到車站擠滿了人，每個人似乎都很興奮。此時有一列火車正要開往邊境城市茂山。她使勁站起來，用力擠進人群裡，跟著大家一起湧向車門與窗戶。群眾先是爭搶座位，然後是走道，或者是站在廁所與車廂之間的通道。有些人掛在窗戶外面，甚至還有人攀在車廂下方。火車如此擁擠，列車長無法走過來檢查車票或旅行許可。一天後，玉熙抵達茂山。她沒有文件、沒有錢、沒有食物、沒有衣服。

玉熙唯一擁有的就是健康的三十二歲身體。玉熙不是大美人。母親總說她很聰明，至於排行老二的妹妹大家都說看起來像電影明星，但玉熙在饑荒中過得比許多人都好。她跟母親一樣個子嬌小而豐滿，她的體格讓人以為她很肥胖。她的小鼻子讓她顯得年輕，而她的牙齒潔白而整齊。雖然玉熙有如此本錢，但她的年紀當妓女似乎太老，而她也不可能考慮幹這檔事。然而，北韓婦女還有另一種販賣自己的方式，而這種方式似乎比較能讓人接受。

越過圖們江，可以看到延伸數哩的玉米牆。這幾個村落盛產糧食，卻缺少女性。傳統重男輕女的觀念，加上一胎化政策，造成不對稱的出生比例，男比女大約是十三比十。許多不到二十歲的年輕女性移往城市，在中國景氣繁榮的工廠裡工作，那裡的薪資比在農村高得多。農村的單身漢，特別是那些年過三十五歲、沒有錢或缺乏個人魅力的男性，很難找到老婆。他們轉而求助婚姻仲介幫他們尋找另一半，一次要價約三百美元，如果他們希望年輕漂亮一點的女性，那麼價錢還要更高。不過，漂亮與年輕不是必要條件；六十歲的健康女性還是需要為更年長的寡婦煮飯與處理家務。

對中國人來說，北韓女性帶有一種神祕感。儘管饑荒損害了北韓女性的身體與膚色，但人們仍認為她們是亞洲最美麗的女性。南韓男性提到「北女南男」，宣稱這是最理想的基因組合；中國的男性則認為北韓女性比中國女性來得樸實而順從。

玉熙知道中國婚姻市場的事。在清津，如果有婦女神祕失蹤，就會有人低聲說：「那個妓女大概把自己賣給中國人了。」

茂山火車站是仲介買賣的第一站。女性只要獨自一人在那裡徘徊，就會有人過來接洽。這名引誘玉熙的男子，後來才知道原來他是玉熙丈夫的老朋友。他提供給玉熙的交易是：嚮導會護送她安全渡河到中國。她會得到衣服、內衣、食物與居住的地方，直到找到對象為止。掮客會幫她找個體面的男子，她會成為他的妻子，不過雙方當事人都知道這樁婚姻不被中國法律所承認。至於玉熙這邊則要同意與為她選擇的這名男子一起生活，而她會得到應得的錢，分毫不少。

玉熙接受了，不過她有一項條件。她堅持對方不會說韓語。大多數北韓女性希望對象是朝鮮族，這樣才能溝通，但玉熙卻不這麼想。

「不要朝鮮族，」她對掮客說：「我想生活在一個沒有人認識我的新世界。」

為玉熙選擇的男性是一名年約三十五歲的農夫。他非常矮小，大約五呎一吋（一百五十五公分），跟玉熙一樣。他的外表看起來有點遲鈍，玉熙不禁懷疑這個人是不是有些輕微智障。此外他非常害羞，一直不敢與她四目相對。她心想，難怪他結不了婚。他們在中國境內的一家小餐館介紹認識。與玉熙同行的北韓女子被賣給一名比較高大而活潑的男子；他微笑著，與其他一同前來的男子談笑風生。玉熙有些羨慕，但她提醒自己，這是她的選擇——她希望跟一個她永遠不會愛上的男子生活。

數萬名北韓婦女被賣給了中國男人。根據估計，大約有十萬名北韓難民在中國生活，其中四分之三是女性。有一半以上的女性是以買賣婚姻的方式嫁給中國男人。北韓女性被毒打、強暴、戴上鎖鍊或被當成奴隸的故事多不勝數。玉熙非常幸運。她的男人名叫敏園，他也許不像她的丈夫那麼有魅力，但他的個性溫柔，有著世間少有的純真。他們第一次上床的時候，敏園摟著她，用裝著溫水的臉盆幫她洗腳。他還特地為她做飯，不讓她洗碗，他的父母也同樣疼愛玉熙。

玉熙與敏園生活了兩年多。她學了中文，於是兩人可以溝通。她閱讀兒童的地理書籍，了解自己所在的位置。玉熙住的地方——位於她跨越國界之處的西南方，約六百哩以上的距離——是山東，這是位於青島西方的一個肥沃而盛產棉花與小麥的省分。她牢記前往青島的客運路線。她把所有的時間都用來計畫逃跑。

玉熙懷孕兩次，但兩次都墮了胎。雖然敏園很想有個孩子，但玉熙告訴他，孩子生下來的命運會非常坎坷。中國政府不承認與北韓婦女的婚姻，所以夫妻倆的孩子將無法取得公民身分，也無法上學。

「我在北韓已經有兩個孩子，總有一天我要回去找他們，」玉熙對敏園說，敏園只是難過地點頭。

玉熙決定離開時，敏園帶她到客運站，給了她一百美元。他哭了。玉熙原本期望他挽留她，但他沒有。敏園不像玉熙最初所想的那麼遲鈍。他只對她說一句：「路上小心。」

事實上，玉熙的旅程非常危險。到了二〇〇〇年，中國已受夠了脫北者。他們的人數太多，中國政府擔心這些人會搶走中國人民的工作與破壞中國東北的種族平衡。人權團體認為中國在道德與法律上對這些脫北者負有責任，他們進入中國是為了得到食物與安全，但中國政府堅持這些渡河入境的北韓人是非法的「經濟移民」，無法依據聯合國難民地位公約（U.N. Convention on the Status of Refugees）給予保護──中國是該公約的簽約國。中國指出，一九八六年，中國與北韓國家安全部簽署了一項祕密協定，要求兩國共同打擊非法越境者。

中國每隔一段時間就會發起拘捕脫北者的行動。他們在邊境設立路障，隨機檢查身分證件。北韓人在中國待了幾個月以後，除了把自己養胖，也會買幾件新衣服，此時他們的外表已與中國人沒什麼不同。於是中國政府允許北韓警察入境搜捕這些北韓人。有些脫北者被僱用擔任間諜，他們滲透到其他脫北者藏身的地方。中國政府懸賞四十美元，鼓勵人民告發與中國男人一起生活的北韓婦女。這些婦女會被強制帶離她們的家、她們事實上的丈夫與她們的子女。至於這些購買北韓婦女的中國男人則必須繳付罰金，但他們可以留下孩子。在二〇〇〇年三月的大搜捕中，至少有八千名婦女被逮捕。（直到二〇〇八年，對脫北者的取締行動仍在進行中。）

如果是在中國丈夫的村落生活，那麼玉熙會很安全，因為山東離北韓邊境非常遠，不在搜捕的範圍之內。但為了賺錢，她必須回到邊境地區，那裡有說韓語的人，賺錢的機會比較多。玉熙急於賺錢，這是她唯一能獲得獨立與爭取孩子監護權的機會。經過幾年的休養生息，她覺得自己可以在餐廳或工廠工作，之後也許還能自己做生意。她搭乘客運北上，但不是回到當初渡河的地方，而是前往丹東，中朝邊境的最大城市。

丹東是一座繁榮的城市。鴨綠江畔閃爍著新辦公大樓的玻璃外觀，一棟棟公寓大樓櫛比鱗次地從糾結的起重機之間聳立起來。丹東的欣欣向榮凸顯出對岸北韓的荒涼。然而玉熙很快就會發現，自己的選擇並不明智。從北京通往平壤的主要鐵路經過這座城市，兩國的官方往來也經由鴨綠江上的中朝友誼橋進行。北韓的國有貿易公司在丹東設有據點。這座城市潛伏了許多祕密安全探員。

玉熙於二〇〇一年一月被捕，然後被移送到對岸的新義州市警局。在中國生活兩年後，她對祖國的情況感到震驚。隆冬時節，警局居然沒有暖氣，警員與犯人不約而同地打起哆嗦。一名警員把玉熙的罪名寫在木片上，因為無紙可用。不過，她的運氣很好。由於金正日的生日即將到來，所以頒布了特赦令；數千名輕罪犯人都獲得釋放。玉熙在被捕兩個星期後就重獲自由。

玉熙一出獄，馬上再次渡河進入中國。

玉熙在被捕前，原本是在一家磚頭工廠做事，接著是在一家餐廳。她一天賺一到兩塊美元，聽起來不是小數目——相當於清津一個月的工資——但在中國卻相當微薄。這一次，玉熙需要一份薪水更多的工作，即使它的風險更大。她決定為一名掮客工作，就像那名為她與農民配對的掮客。玉熙第一項任務是潛回北韓尋找一名落單的孩子，然後帶他渡過圖們江與家人團聚。她接下這份工作。

他們相信這名孩子住在茂山，玉熙最初就是從這裡逃離北韓。她很了解這座城市而且會說當地方言，她認為自己可以在當地游盪數日，應該不會引起注意，但是她錯了。她第一天到茂山，就被警察從群眾裡抓出來。

「嘿，就是妳，」警察對著玉熙大叫。在中國生活了兩年多，玉熙變得比較白也比較胖。她使用有香味的洗髮精與肥皂，她的外表與味道都與其他人不同。此外，她還帶了在中國購買的電晶體收音機，可以收聽南韓節目。警察沒收了收音機而且（他先要求玉熙告訴他南韓廣播的頻率與要求她交出耳機）把她交給保衛部。

玉熙與其他一百多名被捕的犯人一起關在拘留室裡。他們被要求跪下與保持靜止不動。警衛穿梭於行列之間，任何人想調整姿勢讓膝蓋舒服一點，都會遭到毆打。玉熙被打了一次之後，只讓自己的眼睛四處張望。她仔細打量這些犯人，馬上就能辨識出誰去過中國；他們就像她一樣，皮膚比較白，穿的衣服比較好，看起來也比較健康。其他人則是面黃肌瘦，通常沒有穿鞋子，或許是在準備渡河之前被抓。

玉熙覺得兩群人混在一起是一件好事。她生還的最佳機會要看當局是否知道她為掮客工作。她也希望那名將她的收音機沒收的警察能留著那臺收音機，不要往上呈報。叛逃罪名的輕重，取決於階級背景與脫北者前往中國的行為與動機，渡河尋找食物的脫北者可以得到比在中國生活與工作一段時間的脫北者較輕的刑罰。至於被控仲介婦女、販賣DVD、與南韓人接觸，或在中國上教堂，很可能揹上「背叛祖國」的罪名，要不是被處決，就是被送進古拉格。

最後，警衛以家鄉為標準來對拘留所的犯人進行分類。結果發現，許多是清津人。警衛沒有手銬，只好三個人一組，用塑膠鞋帶將他們的大拇指綁在一起。鞋帶綁得很緊，血液循環不流通，犯人的大拇指開始發紫。犯人被送上專門列車，原本兩人的座位，現在要擠進三個人。玉熙看到走道對面有一名男子努力往口袋裡掏，原來他想搆著他的打火機。這名男子將鞋帶燒融之後，警衛還來不及反應，三名男子已經跳窗逃逸。婦女不敢移動，除非當中有人必須去上廁所；此時三個人都要一起前往，她們的大拇指仍被牢牢地綁著。

當火車在尖銳的聲音下停止，玉熙發現自己已到了清津車站。此時是二〇〇一年九月，離她身穿睡衣逃走的日子已快三年。現在，她在丟盡顏面的狀況下返鄉，被人綁著的大姆指隱隱作痛，就像上了手銬腳鐐的犯人。

「彎腰，彎腰」——犯人下了火車，警衛對他們咆哮。

不用警衛下令，玉熙自己也想低頭。要是她的丈夫或丈夫的同事看到她怎麼辦？犯人穿過車站候車室以及她母親賣餅乾的站前廣場，然後經過她住的公寓窗戶底下。過去，她自己曾透過窗戶看著這幅景象，留意這群犯人，是否當中有認識的人。

犯人被引領著沿清津大街行進，穿過好奇的圍觀群眾，過了兩座橋，經過工業區與沼澤低地，後者是清津唯一的稻米田。他們拐彎朝海邊走去，進到圍繞著混凝土牆與有刺鐵絲網的地方。這地方稱為農圃拘禁所，建立於日據時代，用來囚禁朝鮮抗日分子。農圃這個名字已足以令人生懼，現在它則收容了大批企圖叛逃的分子。

女性犯人塞滿了三間大囚室，裡面非常擁擠，大家必須併排睡在地上。擠不進去的就必須睡在廁所旁邊。每隔幾天就會有新的犯人進來，通常一次約一百名。警衛對於新到的犯人進行脫衣搜身，區隔出顯然已經懷孕的犯人，無論她們懷孕了幾個月，一律送去墮胎。獄方認定這些胎兒的父親是中國人。

在農圃，女性與男性犯人的數量是二比一，反映出叛逃者的性別差異。隨著玉熙逐漸認識其他的女性，她驚訝地發現彼此的故事十分類似。許多人離開丈夫與孩子，理由是自己會帶錢與食物回家。玉熙嫌惡這些女人，也嫌惡自己。她永遠無法原諒自己扔下孩子。

我們居然成了如此卑賤的女人，是飢餓讓我們淪落到這種地步，玉熙想著。

在監獄營裡，玉熙有許多時間思考。長時間的奴役勞動，接續著每晚長時間的自我批判與精神講話。犯人的飲食匱乏，有時遭受野蠻對待。以監獄營來說，農圃或許還比其他地方好一點。每個星期六下午，婦女可以到院子的水井汲水洗澡。她們會互相抓頭蝨。玉熙被囚禁的這段時間，她只看過一名婦女遭到毒打。這名女子在盛怒下攀爬營牆。那只是氣急敗壞的舉動，而非認真想逃跑，因為她根本不可能成功，但是警衛還是把她拉下來，在眾目睽睽之下，把她打得半昏迷。

在玉熙看來，農圃的女犯人與其說是飽受驚嚇，不如說是充滿憤怒。當她們從事強迫勞動時——製造磚頭，除草——臉上總是不變的憎恨神情。「我們一輩子聽到的全是謊言。我們的人生是謊言。整個制度是謊言，」玉熙想著，她相信其他女人也這麼想。

就連監獄營的官員也放棄對犯人進行再教育。他們只是行禮如儀，毫無熱情地閱讀勞動黨交給他們的講稿。每個人似乎都很清楚這全是謊言。

有一天，當婦女們正在採收玉米時，典獄長來玉米田發表一場即席演說。說的還是陳腔爛調。他鼓勵大家以金日成思想武裝自己，對抗資本主義的誘惑，報效國家。

然後典獄長要求大家舉手：誰願意保證以後不會再去中國？大家蹲坐著默不坐聲。玉熙看看四周，沒有人舉手。

在令人難堪的沉默之後，典獄長說：「那麼，如果妳們還要去中國，下回不要再被抓到。」

事實上，玉熙已經開始計畫下一步。有一天，她被派到營區混凝土牆外的菜園除草，但外圍還有一圈有刺的鐵絲網。玉熙看到鐵絲網外有一名老婦人正在照料羊群。她環顧四周，確定守衛不在附近，於是隔著鐵絲網對那名婦人說話。玉熙想跟她打個商量：如果她能告訴玉熙的母親她在這裡，那麼玉熙就把身上穿的內衣給她。內衣在北韓很稀少，而且玉熙的內衣還是新的，是她最近在中國買的。這名老婦人答應了。

玉熙蹲下來脫下內衣。她把內衣捲成球狀，裡面包著一張寫著母親地址的紙條，然後扔出鐵絲網外。

世界盃的慶祝場面，首爾，二〇〇二年

chapter 17
open your eyes, shut your mouth

第 十 七 章
多 看 少 說

★

聽到玉熙被關起來，宋太太一點也不感到驚訝。她一直認為她的女兒被送進監獄是遲早的事。自從三年前玉熙逃家之後，宋太太再也沒有聽到她的消息，但她相信，她的女兒就跟其他的娼妓與叛徒一樣去了中國。如果她背叛祖國，那麼她坐牢是罪有應得。但女兒畢竟是女兒，宋太太無法坐視自己的長女在清津最惡名昭彰的拘禁所受苦。

經過這麼多年的努力求生，宋太太對於許多事已毫無顧忌，而且也培養出不少生存技巧。她很早就了解，賄賂幾乎可以解決所有難題。只要你不被人發現曾經詛咒金正日，那麼有錢就能讓你免於死刑。於是宋太太到黑市，花了五百圓買了十條香菸。然後到處問人，直到找到主管農圃拘禁所的國家安全辦公室為止，從頭到尾她一直低聲抱怨她這名任性的女兒花了她一個星期的收入。

幾天後，玉熙出現在母親的家門前，倒在她的懷裡。

當宋太太看到玉熙時，驚訝地叫出聲來。當時是十月，天氣已冷，而玉熙卻近乎赤裸與光腳。農圃的安全警衛認為她可能在鞋底藏錢，所以將她的鞋子剪開。她把襯衫的袖子撕下做為生理期用的衛生布；由於內衣已經送人，剩下的衣服成了一堆碎片，頭髮還爬滿蝨子。但當宋太太讓她洗了澡之後，仍看的出來玉熙比離開北韓前健康許多。即使這幾個星期她只吃稀粥與在野外撿拾的生玉米粒，玉熙的身體仍相當結實。她的膚色紅潤而有光澤。

玉熙喋喋不休地說著。精力旺盛的她，談起中國的一切——他們三餐吃的白米、市場、流行時尚。她說的話既像旅行見聞，又像政治的長篇大論。宋太太與兩個妹妹圍著她聚精會神地聆聽著。

「南韓的生活是什麼樣子？」她們問。

玉熙沒有實際看過，但她在中國看了許多南韓的電視節目。

「南韓是個富有的國家。就連中國也無法想像南韓的富有，」玉熙對她們說：「我發誓，這輩子一定要去南韓。」

兩個妹妹盤腿坐在地上，玉熙就這樣高談闊論起來。有時，她們深受吸引；有時，她們受到驚嚇。排行老二的妹妹嫁給鐵路局的安全警衛，她是姊妹中最拘謹的。玉熙不斷說著，她的大眼睛也愈睜愈大。雖然有點猶豫，因為她總是被玉熙恐嚇，但她還是打斷玉熙的話。

「但是我們的將軍為我們這麼努力……」她指著母親早上才擦過的金日成與金正日肖像。

「妳還看不出來嗎？你們的將軍已經把大家變成了傻子，」玉熙生氣地說。

最小的妹妹容熙已經離婚，現在跟母親一起住，她比較贊同玉熙的想法，但她擔心大姊的口無遮攔。這個家已經遭遇太多悲劇；她們不想再惹上麻煩。雖然宋太太的屋子是獨棟，但是外面有可能有人在徘徊偷聽。

「要小心。我們要小心說話，好嗎？」她提醒玉熙。

玉熙向母親與妹妹說完自己的故事之後，轉而跟其他人說。住在附近的太太不悅地咂舌，卻又好奇地聽著。她們下午過來拜訪，歡迎玉熙回來，並且聚集起來聽她說話。

「睜開妳們的眼睛，妳們會發現我們的國家是一座監獄。我們很可憐，完全不知道世界其他地方是什麼樣子。」

每當金正日的影像出現在電視上，玉熙火氣就上來了。「說謊的傢伙！騙子！賊！」她會對著電視大吼大叫。

宋太太終於發火了。玉熙的妄議會讓整個家陷入危險——這可是叛國的行徑。如果說這話的不是自己的女兒，宋太太早就基於「人民班」的義務向上呈報。儘管發生這麼多事，宋太太仍深信不移。

「閉嘴，妳這個叛徒，」宋太太對著玉熙大吼。

玉熙嚇了一跳，她的母親很少這麼大聲說話，但她並不打算閉嘴，反而責怪母親。

「妳為什麼要把我生在這個恐怖的國家？」玉熙大聲說：「妳到底比較愛誰？金正日，還是我？」

母女倆爭吵不斷。在母親家住了四十天之後，玉熙終於從監獄的虐待中完全康復。她對母親與妹妹說，她從過去的錯誤學到教訓，她要再次到中國賺錢。只不過這次不會被抓到。宋太太勉為其難地借錢給玉熙，雖然擔心，但女兒的離開也讓她鬆了一口氣。

八個月過去，完全沒有玉熙的消息。然後到了六月，有個女人跑來敲宋太太的門，說是有她女兒的消息。宋太太已經做好心理準備，玉熙一定又入獄了，她必須再去保釋她。但事情卻跟她想的不一樣，這名女子說，玉熙現在在鄰近中國邊境的地方工作，而且做得有聲有色。她想還錢給母親，而且想送一些衣服與禮物給家人，但她擔心自己回到清津可能會被逮捕。是否可以換個方式，請宋太太去找她呢？

宋太太感到猶豫，而且也不認識這個女人。自從一九九五年的意外事故之後——這場意外開啟了家中一連串的不幸——她就未曾到外地旅行。她不是那麼需要錢，她的餅乾生意很不錯。松坪市場現在提供攤位給攤販，還設有屋頂；宋太太付了租金而且擁有執照，她覺得自己是如假包換的生意人。此外就某個意義來說，她已經再婚。這比較像是一種協議，一名年老的鰥夫需要有人幫他料理家務，但這個男人心地仁慈而且相對富裕。宋太太現在過得比以前舒服得多。她沒有理由冒險前往中國邊境，不過她也對五百圓的保釋金耿耿於懷。這名來路不明的女子向宋太太保證，她不用搭火車——玉熙已經安排了一輛私家車。宋太太感到很驚訝，她答應了。

二〇〇二年六月一個炎熱的雨天，宋太太啟程前往茂山。她只帶了一個小旅行袋，打算過一晚明早就回家。但她們抵達時並沒有看到玉熙。這名女子只告訴宋太太玉熙在邊境附近工作，卻沒有說是邊界的哪一邊，但現在她明確告訴她：玉熙現在在中國。

「妳必須到中國去拿錢與衣服。妳的女兒正在等妳，」女子說道。她向宋太太介紹一名男子，說是她的丈夫。「不用擔心。他會帶妳過去。」

宋太太既然已經來到這麼遠的地方，她還會回去嗎？他們搭乘另一輛車，開上通往會寧的道路，這是另一座邊境城鎮。然後他們要等待天黑。

他們抵達河邊時已是晚上十點，天空仍下著雨，河水漲了上來，拍打河岸，河濱成了一灘滑溜的爛泥。宋太太幾乎無法分辨陸地與河流的分界。此時兩名身穿北韓邊防衛兵制服的男子過來協助他們。宋太太就像孩子一樣被其中一人舉到背上，另一個人則抓著第一個人的手臂以保持平衡，於是他們開始搖搖晃晃地過河。他們絆了幾次，差點無法立定腳跟。宋太太覺得自己一定會掉到水裡被急流沖走，她就跟她那個年紀的北韓人一樣不會游泳。宋太太很想大聲對他們說，「帶我回去，帶我回家」，就在她忍不住心中恐懼想把話說出口的時候，他們登上了對岸。嚮導給了邊防衛兵一點錢，於是他們再度消失在水中，渡河返回北韓。嚮導與宋太太花了整夜的時間爬過小山，到了天亮的時候，他們終於走進一個小村落。

接著他們搭乘計程車，這是宋太太從未有過的經驗。汽車、卡車、速克達與貨車匯聚在通往市場的狹窄街道上，喇叭聲此起彼落。此時是早上八點，店鋪正要開張。櫥窗的安全門冉冉升起，夾雜著金屬碰撞的吱軋聲。店鋪老闆打開音響，店門口的大擴音器傳出震耳欲聾的聲音。宋太太心想，真是吵雜而可怕的音樂。她想用手指摀住自己的耳朵。如果這就是資本主義，那麼她並不喜歡。太吵了。玉熙怎麼會住在這麼可怕的地方？

宋太太的嚮導停車買了雞蛋、香腸與豬腳當早餐。他們出了小鎮，駛進一條泥土路，最後到了由幾間屋子構成的小村莊。他們走進其中一間屋子。嚮導向宋太太介紹屋主與他年紀約十幾歲的女兒。他們是中國的朝鮮族，講的方言跟宋太太一樣。屋主帶宋太太到處參觀。這棟房子並沒有什麼特別之處——紅磚牆、屋瓦、自行圍起的柵欄，以及柵欄圍成的前院——但屋內卻塞滿各種電器用品：立體音響、濾水器、彩色電視機、冰箱。屋主不斷開著冰箱門，從裡面拿出各種吃的喝的東西。啤酒、水果、泡菜。當這些東西連同嚮導帶來的食物擺在桌上時，除了結婚喜宴，宋太太從沒看過這麼豐盛的飯菜。她想要的東西幾乎全到齊了，除了玉熙。

「我女兒在哪兒？」宋太太問道。

屋主看著她，喃喃說著她聽不懂的話。宋太太又問了一次，這回她的語氣更嚴厲了。

「她去找工作，」他回答。宋太太不知道該不該相信他。屋主很客氣，或許應該說太客氣了：宋太太覺得他們有事瞞著她，但她實在太累，沒有力氣追問。她斷斷續續地睡著。醒來之後，還是不見玉熙的蹤影，一陣恐怖的懷疑襲上心頭：我被綁架了。

宋太太不知道是否該找機會逃走。她能去哪兒？她連自己在哪兒都不知道。帶她過來的嚮導已經走了。她應該直接質問屋主嗎？她的女兒發生了什麼事？屋主與他的女兒再三向宋太太保證，玉熙有事耽擱了，但很快就會回來。第二天，玉熙終於打電話過來。電話裡的雜音很大，玉熙聽起來似乎在很遠的地方。她向宋太太保證自己一切安好，她很快就會跟她見面，並且要宋太太好好休息。

「妳到底在哪裡？」宋太太仍然半信半疑。

「在Hanguk，」玉熙回答。

宋太太從來沒聽過這個地方。

「在哪兒？在瀋陽附近嗎？」宋太太想起中國東北的第一大城，距離她待的地方約三百哩。

「還要更遠一點。我明天會打電話給妳，到時候再跟妳解釋。」

北韓人稱自己的國家為「朝鮮」(Chosun)，稱他們疏遠的鄰邦為「南朝鮮」(Nam Chosun)，也就是南韓。南韓人則用完全不同的名字來稱呼自己的國家，這個名字叫Hanguk，也就是韓國。

在下一通電話裡，玉熙明白表示她其實人在南韓。宋太太簡直不敢相信，她氣得全身發抖，玉熙還一度以為她心臟病發作。玉熙這輩子幹過不少壞事，從小時候的惡作劇到口出惡言，以及在監獄營裡做苦工，但這回她犯的錯實在太離譜。她居然投靠敵國，甚至還付錢給這些人騙自己的母親叛逃。宋太太這輩子從沒這麼生氣過。

「妳這個叛徒！我沒有妳這種女兒，」她對著話筒大吼，然後重重掛上電話。

往後三天，玉熙不斷打電話。宋太太拒絕接聽。最後她還是心軟了。

玉熙在電話那頭啜泣著。

「媽，我愛妳。我希望妳過來這裡跟我一起生活。」玉熙簡單提到自己目前的狀況。她有一份工作。當她抵達南韓時，南韓政府給了她一筆錢，讓她安定下來。

「如果首爾這麼好，那妳為什麼要哭？」宋太太問。

宋太太認為南韓是美國帝國主義雜碎的傀儡，南韓人用錢收買了她的女兒。一旦他們從玉熙身上獲取足夠的資訊，他們就會折磨並且殺了她。這是宋太太曾經聽過的南韓對待脫北者的方式。她沒有理由不相信。

「並不是妳想的那樣，媽，」玉熙反駁她。「我之所以哭是因為我想妳。我希望妳能來這裡。」

宋太太不想再聽下去。她告訴玉熙，只要她的體力從舟車勞頓中恢復，她就要返回北韓。她會在此地休息幾天，把身體養好。

宋太太懶洋洋地躺在屋裡，打盹、吃東西與看電視。這間屋子裝了一個巨大的白色衛星天線，可以接收南韓的電視節目。南韓的肥皂劇非常受歡迎，宋太太很快就成為連續劇《玻璃鞋》的忠實觀眾，這齣戲描述的是一對從小淪為孤兒分隔兩地的姊妹。連續劇以外的時間，宋太太會隨意轉換頻道，看哪一台正在轉播足球。

二〇〇二年世界盃足球賽由南韓與日本共同主辦。這是一九八八年南韓舉辦奧運會以來，首爾第二次成為世界鎂光燈的焦點。宋太太對足球並不是那麼感興趣，她想看的是背景畫面中短暫出現的南韓。她不得不注意到汽車、高樓大廈與商店。廣告的時候，宋太太還看到手機與其他從未聽過的東西。

當南韓隊擊敗波蘭、逼和美國，然後又先後擊敗葡萄牙、義大利與葡萄牙進入準決賽時

——第一次有亞洲球隊做到這點——數百萬人湧上街頭熱烈慶祝。他們穿上紅色T恤，頭上戴著發出紅光的觸角，來表現他們對國家足球隊「紅魔鬼」的支持。鏡頭前的這些人，顯然跟宋太太一樣都是韓國人，說著相同的語言，但他們看起來是如此美麗、快樂，而且如此自由。

要宋太太相信她從電視看到的影像並不容易。她這輩子在北韓生活（更甭說其中二十五年的時間還是新聞記者的太太），她很清楚影像可以操縱。勞動黨的演講警告她，外國電視節目時時想破壞金日成與金正日的教誨。「南韓傀儡在美國中情局的控制下，陰謀使用這些刻意製作的影像內容，來美化帝國主義世界」，有一場演講是這麼說的。宋太太懷疑（這點倒是沒錯），那位慷慨大方的主人是玉熙付錢派來洗腦的，想騙她去南韓。

但是這些影像不可能全是假的。她在中國看到的一切也無法反駁——豐富的糧食、汽車與家電用品。

宋太太的屋主有一臺電鍋，上面有感應器，飯煮好的時候會自動斷電。他們家有許多電器用品讓她感到困惑，但只有電鍋讓她產生無窮的想像。很久以前宋太太也有一臺簡陋的電鍋，跟屋主這臺完全不能比。她的電鍋後來被警察沒收，因為民眾不應該使用電力烹飪。

每天早上當宋太太聽到電鍋的嗶嗶聲，通知早飯已經煮好時，她總是對這種科技感到驚異。她想，北韓確實落後中國好幾年，甚至是數十年。那麼誰知道北韓落後南韓多少年？宋太太猜想，她那去世的可憐丈夫會對她在中國看到的一切做何感想？雖然她從抵達這間屋子以來還沒出過家門，但她覺得自己光是進廚房與打開電視就已像是做了一場巨大的探險。她很想與丈夫分享自己看到的一切。宋太太吃飯時特別容易想起長博。那個男人真愛吃啊！他一定愛死香腸。每次想到這裡，她就淚流不止。然後宋太太又想到兒子。她的回憶充滿歉疚與悔恨，她甚至無法跟兒子好好說話。他是如此強壯，如此英挺——這是一場悲劇，二十五歲的他就這樣過世。他錯過多少人生。他們全家人又錯過多少，包括她自己，她的女兒，全被牢牢鎖在北韓，一直工作到死亡為止。這麼做是為了什麼？我們要依照黨的指示去做，我們要為將軍而死，我們最幸福，我們要走自己的路。她因為相信這些而虛擲人生。或者，也許還有轉圜的機會——她的人生還沒結束。她五十七歲，身體還很健康。

有天早晨，當微弱的曙光照進宋太太房裡，這些念頭在她腦子裡迴盪。當她意識逐漸清醒，聽見廚房電鍋的啁啾聲。宋太太坐起身子，她知道這是喚醒她的鈴聲。她已經準備出發。

宋太太在首爾的市場，二〇〇四年

chapter 18
the promised land

第 十 八 章
應 許 之 地

★

二〇〇二年八月下旬的一個星期二早晨，宋太太坐在韓亞航空班機的座位上，繫好了安全帶，準備從大連飛往南韓的仁川國際機場。這趟旅程她使用了假名與假護照。飛機上她只認識一個人——這名年輕人的位置離她只有幾排座位。早上六點鐘，他來到宋太太住的旅館房間，把護照交給她。這本護照是從一名與宋太太年齡相仿的南韓婦女身上偷來的，原本的照片用剃刀取下，換上宋太太的照片。如果遭到詢問，她會說自己是南韓遊客，來大連度週末。大連是個海濱度假勝地，與韓國隔黃海相望。為了讓宋太太的說詞聽起來可信，她必須換上新的衣服。北韓人會覺得這種衣服充滿異國風味——七分牛仔褲與亮白色的運動鞋。宋太太揹著輕便的背包。她的指導者為她穿耳洞——北韓婦女不會做這種事——讓她把頭髮剪短並且燙成南韓同年齡女性喜愛的髮型。宋太太在中國待了兩個星期，在屋主照顧下，她變得豐腴圓潤完全不像個難民。唯一可能露出馬腳的地方是她那一口帶著濃厚喉音的北韓腔。指導者建議她不要與人閒聊，為了避免與南韓旅客交談，持續八十分鐘的飛航時間她最好一直待在座位上。

宋太太雙手交疊放在膝蓋上，一動也不動地坐著。她不像一般人所想的在這種狀況下會感到緊張，她深信自己做了正確的事而感到平靜，對於自己叛逃的決定了然於心。那天早晨，當宋太太在農舍裡被電鍋喚醒時，心中的陰霾突然一掃而空。她決定接受玉熙的邀請前往南韓，親眼見識她在電視上看到的景象。她的女兒和孫子還有機會，因為北韓的狀況不可能永遠持續下去，而她的來日不多。她要把握機會。但在此之前，她想先回清津好好地跟女兒道別。宋太太想跟她們解釋自己的決定，然後把玉熙在中國留給她的錢交給她們——大約一千美元。「我不能讓妳的妹妹以為我已經死了，」她對玉熙說。玉熙反對，她擔心母親回去之後心生膽怯或兩個妹妹會讓她打退堂鼓，但宋太太心意已決。

由於圖們江雨季的水位暴漲，所以宋太太在清津待了一個月，雖然如此，她的想法完全沒有動搖。宋太太抱持的信念使她順利通過叛逃最危險的時刻。玉熙僱用來帶她到南韓的偷渡客，對於這名嬌小可愛的祖母感到驚訝，她手持假護照登上國際班機，卻一點也不緊張。

在中國出境登機是這趟旅程最危險的時刻。如果中國入出境官員發現宋太太拿的是假護照，那麼她會遭到逮捕並且被送回北韓進監獄營。飛機降落南韓之後，他們只剩一道關卡。宋太太的護照不可能騙過南韓人，他們很快就會從例行檢查發現這是偷來的護照。事實上，同機的年輕人在降落前就收回那本護照並且消失在人群裡。

「假裝妳不認識我，」他對宋太太說。她必須在女廁等候，直到那人順利離開機場為止。然後她走向入境櫃臺，將事情和盤托出。

她是宋熙錫，五十七歲，來自清津。她在饑荒中失去了半個家庭，現在要在南韓與她的女兒一同追求新的人生。宋太太把該說的都說了。

南韓憲法第三條規定，南韓是整個朝鮮半島的合法政府，這意謂著半島上所有居民，包括北韓人，都是南韓的公民。一九九六年，南韓最高法院判決北韓人有取得南韓公民身分的權利。然而，實際的狀況較為複雜。為了行使取得公民身分的權利，北韓人必須自行前往南韓。北韓人無法在南韓駐北京大使館或駐中國任何一處領事館主張權利。中國基於對共產盟友殘存的一點情誼以及為避免數百萬北韓人跨越國界，不讓這些尋求庇護者出現在這些外交單位。中國很清楚，一九八九年東德民眾經由匈牙利與捷克斯洛伐克逃往西德，造成了柏林圍牆開啟與東德政府崩潰。

南韓政府也樂見難民數量降低到可管理的範圍之內。如果北韓人有錢或有管道，他們可以拿到假護照飛到南韓。或者，他們可以從中國取道蒙古或越南，當地的南韓使館人員在接受脫北者上面沒有那麼大的限制。還有極少數人進入歐洲各國或聯合國駐中國的外交單位尋求庇護。

中國境內十萬多名北韓人，只有極少數能成功抵達南韓。一九九八年，只有七十一名北韓人要求取得南韓公民身分；一九九九年，這個數字增加到一百四十八人；二〇〇〇年，有三百一十二名脫北者；而二〇〇一年有五百八十三名。二〇〇二年，一千一百三十九名北韓人獲得南韓公民身分。此後，每年抵達南韓的人數大約介於一千到三千人之間。

宋太太抵達時，南韓官員已習慣北韓人在未知會與沒有文件的狀況下出現在機場。她抵達仁川引起了一陣忙亂，但沒有人感到驚慌。

宋太太下機的那一刻失去了方向。她只到過機場一次——當天早上在中國登機就是她的初體驗——兩相比較，仁川機場截然不同。這座耗資五十五億美元興建的機場在前一年落成啟用，麥克阿瑟將軍的部隊在一九五〇年登陸的淺灘就離此地不遠。仁川機場宛如一座玻璃與鋼鐵構成的巨像，是世界上最大的機場之一。陽光穿透玻璃板，流瀉到漫長的抵達通道上。人們從登機門走上電動走道，毫不費力地往前滑行。宋太太不知道該往哪裡走，只能跟在其他旅客後面，並與護送她的那名男子保持一段距離。當其他旅客在入境櫃臺前排隊等候時，宋太太躲進女廁，這裡也跟機場其他地方一樣讓她感到困惑。她搞不清楚要怎麼沖馬桶。水槽上的水龍頭會自動開啟與關閉，完全不用觸碰。她從女廁探出頭，看看那名男子是否已經離開，但她看見他還在隊伍後面，她還要再等一會兒。她整理自己新燙的髮型，補補妝，當她望向鏡子，發現當中有張陌生的臉龐正直視著她。

下一次宋太太探頭出去的時候，男子已經離開。她鼓起勇氣走出女廁，開始尋找安全官員。事實上，宋太太撞見一名非常高大的男子，他的徽章與附有照片的身分證件剛好與宋太太的眼睛同一高度。她深深一鞠躬，就像一般人懇求官員時所做的，然後說出排練好的臺詞。

「我來自北韓，我想在這裡尋求庇護，」她說。

這名男子是一名警衛。他看起來嚇了一跳，但他知道該怎麼處理。

「妳們有多少人？」他問，因為他知道絕大多數的脫北者都是集體行動。宋太太告訴他她獨自一人。警衛引領著她到入境櫃臺旁邊的辦公室。他打了幾通電話，幾分鐘之內，國家情報院（相當於美國的中央情報局）的探員抵達。

宋太太的訊問持續近一個月。她從機場被移送到情報院專為剛抵達的脫北者設立的宿舍。宋太太不許離開這間宿舍，但玉熙可以過來看她。情報院的首要任務是確認宋太太既不是間諜也不是騙子，過去幾年曾有北韓的祕密探員被捕，這些人潛伏南韓是為了監控脫北者。情報院也要篩檢出那些說韓語的中國人，他們假冒北韓人取得南韓公民身分並領取金額達兩萬美元以上的安居給付。宋太太每天早上要進行兩小時的供述，結束後她必須把討論部分寫下來。她被要求詳細描述清津重要地標的位置——勞動黨辦公室、安全局辦公室、「區」與「洞」（韓國的城市分區）的分界。宋太太發現自己其實很喜歡供述：這讓她有機會回顧自己的人生。下午，她會小睡片刻與看電視。此外，有一種小巧的飲料總能讓宋太太心情愉快——冰箱裡放滿免費的盒裝果汁，每一盒都附有一根吸管。

宋太太日後回憶時表示，她在國家情報院的日子是她人生第一次真正的度假。之後，辛苦的工作才要開始。

對於每月賺不到一美元的人來說，要融入世界第十一大經濟體並不是件容易的事。南韓人均年所得大約是兩萬美元，是北韓的十四到五十倍左右。（相較之下，柏林圍牆倒塌時，西德的人均所得是東德的二到三倍。）

非軍事區兩邊都進行大量宣傳，宣稱北韓人與南韓人有多麼相同——一個民族，一個國家——但是在六十年的分隔後，兩國人民出現巨大差異。南韓是世界上科技最先進的國家之一。絕大多數的北韓人不知道什麼是網際網路，與此相對，南韓家戶擁有寬頻的比例甚至高於美國、日本與大部分歐洲國家。北韓的文化與經濟被凍結了五十年。南北韓所講的不再是相同的語言；南韓使用的韓語有很多是從英語借用的詞彙。南北韓人民的體格也產生差異。南韓十七歲男性吃的是奶昔與漢堡，他們的平均身高比北韓同年齡的男性高了五吋（約十三公分）。一九六〇年代，當時北韓人的語言與飲食跟南韓人是一樣的。

一九九〇年代，隨著脫北者數量逐漸增加，南韓政府也愈來愈關切如何讓這些人能順利融入南韓社會。南韓智庫找來心理學家、社會學家、歷史學家與教育人士，共同組成團隊商議對策。雖然脫北者的數量很少（直到二〇〇八年下半年，南韓四千四百萬人口當中，有一萬五千零五十七名脫北者），但如果有一天兩韓統一，那麼數量可能膨脹到數百萬。從事相關研究的南韓社會學家尹麟鎮表示：「如果數量這麼少的脫北者都無法適應，那麼統一的前景將非常暗淡；若他們能在南韓展開新生活，我們就有了整合的希望。因此，我們必須盡一切努力協助脫北者，從中學習、改正錯誤。」

南韓人研究各種歷史模式。他們到以色列考察為來自前蘇聯與北非的猶太人而設的學校，這些猶太人雖然行使回歸到猶太人國家居住的權利，但對於猶太人的語言與文化卻所知不多。他們也研究東德人在德國統一後的生活適應問題。

一九九九年，南韓在首爾南方五十哩的一處與外界隔絕的校園裡，開設了「統一院」。這座中心結合商業學校與中途之家的功能，教導北韓人如何在南韓自力更生。他們學習如何使用自動提款機與支付電子帳單。他們學習羅馬字母以閱讀廣告上使用的一些英語。北韓人還要「揚棄」他們過去學習的事物，如韓戰與美國人在二次世界大戰的角色。脫北者要接受人權課程與學習民主的運作方式。

在教室裡，一切看起來都理所當然。然而一旦走出校園之外，卻讓宋太太感到困惑。課程安排他們實際去買衣服與理髮。他們也上美食街，每個人分到一筆錢自己去買午餐。他們買的全是麵食，因為大家搞不清楚其他的食物是什麼。

宋太太離開校園時，有時會因為興奮而感到暈眩。校園外有這麼吵雜的噪音與這麼多的燈光，使她無法專注。她的目光快速掠過建築物外牆的巨大螢幕（約有二十呎高）與廣告看板。她看不懂絕大多數的廣告內容。HDTV、MTV、MP3、MP4、XP、TGIF、BBQ——看起來像是無法破解的密碼。但宋太太覺得最神祕的還是南韓人。雖然知道他們全是韓國人，但他們看起來卻像是另一個種族。女孩穿著非常短的裙子與真皮長筒靴。許多人染髮——男孩與女孩把頭髮染成紅色與黃色，看起來就像外國人。他們把小小的塑膠插頭塞在耳朵裡，插頭上還有一條電線垂到口袋。最令宋太太震驚的是，她看到男孩與女孩在大街上挽臂而行，甚至親吻。她趕緊看看四周，但似乎沒有人在意。有一天，她到首爾的地鐵站，看到人們成群地搭乘電扶梯，快速地走過通道，在不同的地鐵線之間轉車。她很驚訝這些人怎麼知道該走哪一條路。

宋太太在統一院學習了三個月。學期最後有一場畢業典禮。宋太太得到一筆兩萬美元的津貼讓她開啟新生活。接下來，她必須自食其力。

二〇〇四年，當我首次與宋太太見面時，她已離開北韓兩年。當時我正為《洛杉磯時報》訪問那些來自清津的北韓人。我們約好在報社駐首爾辦公室見面。開門時，我看到一位服裝一塵不染的嬌小女性，舉止間流露著自信。她戴著玉質大耳環，粉紅色的polo衫整齊地紮在平整的淺褐色褲子裡。從充滿朝氣的淡妝到乾淨俐落的髮型，顯示她已能充分掌控自己的生活。

宋太太離開統一院以後，找了一份管家的工作。她在北韓已習慣整天工作，她覺得自己在南韓如果過得太閒，可能會悶出病來。她決定不跟玉熙一起住，而是自己找了間公寓。宋太太在水原租了一間高層住宅的小房間，水原位於首爾南方二十哩，這裡的租金比較便宜。靠著節儉生活與持續工作，她很快就能負擔旅行的費用——這件事是她作夢也想不到的。她參加專為老年婦女舉辦的旅行團，足跡踏遍南韓每個角落。她甚至還回到中國——這一次是以觀光客的身分。宋太太跟一群脫北者到了波蘭，參加當地舉辦的人權會議。她交了許多朋友，甚至還約會。她喜歡到市場嘗試新的食物——芒果、奇異果、木瓜。她喜歡外食。她不喜歡披薩或漢堡，但喜歡南韓烹調牛肉與豬肉的方式，以及在餐桌上燒烤。

我大概每半年會跟宋太太吃一次飯。當我撰寫與北韓相關的文章時，我覺得宋太太是一名非常可靠的評論者。她不會一味替北韓政權辯護──「那個腐敗的雜碎！」她曾這麼罵過金正日，這是我唯一一次聽到她罵髒話──也不像我遇見的絕大多數脫北者那樣激憤。北韓仍有許多令她懷念的事：鄰居之間的同志情誼；還沒崩潰之前的免費醫療體系。她仍懷念自己身為年輕已婚女性的生活。當她提到死去的丈夫時，她的眼睛開始溼潤，圓圓的臉龐也變得柔和。「當我看到這麼豐盛的菜時，都會忍不住流淚」，那天晚上宋太太向我致歉，當時我們正圍坐在熱氣蒸騰的涮涮鍋旁，薄切的肉片在湯汁裡涮幾下，蘸點芝麻醬就可以吃了。「我忍不住想起他臨終前的話，『我們去上好一點的館子，開一瓶美酒來喝。』」

提到她的兒子的時候，宋太太完全說不出話來。如果我談到這方面的事，她會開始轉移話題。後來玉熙告訴我，她的母親無法原諒自己不許兒子與比他年紀大的女子交往，也無法原諒自己讓他活活餓死。

但那已成過去，宋太太決定不再多想那段時光。她享受自由，決心珍惜剩餘的歲月。宋太太充滿好奇心。她對我說：「我覺得自己年輕許多，連膽子也變大了。」當我問她北韓的事時，她也反問我美國以及我到過的其他地方。宋太太每次與我見面總是充滿活力與熱情，總是打扮得賞心悅目。這麼多年來，她一直為人犧牲，現在她總算懂得照顧自己。當宋太太發現自己的小腹愈來愈大時，她嚇了一跳，這是她過去挨餓未曾有過的經驗，因此開始節食。她出門總是化妝。有一次，我搭火車到水原與宋太太見面，我們在擁擠的候車室裡看到彼此。當我們走近到可以聽到對方聲音的距離時，她難掩興奮地大聲說道：「妳看，我去割了雙眼皮！」

宋太太做了整形手術，為自己的眼皮增加摺痕，好讓自己看起來比較像白種人。這是南韓經驗的極致，而宋太太終於體驗到了。

雖然玉熙叛逃的渴望極為強烈，但在南韓的她並不像她母親那麼快樂。玉熙是個很容易陷入苦惱的人，她很容易對自己與他人挑毛病。當這對母女一同出現時，總讓人感到吃驚：她們同樣有著心形臉蛋與結實的身材，但兩人的個性卻截然不同。玉熙全身上下都是黑的——黑色牛仔褲，亮黑色上衣，黑色高筒靴子；稜角分明的絲邊眼鏡與揚起的眉毛，予人鮮明的印象。宋太太與女兒感情深厚，她們摸著彼此的頭髮與彼此擁抱，彷彿兩人才剛團聚，但她們對於政治的看法卻南轅北轍。午餐時，我有一位在援助機構工作的朋友問她們，人道援助有沒有可能送到需要幫助的人手中。玉熙認為援助物資只會被軍方與黨幹部拿走，最終反而是加強了金正日對北韓的統治。

「即使如此，還是可以讓一些人活命……」宋太太說。

玉熙不等她把話說完，就插嘴說：「你這樣等於是支持邪惡政權。」

宋太太的雙唇緊閉成一直線，接下來這頓飯她變得不太說話。

玉熙經常給人一種苦澀的印象。她從抵達南韓的那天起，就面臨金錢問題，事實上，這個問題早在她離開中國前就已經出現。玉熙跟一群中國與韓國罪犯一起廝混，他們生活在見不得人的世界裡，幹著偽造、走私與放高利貸的勾當。不過，他們最常做的還是買賣人口的生意。他們渡河將北韓婦女運到中國，而且提供偷來的護照讓一些人進入南韓。玉熙最後一次離開北韓時，她沒有錢讓自己從中國前往南韓。一名偷渡客同意給她護照與機票，但條件是她必須從南韓政府獲得的津貼裡拿出一萬四千美元給他做為費用。雙方用蓋指印的方式簽下合約，因為雙方都不知道彼此的真名。

玉熙離開統一院後的那個星期，跟她簽約的偷渡客打她的手機。她才剛買手機——脫北者買的第一件物品清一色是手機——她搞不懂那個人怎麼找到她或知道她的電話號碼。對方堅持她要馬上付款。

「我在首爾。我在妳的公寓前面跟妳碰頭，」他對玉熙說。

玉熙感到恐慌。安頓生活的錢比她預期的少了很多。二十、三十多歲的脫北者拿到的津貼比年長者少得多，因為政府認為他們有能力工作。公寓的定金已經花了玉熙三千美元。她同意與這名偷渡客在警局前面碰面。在冗長的協商之後，玉熙說服他接受比較低的費用，八千美元，大概是她僅剩的全部財產。

之後，玉熙在殯儀館找到工作，她希望讓自己的財務能步入正軌。玉熙其實很可能做到這點，但她心裡卻存在著難以抗拒的渴望。

玉熙想念母親。在抵達南韓之前，她一直想著要如何把母親接來，在抵達之後，這種想法更是揮之不去。她驚訝地發現老人在南韓受到很好的照顧。

玉熙知道要說服母親離開北韓不是件容易的事，於是她求助同一批偷渡客。他們一起想了一個計畫，引誘宋太太跨越國界到中國境內。玉熙擔心如果一有閃失，她的母親可能會被送進監獄營，因此她希望能走最安全也最不令人害怕的路線。他們把叛逃安排得像套裝行程一樣，而宋太太走的是頭等艙的路線。她的套裝行程包括用私家車載她從清津前往邊境地區，賄賂北韓邊防衛兵揹她渡河，以及偷來的南韓護照。「我可以選擇更便宜的做法，」玉熙解釋說：「但我希望她的旅程能像個ＶＩＰ。」

玉熙深陷於債務之中。她與殯儀館簽約值更多的班，但加班仍不足以支付她的支出。她不斷思考其他的賺錢方式。她是一名三十八歲的女子，唯一的專業經驗是激勵民眾為金日成努力工作——這在南韓幾乎沒有任何市場價值。

玉熙把腦筋動到卡拉ＯＫ上。「歌唱房」——卡拉ＯＫ在南韓的名稱——是客人（通常是男性）唱歌放鬆的地方。這些俱樂部提供包廂、音響設備、麥克風、伴唱帶、飲料與點心。然而，真正吸引人的是坐檯小姐，她們陪客人一起唱歌、跳舞，幫客人倒酒並且賣弄風騷——或著更進一步。玉熙在這個行業的任務是招募年輕小姐、接送她們往返各俱樂部之間，以及確保她們不會跟客人惹上麻煩。她的地盤是整個水原市鄰近地區。卡拉ＯＫ酒店的客人絕大多數是建築工人，他們住在臨時搭建的工寮裡，晚上無事可做。玉熙旗下約有二十名女孩，她們全是北韓人，絕大多數才二十出頭。她們從統一院畢業後就直接投身這個行業。

「她們來到南韓，沒有一技之長」，玉熙解釋說：「她們很快就發現，在辦公室或工廠工作，一個月賺九百美元；在這裡，她們一晚就能賺一百美元。」有天晚上，我陪著玉熙到處接送女孩，她一邊向我解釋。她開著一輛現代廂型車，車內到處都是捏皺的菸盒與聖歌的錄音帶。傍晚五點，玉熙剛開始她的工作。她隨著尖峰時間的車陣慢慢駛出水原，然後下高速公路開到一條兩線道的道路上，路的兩旁全是農田與溫室。玉熙在沿路經過的小鎮搭載女孩，其中一些看起來像是穿著細跟高跟鞋玩起扮裝遊戲的女學生。雖然玉熙的工作被警察認定是非法，但她堅稱她的女孩不是妓女。「我沒有強迫她們做任何事。我告訴她們，『妳們要做的就是唱歌跳舞，從客人身上榨取金錢。』」這個行業在這裡要比大城市容易。「她們在首爾要做的可比這裡多。在首爾，西裝革履的男人付錢喝酒，然後期待從女孩身上得到更多東西。這裡的建築工人雖然粗獷，卻很天真。」

這份工作收入讓玉熙有能力以數萬美元的代價將兩個妹妹帶到南韓——她的小妹與五歲女兒，大妹連同丈夫與兩個兒子。玉熙的兩個妹妹現在也在卡拉ＯＫ工作。

玉熙唯一無法帶到南韓的親人是她最深愛的孩子。對於這點她感到十分痛苦。「我為了救自己而犧牲自己的孩子，」她責怪自己。我最後一次見到玉熙是在二〇〇七年夏天；他的兒子十八歲，女兒十六歲。自從一九九八年的夜晚她穿著睡衣逃離清津開始，她就未曾再見到他們。然而，玉熙定期透過在中國的掮客（他們拿了佣金並且找了走私客將錢帶過邊界）寄錢給孩子。就在她離開北韓後不久，鄰近邊境的北韓城鎮開始出現非法的電話服務，可以接收中國手機的訊號。玉熙因此得以每隔幾個月跟已無瓜葛的丈夫通電話。他會到茂山用走私的中國電話與玉熙通話，但不讓她跟孩子說話。他也不讓她把孩子帶到南韓去，因為他懷疑一旦孩子到了南韓，玉熙就不會再寄錢給他（他的懷疑是正確的）。

「不久前的一個夜晚，我夢見我的孩子，」玉熙對我說：「我手裡牽著兒子，背上揹著女兒。我們不斷奔跑，想逃離北韓。有一名穿著鐵路列車長制服的高大男子走到我們前面。我不確定，但我想他是我的丈夫，他想阻止我們。」玉熙覺得自己這輩子可能永遠見不到自己的孩子。

金赫，二〇〇四年

chapter 19
strangers in the homeland

第 十 九 章
祖 國 的 外 人

南韓最重視的幾項特質：身高、白晰的皮膚、富裕、顯赫的學歷、設計師的服裝、英語流利，這些正是新到的脫北者所缺乏的，而這也解釋了北韓人在南韓為什麼總是自尊心低落，玉熙就是一個例子。南韓人在五十年前還沒有這麼富裕，但北韓人讓他們想起已經遺忘的過去。脫北者也預示令人害怕的未來，這並非空穴來風——南韓人擔心金正日政權的崩潰將使南韓被兩千三百萬需要食物與住所的難民所淹沒。雖然政治正確要求所有韓國人要找回失散的親人（「統一是我們的願望，即使在夢裡也念念不忘」，南韓的學童都要唱這麼一首歌），但有些人對於這樣的前景感到憂心。首爾的智庫定期提出報告，估計統一需要的費用，其金額數字從三千億美元到一兆八千億美元不等。在韓戰結束很長一段時間後才出生的年輕人，對於韓國失落的另一半很少帶有傷感。對於這個貧困而擁有核武並且對他們構成潛在威脅的國家，他們寧可採取漠不關心的態度。在結束繁忙的生活之後——南韓是已開發國家中工時最長的——他們盡情玩樂，開著他們的現代汽車高速奔馳，大聲聆聽他們的iPod，在這種情況下，很容易忘記北韓的存在。

雖然政府提供脫北者一切的協助，但他們可以感覺到南韓人看著他們的時候眼神帶著憐憫、恐懼、罪惡感與困窘。這種五味雜陳的迎接方式，使他們覺得自己是祖國的外人。

金醫生當初並沒有想過要叛逃到南韓。當她在一九九九年渡過圖們江時，她唯一的目的地是中國。她的計畫是根據父親臨終前草草寫下的親戚姓名與最後所知的地址來找尋親戚下落。她想，親戚或多或少會幫她找份工作。她可以吃飽喝足恢復體力，然後存夠錢之後再把兒子接來。金醫生最希望的還是能回到清津，重拾醫院工作。儘管曾經遭受痛苦的飢餓以及與勞動黨出現齟齬，她仍認為自己對國家有虧欠，因為國家曾資助自己受教育。

然而，金醫生進入中國還不到幾個小時，她的決心就動搖了，因為她看到餵狗的碗裡放了米飯與肉片。隨著日子一天天過去，金醫生每天都有新的發現，而這些發現加深了她的憤怒，她驚覺自己過去被灌輸的全是謊言。她知道的事情每一件都促使她離祖國以及她曾堅守的信念愈來愈遠，直到不可能回頭為止。

當金醫生輕輕推開農舍大門，狗兒開始狂吠，驚醒了農舍主人。他們是朝鮮族，屋裡住著老婦人與她已經成年的兒子。他們從金醫生結凍的衣服與憔悴的身形看出她是剛越境的難民，於是請她入內，讓她換上乾淨衣物與吃上熱騰騰的一餐。這兩個陌生人如果把她賣去當新娘，很可能得到數百美元——金醫生三十四歲，而且相當吸引人——但是他們並沒有這麼做，反而收留她兩個星期，還幫她尋找親戚。而在親戚那裡，金醫生也獲得極為慷慨的招待。素昧平生的親戚馬上把她當成親人一樣看待。

起初，金醫生可以毫無困難地融入當地的朝鮮族。她學了一點中文。她在餐廳裡找了一份為工人準備便當的工作。但到了二〇〇〇年，中國警方開始加強逮捕脫北者。金醫生被抓了三次，每次都要靠親戚賄賂才能讓她獲釋。最後一次被逮捕之後，金醫生認為待在中國東北太危險，於是搭火車到北京找工作。她冒充是來自延邊自治州的朝鮮族，前去應徵一個需要會說韓語的保姆工作。

金醫生的僱主是一名職業婦女，她是南韓教授，帶著五歲孩子來中國度過為期一年的帶薪休假。金醫生喜歡這名教授，她抓住機會在舒適的公寓裡生活與協助照顧孩子。她證明自己是一名極為能幹的保姆與管家。隨著學年即將結束，教授提議當她們回南韓的時候，金醫生也跟她們一起回去。許多富裕的南韓家庭都會僱用中國朝鮮族當他們的保姆。

金醫生無可奈何，只好說出實情。她一口氣交代完自己的故事——離婚與喪失兒子的監護權，父親在金日成死後自殺，數年來的半飢餓狀態，醫院裡垂死的孩子。

「喔我的天啊，妳是醫生！」教授說道。兩名女子彼此擁抱哭泣。「如果我知道妳是醫生，絕不會這樣對妳。」

「如果妳知道這件事，我就不可能為妳工作。而我需要這份工作。」

金醫生說出實情之後，她的保姆工作也隨之告終，但這名教授確實履行了諾言。她承諾無論如何都會帶金醫生回南韓。在她返國後幾個月，她讓金醫生與一名掮客接觸。

二〇〇二年三月，金醫生抵達仁川機場，對於未來的嶄新生活充滿幸福的期待。但這種感受並沒有持續很久。金醫生在教堂認識的一名男子說服她，把兩萬美元的安居基金投入於直銷，她要向認識的人兜售肥皂與化妝品。金醫生在職前介紹的那個月裡仍無法看出其中有詐，整個行銷過程逐漸演變成老鼠會的形式，她手上的政府津貼幾乎虛擲一空。接著她又遭遇另一項挫折——南韓不承認她的醫療訓練。如果金醫生想走醫療這個行業，她必須從頭開始，申請醫學院，然後自付學費；因為她的年紀太大，無法申請政府的獎學金。金醫生感到更加苦澀，七年的醫學院與八年的執業完全是一場空。她既憐憫自己，又憎恨自己；她對於離開北韓仍有些許的罪惡感，也幻想過自殺。

當我與金醫生在二〇〇四年見面時，我問她是否後悔來南韓。

「如果我知道自己會這樣，我就不會來這裡」，金醫生回答。我見過不少脫北者，她是唯一這麼說的，不過我懷疑其他脫北者也有類似的想法。我也發現金醫生看起來仍然像個北韓人。她的頭髮往後梳，用黑色天鵝絨緞帶將頭髮綁住，她的嘴唇塗著紅色系的口紅，看上去彷彿一九六〇年代特藝彩色電影的人物。她也讓我想起我在平壤街頭看到的勞動黨黨員。

幾年後，我與金醫生再度見面，她已完全變了一個人。二〇〇七年夏天，這名女子走進首爾一家新開的精緻日本料理店時，我幾乎認不出她來。金醫生的長髮披肩，穿著牛仔褲，耳朵垂著珠狀耳環。

「我對寒酸的北韓造型感到厭倦，」她對我說。

金醫生看起來變年輕了，就像學生一樣；事實上，她的確是個學生。經過數年與南韓醫學委員會爭取後，她咬緊牙關並且於四十歲那年開始了她的四年醫學院課程。她現在住在學生宿舍裡，她的室友年紀比她小了二十歲。金醫生告訴我，她的課業相當繁重，不只是因為北韓的醫學教育訓練不足，也因為南韓的醫學院使用的是英文術語，而她對英文完全陌生。俄文是她唯一學過的外文。儘管如此，這個經驗看起來讓她恢復了朝氣。畢業之後，她計畫繼續她的醫療事業，這一次她將以老人醫學科做為她的專門。她的母親因阿茲海默症而去世。金醫生夢想開一家療養院，或許甚至是連鎖的療養院。她希望有一天，當北韓政權崩潰時，她也許能帶著老人照護的觀念返回清津。或許這是個空想，但它能讓金醫生連結過去與現在，而且能減輕她對自己拋棄一切的罪惡感。

脫北者通常是一群生活有困難的人，這是一項悲慘的事實。許多人被迫離開北韓，不只是因為挨餓，也因為他們在國內格格不入。通常他們的問題會繼續跟著他們，即使他們已越過國境。

金赫尤其如此。他十九歲抵達南韓時，他跟過去一樣：貧窮、矮小、無家可歸，沒有家族或人脈做他的靠山。

二〇〇〇年七月六日，金赫從第十二號教化所被釋放。他因為營養不良而極度虛弱，每走一百公尺就要停下來休息。他暫住在朋友家，思考下一步該怎麼走。起初，金赫打算重操舊業，他原本認為只要小心一點就不會被抓到，但勞改營的經驗粉碎了他的自信。才十八歲，金赫就已失去一般青少年特有的無畏精神，他已不敢面對任何危險。他不想再次被捕，也不想遭到毒打。他厭倦逃跑。對金赫而言，北韓已無任何眷戀的地方，然而就算逃往中國，也有可能被捕。金赫認為自己唯一的機會是逃往南韓。他不知道該怎麼去，但他聽傳言說，南韓傳教士會協助像他這樣無家可歸的青少年。因此，當他最後一次渡過圖們江時——那一天是二〇〇〇年的耶誕夜——他打算前往的地方是教堂。

在亞洲，基督教人口比例最高的國家除了菲律賓外就是南韓，後者派遣了傳教士到亞洲、非洲與中東各地傳遞福音與進行人道援助。不同於絕大多數南韓人對脫北者模稜兩可的態度，傳教士對於北韓人的苦況深表同情。數千名南韓傳教士——有時還加上韓裔美國人——群集於中國東北，他們行為低調，避免觸怒中國官方。這些傳教士通常以民宅做為小型而未經登記的教堂。

夜晚，這些教堂的紅色霓虹十字架在陰暗的鄉野中發出奇異的光芒。其他專供北韓人躲藏的安全住所則完全只靠口耳相傳。由於聯合國難民署（U.N. High Commissioner for Refugees）與主流的非政府組織不能公然違反中國禁止庇護北韓人的法律，因此傳教士就成了彌補此一缺口的重要環節，由他們負責提供食物與庇護所給這些難民。

金赫在中國東北最大的都市瀋陽找到一間教堂。這間教堂是由一名南韓商人維持運作，此人擁有一間家具工廠，而且坊間謠傳他擁有人脈與金錢可以安排難民安全前往南韓。

「我想學習基督教，」金赫假意說道。

金赫遵照教會規定的日常作息。他與其他脫北者早上五點起床祈禱。然後是早餐、運動、聖經研讀、晚餐，然後在晚上九點就寢前要做更久的祈禱。他們每日如此，除了週末，偶爾在這個時間可以踢踢足球。金赫與同年紀的北韓人一樣，從未聽說過耶穌基督。清津的教堂早在他出生前數十年就已經關閉；老一輩的基督徒仍然舉行儀式，只是必須私底下進行。他所知道的微薄基督教知識完全來自於學校的初級讀本，這些讀本把傳教士說成是典型的惡棍，既狡猾又殘忍。金赫仍對基督教抱持嘲諷的態度。他覺得南韓教會逼迫他吞下他們的宣傳，以換取食物與庇護。但他也對於自己假冒信徒欺騙教會感到良心不安。逐漸地，他的態度開始軟化。經過一段時間之後，當他低聲誦念祈禱文的字句，他感受到從未有過的安慰，這是他從小誦讀讚頌金日成的詩歌未曾有過的感受，而他也首次感覺到某種超越他的事物值得信仰。

只有到了這個時候，金赫口中說的「我們的父親」才成了上帝而非金日成，他口中的兒子才成了耶穌而非金正日。

在教會待了五個月之後，領導人對金赫說，他已經到了該離開的時候。教會一直受到中國警察的監視，他們擔心此地的難民會遭受危險。領導人給了金赫一千人民幣（大約一百二十五美元），要他帶著一群難民到蒙古邊境。在那裡，他們可以找到方法前往南韓。

如果說宋太太以偽造的南韓護照搭飛機前往南韓算是頭等艙的旅程，那麼蒙古路線就近似於三等艙的旅程。但對於沒有錢的人來說，蒙古路線卻是最佳選擇。蒙古不同於中國，該國允許南韓駐烏蘭巴托（蒙古國首都）大使館收容脫北者。事實上，如果北韓人試圖穿過中國邊界進入蒙古，那麼他們將會被蒙古邊防警察逮捕，然後遣送出國——前往南韓。因此，在蒙古被逮捕實際上等於獲得一張前往首爾的免費機票。結果使得蒙古成為一座名符其實的大轉運站，由北韓開出的地下列車經由此地開往南韓。

金赫與其他難民搭火車前往二連浩特，這是進入蒙古境內前的最後一座中國城市。二連浩特其實是一處沙漠哨站，在這裡，駱駝與羊的數量遠多於人。他們總共有六名北韓人，包括三歲與十歲的孩子，兩個孩子的父親已經到了南韓。他們的計畫是先到一處安全地點與另一群北韓人會合，後者要從大連搭乘另一班列車前來。另一群人裡面有人了解當地地形，可以帶領大家穿過邊境。

但是計畫從一開始就出了差錯。金赫在火車上接到一通驚慌的電話，通知他另一群人已經遭到逮捕。他的隊伍沒有機會——現在要折回已經太晚了。他們不能前往安全的處所，因為那個地方可能已經遭到監視。他們必須丟掉手機，因為可能會被警察追蹤到發話地點。金赫與其他成年人商議。他們之前已經約略知道路線而且有一張手繪地圖。於是他們決定無論如何都要前往蒙古。

他們躲在二連浩特車站附近直到晚上九點，他們等待漫長的夏日白晝結束，好利用夜色昏暗時越過邊界。他們得到的指示是沿著往北通往烏蘭巴托的鐵路行進，利用鐵道做為指引，但必須與鐵軌保持距離才不會被發現。一旦他們抵達荒涼的邊境地帶，他們可以從七呎高的鐵絲網底下穿過去，進入到分隔中蒙兩國的無人地帶。

從二連浩特車站到第一道邊境鐵絲網只有五哩，從這道鐵絲網到第一座蒙古瞭望塔只有一哩，他們會在那裡向蒙古當局投誠。照理他們應該可以在天亮之前步行到達，但夜裡的沙漠難以辨識方向——只有天上的星星能指引他們，此外全是景色單調的薊、岩石與沙土，而且清一色是土咖啡色。大人們爭論著該往哪邊走。

他們應該沿著鐵路的東邊還是西邊走？他們選東邊，結果證明這是個大錯。邊界朝東北方向延伸出去，然後急轉向北；他們走的方向與邊界平行，因此一直走不到跨越邊界的地方。直到天亮時，他們才發現自己的錯誤。戈壁沙漠的溫度飆升到華氏九十幾度。等到他們改變方向，發現標定邊界的鐵絲網並且鑽過去時，已是傍晚時分。他們的鞋子被崎嶇的地形磨破了，腳也在流血，所有人都被曬傷。他們攜帶的六公升水已經喝完。金赫與其他人輪流抱起三歲孩子，但當那名十歲孩子開始走不動時，他們只能拖著他繼續前進。最後他們終於發現一處廢棄小屋，旁邊有個小池塘。當金赫跑去取水時，一名女子陪著男孩。當他接近池塘時，他聽到女人的叫聲。孩子死了。

蒙古邊防警察在晚間發現這群北韓人。男孩的死使他們的案件在處理上變得極為複雜。法醫需要確認這名男孩確實死於脫水，而非遭到謀殺。長達十個星期的時間，訊問一直持續，金赫與其他成年人因此被關在蒙古的監獄裡。這對金赫在自由世界的人生來說是個不吉利的開端。

二〇〇一年九月十四日，金赫與其他十二名脫北者從烏蘭巴托搭機抵達南韓。當仁川機場的入境官員在蒙古國發給金赫的臨時護照上蓋章，並且對他說「歡迎來到大韓民國」時，金赫幾乎快崩潰了。

不過，跟許多脫北者一樣，金赫與高采烈的情緒並沒有維持多久。由於他曾經待過監獄營，因此遭受的訊問特別嚴厲。南韓政府很擔心脫北者中挾帶著罪犯。之後，正當他以為自己已經自由的時候，他又被送到統一院營區一個月，而且一直受到南韓當局的懷疑。這種持續監禁的狀態令金赫無法忍受。

金赫的個性在北韓是個障礙，到了南韓也是一樣。他很易怒，容易對權威憤憤不平。他靜不下來。金赫的體格也讓他在充滿身高迷思的社會裡受到不利的待遇。他的雙腿發育不良，他的頭相對於身體顯得太大——這是在發育期未能得到充分營養的人的典型體格。當營養不足時，身體會將養分優先送到頭部與軀幹，而犧牲四肢。在饑荒的文獻中，這種症狀稱為「發育不良」。世界糧食計畫署與聯合國兒童基金會（UNICEF）在二〇〇三年的研究指出，北韓有百分之四十二的兒童身體因發育不良而受損。

我跟金赫第一次見面是在二〇〇四年，當時他住在扶餘，那是一個距離首爾約兩小時車程的地方小鎮。金赫說他的神經無法忍受大城市的喧囂與擁擠，在他身邊沒有其他的脫北者，沒有人能幫他適應環境。金赫身上一文不名，他一拿到兩萬美元的安居基金就馬上花掉。他將這筆錢給了一名掮客，對方宣稱能找到他的哥哥。經過一年多的推托敷衍，金赫認為他的哥哥大概是死了。「我哥的身高將近六呎（一百八十二公分）。他不可能活下來」，他對我說。矮子的好處就是你只需要一點點食物就能活下去。

金赫一直在換工作。他曾經當過冰淇淋的外送員，但後來發現同公司的南韓僱員拿的薪水比他多，於是一氣之下辭掉工作；他曾上過汽車技師的訓練課程，並且當了幾個月的實習生，但最終還是沒有堅持下去。之後，他認為自己註定要成為一名職業拳擊手，但當他前往首爾的拳擊訓練場時，卻因為個子太矮而遭到拒絕。這傷了金赫的自尊心，而且讓他擔心自己永遠也找不到女朋友。

金赫感到很寂寞，他很難交到新的朋友；如果南韓人同情他，他會覺得對方自以為是。即使他憎恨北韓政權，但當南韓人批評北韓時，他發現自己總是為北韓說話。這是每個脫北者共同的困境。

金赫不了解南韓的基本禮節。因為北韓人沒有隨意與陌生人交談的習慣，所以每當有人對他們這麼做的時候，他們會受到驚嚇。金赫每次離開公寓，總會被迎面打招呼的鄰居嚇了一跳。他要不是避開對方的眼神，就是反過來怒目而視。

「我不知道有人跟你說話時，你應該回應對方。我不了解那是與鄰居建立友誼的方式，也不了解這些人可以幫你的忙。」金赫回想自己剛到南韓時在人際關係上犯的愚蠢錯誤，不禁笑了起來。

二〇〇八年，當我再次見到金赫時，他已經搬到首爾而且在大學念書，他想攻讀歷史與企管兩個學位。金赫二十六歲。雖然他對自己還沒交到女朋友感到難過，但他的身邊已有許多朋友，包括一名剛從茂山叛逃過來的表親。金赫把自己的經驗傳授給新來的脫北者，這麼做也使他的自信提升不少。他告訴我，他最近遇到一個人，他在大學附近開了一所英語學校。他們是在街上攀談認識的。金赫這次沒有跑開，相反地，他告訴對方自己是脫北者，而對方也邀請金赫免費到他的學校上課。

此時的金赫，才算真正抵達了南韓。

俊相走在明洞行人徒步市場，手裡拿著一本《一九八四》，首爾，二〇〇七年

chapter 20
reunions

第 二 十 章
團 聚

★

美蘭身上的血統污點，使她在北韓註定處於邊緣地位，然而一旦跨越國界，血統反而成為她最大的資產。與南韓親戚的紐帶關係最終證明是無價的。其他脫北者必須孤獨在陌生的新世界裡重新生活，但美蘭與他們不同，她的親戚正等待她的加入。

表面上，南韓過著明快有效率的現代生活；實際上，儒家傳統仍然主導著民眾生活。美蘭的父親身為獨子，負有傳承家族香火的責任，在他過世之後，他的子女就必須賡續這項責任。

當美蘭家於一九九八年渡過圖們江進入中國時，他們做的第一件事是打電話到忠清南道瑞山市市政府，也就是美蘭父親出生的地方。早在幾十年前，當地村民都已搬出村子，大舉遷移到各個城市。由於興建水庫的關係，因此村子絕大部分已淹沒在水中。然而在韓國，所謂的家指的是父親出生的地方，不管那個地方是否還有人住。市政府有太佑兩個妹妹的地址，她們仍然活著而且住在首爾附近。市政府表示會將信轉寄給她們。美蘭二十三歲的弟弟雖然是家中年紀最小的成員，卻是唯一的男性，因此由他來寫這封信。他語氣正式地寫著：「我是姑姑的兄長唯一的兒子。我要通知姑姑，父親已於去年在咸鏡北道鏡城郡去世。」他在信裡附上他們在中國延吉市的地址與電話，延吉市是鄰近邊境的小城鎮，美蘭家暫時住在這裡。

過了幾個星期，美蘭家接到其中一名姑姑的電話。對方半信半疑。半個世紀過去了，不要說一通電話，連一封信，甚至她們的哥哥在韓戰中倖存的傳言也沒有聽過。一九六一年，也就是韓戰結束後八年，南韓國防部認定太佑已於一九五三年陣亡。從太佑家人的角度來看，太佑是在二十一歲那年死亡，並未留下子嗣。而他的姓名也被刻在國家公墓陣亡將士紀念碑上。太佑的妹妹怎能不懷疑這是個騙局，用意只是為了騙取金錢？美蘭的姊姊拿起話筒，告訴姑姑她所知道的一些事情，哪怕是片段的家族小故事、生日與綽號。南韓的親戚要求做DNA鑑定，美蘭和她的姊姊與弟弟都同意了。

家族的團聚持續了兩星期。兩個姑姑都來到了中國，連同其他親戚，總共有十人前來。雙方一見面，當下大家心裡就明白，DNA鑑定完全沒有必要。

「我們只是一直看著對方。我們驚訝地看著彼此的後腦勺、手的形狀，我們也驚訝於彼此說話與走路的方式，」美蘭說。

「姑姑原本以為家中的香火就此斷絕，因為父親是家裡唯一的兒子，」美蘭的弟弟回憶說。「當姑姑來到中國時，我看到她們，全身開始顫抖。她們是女的，但與父親像是同一個模子印出來的。」

已經不能回頭了。美蘭的母親原本想回清津，與還在北韓的兩個女兒與孫子一起生活，但他們擔心北韓政府可能發現他們在中國與來自敵國的親戚見面，這會讓他們被處以死刑。除了南韓，他們沒有別的路可走。

美蘭的姑姑前往位於瀋陽的南韓領事館，要求他們讓這幾個北韓親戚飛回首爾——至少他們應該為長久淪為戰俘的南韓老兵家屬做一點事，但南韓領事卻不願回應這項要求。於一九九八年二月就任南韓總統的金大中，日後他又獲得諾貝爾和平獎，他於此時推動所謂的「陽光政策」，以緩和與北韓的緊張關係。南韓與中國的關係也很敏感。官員擔心將美蘭家送回南韓將惡化兩國的外交關係。

美蘭的親戚剛好有管道可以讓他們親自處理此事。姑姑開了一家小旅館，而兒子在首爾近郊開了一間澡堂。他來回往返於中國與南韓，湊齊了讓北韓親戚使用的偽造文件。他向與美蘭同年紀的表妹拿了護照。將表妹的照片拿掉，換上美蘭的照片。姑姑則「遺失」自己的護照讓美蘭的母親使用。這些都是違法行為，事實上，還有一名表親因為偽造護照而被判一個月的徒刑，但這些做法顯然管用。美蘭、她的姊姊、弟弟與母親，於一九九九年一月平安抵達南韓。

有了接納她的家庭，美蘭因此沒有被當成外人看待，而是被當成人生的前二十五年在國外生活的南韓人。她是北韓人的事實足以讓身旁的南韓人產生好奇，但又不至於嚇跑他們。美蘭的身高五呎三吋（一百六十公分），對北韓女性來說是相當高挑的，即使就南韓的標準來看，也是屬於身材較高的女性。她仍像俊相在電影院看到她的時候一樣，有著高聳的顴骨與如同羅馬雕像般醒目的鼻子。她擁有南韓男人眼中北韓女人特有的神祕氣質。美麗的外表、家族關係、泰然自若，與天生的機智，使她看起來與眾不同。美蘭很快就被錄取進入教育碩士班就讀。她的口齒清晰，能以清楚的敘事方式講述故事，而且經常受訪談論北韓的教育制度。

就在美蘭即將三十歲之際，有人介紹她與一名高大的年輕人認識。這名男子的渾厚臉頰堆滿笑容，圓形的眼鏡透露著溫暖。他是軍方的民間僱員。在雙方家長鼓勵下，兩人結婚了。二〇〇四年下半年，美蘭生了兒子。他們依照韓國傳統習俗為孩子慶祝週歲，將近一百名親朋好友到場慶賀。東首爾一家宴客廳的二樓裝飾著藍色與白色氣球。美蘭、她的丈夫與孩子身穿色彩鮮豔的傳統韓服。美蘭的衣服是用閃亮的象牙色絲綢做的，領口圍繞著紅色與黑色的繡帶。她看起來容光煥發、美麗大方，是個親切的女主人。美蘭實現了韓國女人的夢想，實際上也是我認識的許多女性的夢想——英俊的丈夫、生下男嬰、即將到手的碩士學歷。

從美蘭的服裝與言談舉止來看，無法區別她與南韓人之間的差異。美蘭已經沒有北韓人說話慣有的喉音。她與丈夫在水原買了一棟公寓，這座衛星城市是許多向上流動的家庭在無法負擔首爾百萬美元房價之下的首要選擇。美蘭住的是社區大樓，這些大樓就像混凝土積木堆疊而成的森林，每一棟都長得一模一樣，只能以外牆的編號來做區分。從大樓本身來看，這個地方並不壞。建築物新穎乾淨，表面是怡人的乳脂色。陽光穿過單片玻璃窗，照進美蘭二樓公寓的客廳裡。公寓內部明亮寬敞，孩子有自己的臥室，還有居家辦公室，書桌上擺了一臺三星電腦，還有開放式的廚房與現代的家用電器設備。

我前去拜訪時，美蘭正在煮午餐，而她的兒子——現在正是圓圓胖胖走路跌跌撞撞的年紀——正在客廳看卡通。

「如果我是在北韓生下他，我就必須用米湯加點糖來餵他，而且我還必須買得起這些東西，」美蘭說。

我們聊起美蘭過去的人生轉折。現在的她巧妙地應付研究所課業與家庭兩方面的需要。她的婆家希望她能當個傳統韓國妻子。照顧孩子是很昂貴的，她發現要同時兼顧自己的工作相當困難。美蘭也參加了有氧運動課程，以減去懷孕時增加的體重。她的皮膚經常因壓力而長疹子。現在的她面臨的問題似乎與其他我認識的職業婦女沒什麼兩樣。

然而在骨子裡，美蘭還是那個占據北韓社會最底層、貧窮而帶有污點血統的女性後裔。她受過徹底的灌輸與背叛的痛苦；她有好幾年的時間不敢說出自己內心的話，只能將不法的想法隱藏起來。她冷酷地走過死屍，毫不猶豫地跨過餓殍。她總是將午餐吃得一粒不剩，完全不管她的學生即將餓死的現實。罪惡感折磨著她。罪惡感與羞恥感是脫北者共有的特質；許多人怨恨自己不得不這麼做讓自己活下去。

以美蘭來說，這種罪惡感並非憑空想像，至少在我認識她兩年多之後，她告訴我兩個姊姊在北韓發生的事，我才知道她的罪惡感其來有自。一九九九年夏天，大約在美蘭家抵達南韓的半年之後，國家安全警察幾乎同時將她的兩個姊姊從家裡帶走。美蘭的大姊美姬是家中的美女，她嫁給一名軍方官員，總是在饑荒時慷慨提供食物給家裡，另一個姊姊美淑則過著毫無瑕疵的生活；她們忠於自己的父母、丈夫與孩子，也忠於金正日。她們是在半夜被帶走的——與美蘭不斷出現的惡夢一樣，除了孩子留給了丈夫，丈夫也被迫與她們離婚。兩個姊姊很可能被帶往某個勞改營長期監禁。從一九九九年糧食嚴重缺乏的情況來看，她們很可能已經死了。

兩個姊姊的命運深深影響了這個家，讓每個快樂的時刻蒙上陰影。就連美蘭產下健康的男嬰，以及弟弟錫柱成功申請到澳洲的大學，都無法讓全家人高興，反而讓人感到特別不公平。比美蘭家晚幾年來到南韓的脫北者可以寄錢回去，他們在家鄉的親戚可以免於受到報復，又能過得比一般北韓人好。兩個姊姊受到特別嚴苛的對待可能是因為美蘭家是最早叛逃的，以及他們來自於貧窮階級。美蘭的母親是一名有著鋼鐵意志的女性，她帶領全家度過了饑荒，然而當她抵達南韓之後，整個人卻崩潰了。雖然只有六十二歲，她的健康與神經卻開始衰退。美蘭的母親請了一名巫師，也就是傳統的算命仙，他告訴她，她的女兒還活著，但這只是讓她更為心焦。

美蘭的母親轉向宗教尋求慰藉。在前共產主義時代，她還是清津的一名小女孩，當時她就已經開始上教堂，現在她重新找回童年的信仰。她不斷祈禱，為自己背叛女兒的行為乞求寬恕。

美蘭沒有宗教信仰，因此無法從宗教得到慰藉。她的罪惡感不僅使她失眠，也促使她將她的行程表排得滿滿的好沒時間多想。她的姊姊付出終極的代價，所以她才能開著現代汽車。

美蘭也想到自己在北韓的男朋友。她感謝他鼓勵自己抗拒出身卑微的命運，讓自己成為一名有自信的女人與老師。他從來未曾在美蘭面前批評過北韓政權，但他告訴她要為自己思考，這句話終於使她的心靈得以開放與澄澈。

我們見面時，美蘭經常提到俊相。我想，她應該很高興能回想自己的初戀——這種事她既不能告訴自己的母親，更不能讓自己的丈夫知道。當她回想俊相第一次在電影院看到她的情景，以及他們在黑暗中整夜散步，她講話的神情就像女學生興奮地跟朋友聊起別人的是非。

「妳能想像嗎？交往三年才牽手，六年才親吻？甚至連親吻都不算，只是在臉頰啄了一下。」

我們開玩笑說，這種沒有結局、或者以美蘭的例子來說是沒有性愛的愛情，才是永遠的愛情。美蘭回味的，與其說是她的前男友，不如說是自己早年那段純真的歲月。

我問美蘭是否知道俊相後來的消息。

「我猜他現在已經結婚了。」美蘭的聲音逐漸變小，她聳聳肩顯出不感興趣的樣子。她對我說，對於這段沒有結果的戀情，她不感到遺憾，她深愛自己的丈夫，唯一感到可惜的是自己離開北韓時沒有機會向他道別。美蘭還記得最後一天在清津的情景，當時她覺得自己看到對街的那個人就是俊相，但她不敢靠近他，怕不小心洩露了計畫。

「妳知道，他跟我，我們有特殊的緣分。我想有一天我們會再見面。」

這段對話發生在二〇〇五年十月中旬，就在美蘭的兒子週歲派對後不久。三個星期之後，美蘭打電話給我，從話筒就能感受到她的興奮。她大聲地說：

「他在這裡！」

一個星期之後，我們在首爾的一家星巴克碰面，離我的辦公室只有幾個街區。

美蘭描述俊相的方式，使我想像他是一名高大英俊、讓人印象深刻的男子。然而在我面前的卻是一名穿著牛仔褲戴著眼鏡的瘦弱青年。儘管如此，他的確有令人眼睛一亮的地方。他的牙齒像電影明星一樣整齊潔白。他平坦的臉頰與外張的鼻孔使他有一張充滿異國風情的韃靼人相貌，令我想起魯道夫．紐瑞耶夫（Rudolf Nureyev）。當我們的卡布奇諾好了，他起身到櫃臺拿過來。他的身形柔軟，整個人頗為自在。相反地，美蘭看起來相當緊張。她穿了牛仔短裙，臉上的妝似乎比平日更濃。

我正打算說，對於一個剛從沒有咖啡廳的國家來到此地的人而言，他似乎頗為得心應手，這點令我有點詫異，原來俊相已經在南韓待了將近一年。當俊相得知美蘭已經結婚時──他在向國家情報院探員報告各項資訊時，探員告訴他這件事──他認為如果自己無法聯絡到美蘭，那麼這對彼此來說是最好的結果。俊相這麼想並不是因為他對美蘭已無感情。事實上，美蘭的出走對他的打擊很大，甚至遠超過美蘭的想像。美蘭的叛逃對俊相造成巨大的信心危機，使他對兩人關係的荒謬感到苦惱。為什麼要彼此隱瞞到這種程度？為什麼兩個人都存有叛逃的念頭，卻不跟對方說？更重要的是，他覺得自己是懦夫，因為先叛逃的居然不是自己。俊相的自尊心受到打擊，不是因為美蘭離開他，而是因為她證明自己比俊相更勇敢。

「我一直以為我的想法跑在美蘭前面，但我錯了，」俊相坦承。美蘭突然插話，想讓他好過一點。「我在當時也對政府有著懷疑與不信任，但俊相比我更清楚外面的世界是什麼樣子。」她對俊相微笑著，示意他繼續說下去。

美蘭離開之後，俊相埋首於研究所的工作，不僅獲得終身職，也有機會加入勞動黨。他的父母與弟妹都鼓勵他盡力爭取。在北韓，很難有比這更好的機會。俊相在平壤的生活十分舒適。他租的房間有暖氣，而他也有足夠的糧食可吃。但他不願安定下來。大學的女孩子是適當的伴侶，但俊相不跟這些女孩約會。聆聽更多的演說可以提高入黨的可能，但他也對此敬謝不敏。每天晚上下班之後，俊相回到家裡，拉上窗簾，然後開始觀看南韓的電視節目。

二〇〇一年，俊相請求允許辭去研究所工作。他向長官與同事解釋，因為父母的健康狀況不好，身為長子，他必須回去照顧他們，這是個看似合理的理由。事實上，他回清津的真正理由是，在清津，他的活動會比較不受監視，而且清津也比較接近中國邊境。俊相打零工，而且在療養院工作短暫一段時間，這座療養院離他過去與美蘭夜裡散步的地方不遠。俊相不浪費金錢，他晚上都待在家裡跟父母一起，雖然這意謂著他必須忍受父親無言的責難，後者對於原本可能前程似錦的兒子失望透頂，於是索性撒手不管。

然而，儘管經過審慎思考與計畫，俊相的叛逃並不像美蘭那麼順利。

俊相花了三年的時間存錢準備逃亡。他是個有計畫的人，對於自己的一言一行造成的影響都加以衡量。他仔細計畫每個環節，甚至在什麼場合要穿什麼衣服都考慮到了──有一件上面印有泡泡圖案的昂貴襯衫，是他的叔叔從日本寄來的。這件衣服在清津穿上可能太顯眼，但在中國穿上也許就不會有人認為他是北韓難民。他把最昂貴的日製褲子與背包塞在塑膠袋裡。渡河的時間訂在六月，是河水高漲的時節。俊相選擇水深的地方，因為那裡的衛兵較少。護送他渡河的掮客帶了一些空塑膠瓶，可以當成浮筒。俊相與另一名脫北者，一名四十歲的女子，脫到只剩下內衣，即使是在漆黑的夜裡，他們仍禮貌性地別過頭去。俊相把衣服捲好塞到塑膠袋裡，以免被水弄溼。

河水漲到俊相的臉頰，水流比他預想的來得湍急。另一名脫北者的頭已經被河水淹沒；她不會游泳。俊相緊緊抓住她的手，奮力抵抗急流。突然間，俊相赤裸的雙足踩到了沙地，他全身溼淋淋地爬上岸，女子也隨後跟上。他已經到了中國。俊相回頭望向對岸，在清晨曙光下，微亮的天空隱約透出北韓嶙峋的山影。他感到一陣悲傷，卻不能在此久留。他穿上衣服，儘管包在塑膠袋裡，衣服還是溼了。他跟著掮客走入山中，遠離河流，直到完全看不見北韓為止。

俊相完全不曉得六月可以這麼冷。他的腳在浸濕的鞋子裡不斷磨擦，終於紅腫到生出水泡。當他們終於抵達計畫中可以休息飲食的村落時，碰巧幾天前有北韓人在此偷竊被捕，因此當地村民對於脫北者極為敵視。俊相一行人擔心可能有村民會通報警察，於是趕緊離開當地。與俊相同行的女子建議他們一起前往她要去的村子，她曾與當地一名中國農夫生活過一段時間。一路上，她告訴俊相自己的故事。她與這名農夫生活了好幾年，兩人生了一個一歲大的孩子。七個月前，她遭到逮捕，並且被送到北韓的勞改營。現在，她想回去與丈夫和兒子團聚。她向俊相保證，她的丈夫會收留他，直到他準備好能夠動身為止。

農舍顯然也不是可以避難的地方。當他們抵達時，農夫對著女子又踢又打，還用鋤頭攻擊俊相，一邊揮舞還一邊憤怒地叫嚷。他顯然以為俊相是女子的情夫。

俊相只剩下一個人，而且又迷失方向，於是他只能在鄉野間到處遊蕩。終於，他看到一輛人力車，他跳了上去，反覆念著掮客教他的一句中文——「市場」。他在某個小露天市場下車，看到一名女子正在賣泡菜。他想這個人一定是朝鮮族，於是問她知不知道有誰能僱他做事。女子看看他的眼鏡，又看看他身上鮮豔的日本襯衫。

「你這個年輕人好像沒幹過粗活」，她對俊相這麼說，意思是要拒絕。然而在俊相再三懇求下，女子把他介紹給一名開磚廠的朝鮮族商人，他給了俊相一份工作。

俊相每天搬運磚塊，磚窯很熱，如果站得太近，眉毛可能會被燒掉。晚上在員工宿舍，俊相會在買來的筆記本上記事。這是他寫日記的開始，在北韓，在紙上吐露內心的想法非常危險。俊相寫下自己的大學時光，他也寫詩。在結束工廠裡令心靈麻木的工作之後，日記能提醒自己當初離開北韓的理由。

俊相在磚廠待了兩個月，為前往南韓而努力存錢。他搭乘客運前往青島，當地有廣大的南韓企業社群，也有領事館。

南韓在中國各地的領事館戒備森嚴，主要是為了防範像俊相這樣的人，但俊相認為如果他能適當打扮，進去不是問題。他用剩下來的錢買了一套西裝與新眼鏡。充滿自信的他出現在領事館，他直接通過樓下的安全警衛，走進電梯，並且按下七樓的按鈕，也就是領事所在的樓層。但是七樓與八樓的電梯鈕必須有鑰匙才能啟動。俊相在六樓下了電梯，發現那裡還有一名安全警衛，於是他退回到電梯裡。最後，他從九樓出了電梯，然後沿著樓梯衝下樓。當他跑出領事館時，他還能聽見警衛以緊急的語氣使用無線對講機。

俊相很幸運能全身而退。

他身上已經沒有錢，而且也沒有法子可想。他考慮返回北韓——如果他沒有發現網際網路的話，他很可能已經回去了。

俊相雖然是北韓一流大學栽培出來的菁英，但他從未使用過網際網路。他的大學擁有配備良好的電腦，裝有Pentium 4處理器的IBM主機——而他也使用過北韓的「內部網路」，這是只能由學院人士使用的封閉系統，用來瀏覽學術論文與北韓購買的已經通過檢查的百科全書，但北韓依然是網際網路的黑洞，是世界少數幾個未連上網際網路的地區。在清津的電腦社，孩子可以玩電腦遊戲，但也僅止於此。

俊相在北韓時曾聽過網際網路，一旦到了中國，他對網路的好奇也隨之增加。他甚至隱約覺得網路可以解決他的問題。但是，要怎麼上網呢？在青島客運站，俊相到處閒晃，仔細聆聽有沒有人講韓語，結果他找上一名年輕人。這個人是南韓交換學生。「沒問題，我會教你怎麼上網，這很簡單」，他對俊相說，並且帶他到網咖。

網路對俊相來說宛如一項天啟。只要點一下，新的世界就在他面前開啟。他首次肯定自己逃來中國是對的。俊相雖然是北韓一流大學的畢業生，在北韓，他算是最懂電腦的人，但他對網路的認識與孩子無異。他在南韓搜尋引擎上鍵入「北韓人權」與「脫北者」。

往後幾個星期，俊相都在網咖待到很晚，他一邊吃泡麵一邊閱讀。他發現其他脫北者也在前往南韓時遭遇類似的問題，他開始研究這些人使用的策略，哪些做法成功，而哪些失敗。他自學了南韓針對北韓人制訂的法律，也了解造成南韓無法在駐中國大使館與領事館收容脫北者的複雜外交處境。他研究了中國地圖、飛機與火車時刻表，然後思索自己該用什麼方法離開這裡。

然後有一天，他讀到仁川一名富有憐憫心的牧師寫的文章，裡面提到一條地下鐵路，可以讓脫北者經由蒙古前來南韓。俊相在那名南韓學生的協助下設立了電子郵件信箱，他很興奮地寫下這段訊息：「我在青島。您能不能幫我前往南韓？」

俊相的路線與金赫一樣。這回有數百名北韓人沿著這條路線逃亡，跨越邊境的地點與安全處所也繪製得一清二楚。俊相需要兩千五百美元才能啟程，他在日本的叔叔電匯這筆錢給他。他先搭火車到二連浩特，然後穿過邊境的沙漠地帶進入蒙古，該國的邊防警察將他交給南韓大使館。二〇〇四年十月，俊相抵達南韓，之後便被移送到國家情報院進行訊問。

訊問之後，輪到俊相提出問題。這不是他的第一個問題，但至少是前幾個問題：你能不能告訴我，怎麼樣跟美蘭聯絡？俊相確定美蘭就在南韓，因為他在青島的網咖搜尋過她的名字，而且讀過她的訪談文章。國家情報院與脫北者一直保持密切聯繫，當然會有她的消息。

情報院探員感到猶豫。根據規定，脫北者不能知道其他脫北者的資訊，怕當中有人是北韓間諜。

「對不起，我們不能透露，除非你是她的近親。」

「她是我的未婚妻，我的初戀情人，」俊相懇求地說。

探員被打動了，於是答應他去做調查。第二天，探員對俊相說，他會告訴他美蘭的電話號碼，但他認為俊相應該先了解一件事，那就是美蘭已經結婚。

俊相感到震驚。後來他在回想時承認，自己認為美蘭依然單身的確是相當荒謬的想法，而且他還自以為是地認定美蘭可能在等他。美蘭此時已經三十一歲。他們已經有六年以上的時間斷了聯繫。

「當時，說句實話，我的確從沒想過她可能已經結婚，」俊相回憶時說道。

俊相試著安慰自己。他記得十九世紀匈牙利詩人桑多爾．佩托菲（Sandor Petofi）的詩句，他曾在渡過圖們江時誦念這首詩：

自由與愛情
我的生命必須有此二者。
為了愛情，我可以犧牲
我的生命。
為了自由，我可以犧牲
我的愛情。

俊相在平壤讀到這首詩時，心裡很感動，於是他記下詩句。俊相犧牲了對美蘭的愛而留在平壤。他從未把美蘭放在生命的第一位。因此，當他為了追求自由而來到南韓時，就算孑然一身也不為過。

往後幾個月，俊相經歷了其他脫北者同樣經歷的過程。他離開統一院以後，找了一間公寓，買了手機，然後充滿疑惑地在街頭與市場閒晃，努力不讓自己被眼前的世界嚇倒。他只有幾個朋友，有時會後悔自己不知道如何找到美蘭。當他得知美蘭結婚之後，他對採員說，自己不想知道她的電話號碼。

「還是別去打擾她比較好。她已經結婚了，」他對自己說。

有天晚上，俊相前往他在統一院認識的朋友家中。這是個非正式的脫北者聚會，大家偶爾聚在一起喝喝啤酒。當中有一名鬱鬱寡歡的年輕人，俊相馬上認出他是美蘭的弟弟。俊相以前為了討好他，經常塞糖果給他。當時錫柱只是個孩子，現在他已認不出俊相。

當晚，他們一起聊天，隨後的幾次聚會，他們又聊了幾次。過了一段時間，錫柱也起疑了。

「你怎麼知道這麼多有關我跟我們家的事？」錫柱問道。俊相還來不及回答，錫柱拍了一下膝蓋，然後自己回答。「我想起來了，你是常跟在我姊身邊的那個男孩子……」

幾個星期之後，俊相在人行道上踱步，眼前是一棟棟外表看來完全相同的高層公寓大樓。

他與美蘭約好在東首爾的一個地鐵站碰面。當錫柱認出他是誰時，俊相沒有別的選擇，只能打電話給美蘭。當美蘭認出電話那頭是俊相時，他可以聽到對方語氣中的不悅。「你為什麼不早點打電話給我？」美蘭說：「我們可以幫你。」

俊相覺得自己很蠢。他在南韓已經快一年了，這段時間他不斷揮動雙臂，不僅感到絕望無助，而且空虛孤獨。他可以求助朋友，特別是了解他、知道他來自何方的老朋友。雖然俊相心裡覺得受傷，覺得自己在完全不知情下遭到遺棄，但最後他還是向美蘭道歉。

現在，俊相不斷看著自己的手機確認時間——他認識的人裡面沒有人戴表。他懷疑自己是否搭錯地鐵，或者等錯出口。這些地鐵路線到現在還是會把俊相搞得暈頭轉向，它們從不斷擴張的首爾鬧區放射出去，新建的地鐵站一個比一個大，伴隨著不斷延伸的瓷磚走道與數目繁多的出口，每個地方幾乎都長得一模一樣。這座地鐵站位於新建的住宅區，美蘭說她的母親就住在這裡。俊相仔細看著人行道，留意人群中是否有人朝他走來。今天是晴朗的一天，剛好處於夏季與冬季這兩個潮溼的季節之間，是一段短暫而美好的過渡時期。人行道人潮洶湧，絕大多數是女性，因為今天是工作日，絕大多數南韓婦女在生了孩子之後就停止工作。俊相看到穿著緊身牛仔褲的女子，拿著手機喋喋不休地說著，手機上的絨毛吊飾也跟著不斷晃動。有些婦女推著精美的嬰兒車，看起來價格應該跟一輛自行車差不多。北韓幾乎沒聽過嬰兒車這種東西——不會走路的孩子往往直接用長被縛綁在母親背上。俊相想著美蘭是否就像這些嬌縱的年輕母親一樣。突然間，俊相感到驚慌，他懷疑美蘭是否從他面前走過，而他並未認出她來。然後俊相聽見有人叫他的名字，他轉頭一看，嚇了一跳。

「你等很久了嗎？」美蘭搖下車窗對俊相說。

俊相仍然惦記著好萊塢的電影場景。幾年來他一直期盼兩人能夠重逢，他當然不會錯過在煙霧瀰漫的火車月臺上，兩人奔向彼此的情景。俊相想像了各種狀況，就是沒想到汽車——當然更沒想到美蘭會坐在駕駛座上。

美蘭停在公車專用道上，她側身打開乘客座位那一側的車門，示意俊相上車。美蘭像連珠砲一樣地說著，先是為自己的遲到道歉，然後提到交通，最後說自己一直找不到停車位。美蘭一直看著前方路面，而俊相則短暫看了她幾眼。她的外表還是一樣——他不敢相信自己居然會認為可能認不出她來。不過，美蘭似乎不像記憶中那麼容光煥發，或許長年的渴望使自己過度渲染了她的美。她的臉龐透露出照顧一歲孩子的沉重壓力；臉頰上少許的面皰幾乎無法用化妝遮掩。俊相可以看出美蘭已經帶有韓國典型太太的味道。她穿著杏色帶荷葉邊的裙子，寬鬆的短袖上衣。服裝看起來很複雜，就像她的人生一樣；少女時期的簡單早已消逝無蹤。

「妳看起來好冷靜，」俊相打破沉默。

「不，不，我其實心裡面很緊張，」美蘭回道。

他們開到首爾市郊一間安靜的餐廳。兩人一開始先是禮貌性地問候對方家人，然而不管怎麼問都不免令人傷感。俊相不敢問起美蘭的姊姊，他聽說她們被帶走了；而美蘭不敢問起俊相的父母，他這輩子可能都不會再見到他們。他們拐彎抹角，最後終於提到美蘭突然離去的事。

這個話題一開啟，俊相就感到火冒三丈。

「妳應該給我一點線索，」俊相對美蘭說。

美蘭反駁說，她當時並不知道自己會叛逃，他們原本只是想到中國與親戚見面而已。即使俊相並不相信她的說法，但聽見她這麼說，心裡還是覺得好過一點。

美蘭得知一九九八年十月她離開時，俊相其實人不在清津。她以為自己看到對街的那個人是俊相，其實只是自己的想像。

「如果你想來南韓，為什麼不早點來？」美蘭問。

俊相頓時語塞。談到這裡，美蘭眼淚直流，她話裡的意思很清楚。她已經結婚，而且生了孩子。一切都太遲了。

幾個月後，俊相與美蘭之間的新鮮感消失了。當我跟他們見面時，他們似乎經常被對方激怒。俊相很不高興地抱怨美蘭沒有以前漂亮，美蘭答應要介紹他跟幾個女孩子認識，但從來沒有做到。兩人連絡時，經常是用電子郵件或簡訊。現代通訊的立即便捷，反而扼殺了彼此間的神祕感。俊相與美蘭的關係在北韓的逆境中成長茁壯，只有在他們用珍貴的紙片寫信給對方，或藉由缺乏燃料的緩慢火車傳達情意時，兩人的情感才可能產生更深刻的意涵。

「現在我隨時可以打電話給他或傳簡訊給他，我反而變得不是很想跟他聯絡，」美蘭坦承。

「我現在也搞不懂，當初自己為什麼會迷戀這傢伙這麼多年。」

兩人社會地位的反轉也沒有任何幫助。在北韓，俊相擁有比較好的階級背景、金錢、高級的日本毛衣與平壤的教育。現在，他是剛到南韓的脫北者，沒有金錢，也沒有人脈。和其他脫北者在一起，他也覺得格格不入。「你和他們出去喝一杯、輕鬆一下，但接著他們聊起一九八〇年代他們最愛的樂團，或他們十三歲時最愛的棒球隊，而你插不上話。你和這些人的歷史沒有交集。」俊相在某次與我共進晚餐時告訴我。

他在北韓受的教育在南韓一點用處也沒有，所學的科學與科技已經陳舊過時。俊相不可能馬上得到好的工作，因此只能持續打零工，例如騎摩托車外送食物。有一回俊相騎車外送時，被一輛計程車撞倒。他在人行道旁邊休息一陣子之後，發現自己沒有受傷，車子也沒有損壞，於是就騎車走了。當他回到餐廳，提到自己發生的事時，老闆聽了哈哈大笑。如果俊相不是什麼都搞不清楚的新移民的話，他早就向計程車司機要一筆和解金了。

俊相一笑置之。他不會讓南韓人的小小揶揄影響自己的心情。他的自信隱藏在深處，存放在自己的內心。俊相從未自怨自艾，也從未後悔叛逃，他唯一擔心的是自己永遠無法再見到父母。「老實說，我寧可在南韓當一個無家可歸的乞丐，也不要在北韓當一個科學家。」

新生活中享有的一丁點自由，都能讓他感到極大的滿足。他喜歡穿牛仔褲，只是因為他在北韓不能穿。他把頭髮留到肩膀。（「我一直夢想要讓自己長髮披肩。我想我必須在四十歲前這麼做，這樣我才不會看起來像個失敗者，」他對我說。）他看ＤＶＤ、上網，而且狼吞虎嚥地大量閱讀。在北韓，他一直努力尋找人文方面的書籍，但總是有所不足。我常拿書給他閱讀。他最喜歡的書是《一九八四》。他很驚訝喬治．歐威爾居然會這麼了解北韓式的極權主義。

最後一次見到俊相，兩人約定在首爾南部一處巨型的購物兼娛樂中心。那是星期日的下午，即將要過舊曆新年，整個購物中心人山人海。我們穿過人群，尋找一處談話地點，最後我們走進了迴轉壽司店，這種店最近在南韓頗為流行。從傳送帶上拿起我們喜歡的壽司，俊相告訴我，他已經重新回到學校，目標是取得藥師執照。寒暑假期間，他會到市郊的建築工地裝設通風系統。以他這種背景的人，這種選擇的確有點奇怪。我懷疑下次我跟俊相見面時，他做的事可能又會有所不同。

脫北者經常發現自己難以安定下來。對於逃離極權統治的人來說，要生活在自由世界並不是那麼容易的事。脫北者必須在一個擁有無限可能的世界裡重新探索自己。對於我們這些習慣自己做選擇的人來說，決定住在哪裡、做什麼、甚至於早上要穿哪件衣服，都不是件容易的事；對於一輩子都由國家為他們做決定的人來說，面對這麼多選擇，更足以讓他們完全癱瘓。

脫北者也經常受困於自身處境的多變。有許多脫北者（即使不能說絕大多數，但數量絕對不少）想返回北韓。其中絕大多數原本是相信金正日政權即將崩潰，他們可以在幾年內返回北韓，讓北韓重獲自由，因此才叛逃到南韓來。他們的假定其實相當合理的。一九九〇年代中期，金日成的去世與蘇聯的瓦解，使外交政策研究機構產生一種共識，認為北韓的終結已近在咫尺。曾經造訪平壤，拍攝過高聳的紀念碑、踢正步的士兵與膚淺社會主義宣傳看板照片的人，都對於北韓能夠存活到二十一世紀深感驚訝。「趁它還存在時趕快去看看，」這是一家旅行社主打的北韓旅遊廣告。

北韓的存續讓世界各國感到好奇，但北韓的存續對北韓人民來說卻是一場悲劇，甚至對那些已經逃出北韓的人亦是如此。俊相幾乎不可能再見到父母，除非北韓政權能在他們有生之年崩潰。美蘭只能祈求她的兩個姊姊能活到勞改營大門開啟的那天，屆時所有的長期政治犯都能重獲自由。

我的故事將停筆於此。北韓依然是這個世界上純粹共產主義的最後堡壘。宋太太才剛退休。玉熙在水原經營她的卡拉OK事業。金醫生正就讀醫學院的最後一年，俊相正就讀藥學系的第一個學年。二〇〇七年十二月，美蘭生了第二胎，這次是個女兒。對於自己無法完成這些故事，我只能表示歉意，因為故事裡的主人翁，就像北韓一樣，他們的故事仍持續進行著。

清津大街的公車站，二〇〇八年

epilogue
waiting

尾 聲
等 待

★

我在首爾為《洛杉磯時報》從事報導工作的這五年來，參加了無數晚宴，與會者包括了記者同業、外交人員與學術人士。每次晚宴對話都不約而同地提到北韓，而與會者莫不猜測金正日政權何時可能崩潰。

事實上，北韓政權的長命對許多專業北韓觀察家來說是個謎。一九九〇年代，北韓即將崩潰幾乎成為無可爭議的共識。（〈北韓即將崩潰〉〔The Coming Collapse of North Korea〕是一九九〇年六月刊登在與社論相對版面的文章標題，作者是研究北韓的著名學者尼可拉斯・艾伯斯塔特〔Nicholas Eberstadt〕）。一反眾人的預期，北韓撐過了柏林圍牆倒塌、蘇聯崩解、中國市場改革、金日成去世、一九九〇年代饑荒，與小布希總統的兩任任期。小布希曾著名地將北韓，連同伊朗與伊拉克，統稱為「邪惡軸心」，並且暗示他要讓金正日跟海珊一樣捲鋪蓋走路。

但到了二〇〇九年，小布希卸任，金正日儘管健康狀況不佳，卻仍掌握權力。他是二十世紀僅存的獨裁者，一個仍生存在這個世上的過時人物。金正日掌控國家的方式，彷彿正處於冷戰最激烈的時候，不斷地推出浮誇的宣傳文宣，禁止外國人造訪，以核子武器與飛彈來威脅真實或想像的敵人。五月二十五日，北韓進行第二次核試爆，在咸鏡北道的地底核試驗場（位於清津西南方五十哩處）引爆炸彈，美國情報單位估計其威力大約等於數千噸黃色炸藥。直到本書寫作為止，十六年來美國歷任政府的外交努力均未能與北韓達成協議，即使美方提出外交承認與永久結束韓戰為條件，也無法使其放棄核武計畫。北韓政權目中無人的態度充分顯示在幾星期後對兩名美國記者的嚴厲求刑上（十二年重勞動），他們因為報導時太靠近圖們江邊界而遭到逮捕。

六十七歲的金正日頭髮花白、形容憔悴。二〇〇八年夏天，有報導指出他罹患中風，而最近的照片也顯示他有一隻手臂癱軟無力，好像有一部分已經麻痺。

儘管金正日的健康狀況不佳，但這不必然表示北韓政權將就此走入歷史或甚至金正日的死將導致政權崩潰。在人民大會上，金正日的妹夫張成澤被指定為國防委員會委員。這項任命被廣泛解讀為張成澤將在金正日死後成為北韓名義上的領袖，但他或許只是暫時的掌權者，等到金正日喜愛的幼子二十六歲的金正恩年紀漸長，張成澤將把權力移交給他。

北韓觀察家花了許多時間辯論是否北韓內部的狀況將會改善或是惡化或是將出現任何轉變。我跟其他只造訪平壤幾次的人一樣，不願僅以個人的觀察對北韓的情況妄做評論，因為外國人只能看到北韓政府願意讓他們看見的部分，而北韓當局的確在這方面花了不少工夫。二〇〇八年，我前往北韓兩次，二〇〇九年初，我到了邊境兩次，這幾次旅行讓我留下混雜的印象。在平壤，我驚訝地發現這座首都正在興建六座嶄新的建築物，而其他建築物則圍上鷹架正在進行整修。到處都是鏈鋸與手鑽機的聲音。與其他日新月異的亞洲首都相比，這種現象算不了什麼，但對於平壤這座發展停滯，宛如深陷一九六〇年代時間膠囊的城市來說，這種現象卻值得注意。幾十年來，除了新建了幾座領袖紀念碑外，平壤實際上並未增添任何新建築。北韓導遊告訴我，現在平壤正在興建的住房單位有十萬個，目標是在二〇一二年金日成百年誕辰慶典之前完成。北韓觀察家相信，這些建設資金有部分來自中東地區。平壤最大而無當的建築物是那棟樓高一百零五層，外表像是座金字塔的柳京飯店。這棟飯店目前也在整修，這項工程是北韓與埃及電信集團奧斯康（Orascom）四億美元合約的一部分，而奧斯康現在也正為北韓鋪設行動電話網路。北韓對行動電話的短暫興趣在二〇〇四年火車爆炸案後中止，有些人相信這起事件是以電話引爆，目的是炸死金正日。行動電話要將北韓帶進二十一世紀恐怕還有一段很長的路要走。

除此之外，平壤還有什麼進步之處？樂園百貨公司的客層主要是外國使館人員與本國菁英，它的地下室有一間商品琳瑯滿目的超級市場，你可以在這裡買到冷凍的澳洲牛肉與美國早餐穀物。跟前幾次造訪相比，平壤街頭的民眾看起來生活得更好，穿著也更鮮豔。我最近一次前往平壤是在九月，那個星期相當溫暖，我看到一些女子腳踩著造型優美的高跟鞋。我也第一次看到體格稍微豐滿（其實遠不及美國的肥胖標準）的中年婦女，這在平壤是很稀罕的事，我趕緊掏出相機，趁她還沒拐過街角之前拍了一張照片。

平壤經常被說成是波騰金村（Potemkin village），是一個專為外國人設計的精美騙局。無論我們走到哪裡，總會看見盛裝打扮的可疑人物在各個不可能的地方出現——舉例來說，穿著傳統服飾的年輕女子，臉頰抹上胭脂，坐在金日成銅像前的水泥長椅上假裝看書。你要花一點時間才會發現哪裡不太對勁。我最後一次參觀平壤時，看見一群穿著嶄新制服的軍人走到金日成銅像前獻花。當他們深深一鞠躬向領袖致敬時，他們的褲管上提的高度剛好讓人看見他們沒穿襪子。襪子在軍中一直處於短缺的狀態。

當紐約愛樂去年前往平壤時，整座城市燈火通明，彷彿正值耶誕佳節——金日成廣場沐浴在探照燈下，白色小燈編成的花圈覆蓋了每一條大街。三百多人的代表團（包括音樂家與記者）住進羊角島飯店（由於它位於河中小島，妨礙觀光客四處遊走觀看，所以經常有人取綽號叫「惡魔島」）。飯店提供寬頻網路設備讓記者傳送與音樂會相關的新聞報導。當我們入住這家飯店時，發現房間的暖氣太強，許多人脫到身上只剩一件T恤。每一餐都讓人吃撐了肚子。晚餐是好幾道大餐，有鮭魚、乳酪口蘑烤蟹肉、羔羊肉、薄切雉肉，與維也納巧克力蛋糕。我們的早餐自助餐餐桌裝飾著冰雕、鏤空的哈密瓜，並且慷慨地擺滿各種食物。此外，這也是個大型展示會。我們之中即使是最愛冷嘲熱諷的記者，也留下北韓正在提升的印象，它似乎正從一九九〇年代的苦難行軍中逐漸恢復。

當然，我們都被騙了。這只是雷達螢幕上的小亮點，是北韓這個嚴酷、功能失調的國家短暫出現的一段有光的換幕時間。網際網路的連結消失了。燈光熄滅了。音樂會結束後的那個星期，我打電話給聯合國世界糧食計畫署當時駐平壤的代表尚-皮耶·德·瑪傑里（Jean-Pierre de Margerie），他告訴我：「你們一離開，這裡又變得黑漆漆的。」

在派駐北韓的各個援助機構中，世界糧食計畫署的規模是最大的，該署對於北韓經濟處境的評估相當悲觀。二〇〇八年夏天針對兩百五十個北韓家庭所做的調查顯示，有三分之二的家庭仍然以在鄉野採集野草來補充糧食，大多數成年人因為缺乏食物而不吃午餐。根據德．瑪傑里的說法，當被問到下一餐在哪兒時，受訪者要不是說不知道，就是模糊地回應，例如「我希望住在集體農產的親戚今晚能送點馬鈴薯過來」。有些受訪者一被問起這些問題，眼淚就流了下來。

聯合國機構不認為還會發生像一九九〇年代那樣的饑荒；不過機構也描述北韓民眾長達數年營養不良的情形。去年夏天美國援助機構在另一篇報告中表示：「老師提到孩子無精打采，他們的社交與認知能力也發展遲緩。工人無法上全天班，工作要花更久的時間才能完成。」醫院工作人員告訴援助機構，他們發現消化不良的病例增加了兩成到四成，主要是營養不良所引起的。

只要離開平壤，真實的北韓就映入眼簾，儘管你必須透過客運巴士或快速移動的車輛車窗才能看見。就連派駐平壤的援助官員也不許在無人陪同下前往鄉村。二〇〇八年九月，我到南浦一遊（美蘭第一次親眼目睹屍體就是在這座西岸城市），看到無家可歸的民眾睡在馬路旁的草叢裡。在一般工作日的早上十點，我看到不少人蹲坐在路旁，他們垂著頭，一副無事可做的樣子。一名年約九歲的孩子赤足走在人行道上，他穿著一件沾滿泥土、下擺垂到膝蓋以下的大人制服。這是第一次我親眼看見惡名昭彰的流浪燕子。

平壤與南浦相距約二十五哩，在連接兩座城市的道路上，可以看到凡是四肢健全的北韓人全投入了糧食生產的行列。中年辦公室女職員來到鄉村，她們帶著提袋，肩上扛著鏟子；在道路的一側，老年人四肢著地篩選可吃的野草。鄉村瀰漫著一股堆肥的惡臭，當地仍然使用糞便而非化肥。去年，南韓進口的化肥因為兩國關係緊張而大幅減少。田裡只有幾臺機動車輛；冒著煙的卡車看起來好像是燃燒木材與玉米穗軸獲取動力而非汽油。人們揹著巨大的袋子，拱著背走在顯然多年未使用的生鏽鐵軌上。

即使在狀況最好的時候，北韓也只能滿足國內六成的糧食需求，目前的北韓根本沒有能力進口剩下的四成。離平壤愈遠，糧食缺乏的情況愈嚴重。去年由聯合國世界糧食計畫署與糧食與農業組織（Food and Agriculture Organization）共同進行的評估再度點名咸鏡北道是最容易出現糧荒的省分。

北韓經濟持續萎縮。設於首爾的韓國銀行估計，北韓經濟在二〇〇六年萎縮了百分之一．四，二〇〇七年是百分之二．三。（直到本書寫作為止，二〇〇八年的數字還沒公布，但預期應該也是萎縮。）

自從保守派李明博於二〇〇七年十二月當選總統之後，南韓對北韓的投資就開始縮減。南韓遊客前往非軍事區以北的金剛山景點（北韓獲取強勢貨幣的最大來源）觀光，也因為去年夏天一名遊客遭北韓士兵誤殺而告中止。兩韓關係的緊張也威脅到國境線以北一項富有前景的計畫，此即開城工業園區，南韓工廠在此僱用了三萬八千名以上的北韓工人。

平壤的好戰情緒與經濟上的強硬路線合流。共產世界向資本主義屈服已經二十幾年，但金正日仍企圖以他的父親在一九五〇年代的做法管理經濟。要說金正日有什麼作為，我們只能說他讓整個北韓的經濟大幅後退，將過去十年的市場改革一筆勾消。市場讓北韓獲得了進口水果與鮮艷的T恤，但勞動黨卻持續打壓市場，有人因此擔心市場可能很快就會完全關閉。北韓市場的交易時間被限制在下午兩點到六點。政府只允許五十歲以上的婦女從事小販業；所有男性與年輕女性都必須到國有企業從事官方指定的工作。對於買賣的商品，限制也愈來愈多。除了稻米與玉米外，大豆也禁止在市場交易，以避免流入中國並轉售給敵國南韓。特別警察在市場巡查，沒收禁止販賣的物品。

「我們的將軍想走社會主義老路，」一位名叫金泳哲（他自己告訴我的）的商人說。他是我在二〇〇九年六月在邊境附近訪談的幾位咸鏡北道民眾之一。金泳哲表示，北韓政府已經發動了一場反「中國製」商品的運動，而且實際上已經讓整個市場的化妝品、糖果、點心與藥品完全消失。

「我們應該購買北韓產品而非中國產品，但北韓根本沒有生產任何東西，所有的物品都來自中國，所以現在根本沒有東西可買，」他說。

李明熙，一名五十多歲的婦女，她抱怨這些限制已經扼殺了經濟的活力。

「如果他們不給我們食物與衣服，又不許我們購買這些東西，那我們要怎麼活下去？」她質問。李明熙是吉州人，而吉州是最靠近核子試驗場的城市。她在核試前五天離開北韓。她對很多事情感到憂心——輻射外洩，即將到來的聯合國制裁，經濟狀況。斗大的淚珠沿著瘦削的雙頰滑落，她問：「人民正在挨餓，把錢花在核子武器上不是一種浪費嗎？」

雖然中國仍然是北韓最大的貿易夥伴，但圖們江兩岸的貿易卻已減緩。在二〇〇八年北京奧運即將開始之前，中國在江邊設置了有刺的鐵絲網與監視攝影機。北韓邊防衛兵的碉堡變得更密集以防止叛逃與非法貿易。一名在清津擁有工廠的中國商人告訴我，北韓政府最近禁止出口鋼板到中國，理由是重要資源不應該運往國外。

清津可能是北韓最富企業進取心的城市，但它一直受到中央權威的打壓，後者擔心清津可能會脫離它的掌控。該市過去十年的命運與邊境貿易息息相關，而與平壤的指揮漸行漸遠，居民乃至於地方官員都變得較不順從。二〇〇八年三月，當不滿五十歲的婦女不准在市場工作的命令首次施行時，民眾明確表達了反對的立場。女性攤商罕見地在清津水原市場的管理辦公室前公開發起抗議，她們高喊：「給我們食物，否則就讓我們做買賣。」

市場當局被迫讓步，不過今年他們又想重申這項禁令。我遇到不少清津人，他們都表達了相同的感受：為什麼政府不滾遠一點，讓我們好好過日子？這種事情不用多說，大家心裡都明白。二〇〇四年，我在中國遇見一名清津煤礦工人，他告訴我：「民眾不是笨蛋。每個人都認為政府該為這場恐怖的浩劫負責。我們都知道自己這麼想，也知道別人的想法跟我們一樣。這種事大家心照不宣。」

本書提到的人物，他們偶爾還能透過茂山、會寧及其他可以收到中國訊號的邊境城鎮，用非法電話與清津的家人聯繫。二〇〇九年三月，宋太太與她的兄弟講過電話之後告訴我：「情況就是這樣，大家都過得很辛苦。市場沒有太多糧食，物價也高得嚇人。他們只能量入為出。」她說她的兄弟過得比大多數人好，因為還能靠她經由中國寄錢接濟他們，但大多數都被官員沒收了。

「脫北者的家庭在鄰里間算是最有錢的」，玉熙對我說：「我丈夫說，安全探員總是到家裡來要東西；他們甚至跑過來刮鬍子，因為他們知道他是唯一有刮鬍刀的人。」

貧富懸殊也導致犯罪率攀升。宋太太二女兒的丈夫在鐵路局擔任安全警衛，直到二〇〇六年，他才在玉熙的邀請下與妻子一起來到南韓。他叛逃的時候，貨倉已經開始出現許多糧食竊案，警衛配發槍枝與實彈，而且下達格殺令。同樣的命令也適用於鐵道兩旁狹窄隙地種植的玉米，這些是鐵路局員工家庭的糧食。清津也有嚴重的毒品問題，這裡很容易取得甲基安非他命，又稱「冰毒」。這些毒品通常在小工廠裡製造，販售到城內或中國邊境。它的價格低廉，可以減輕飢餓感，很符合北韓的生活需要。

我在平壤看到的景氣小幅回升，例如一些新的建築工地，這種現象似乎未曾在清津出現。除了主要大街旁的一兩座加油站，過去幾年來這座城市並未出現什麼重要建設。最新的建築物是一座外表經過裝飾的粉紅色建築，這是一九九〇年代末期興建的，是金正日花的長期展示場地。一號道路兩旁的建築物正面，以鹿蹄草的輕淡色調或以桃色重新粉刷，但是外牆的簷口卻開始崩解掉落，對來往的行人持續構成危險。道路兩旁每隔一段距離就有一塊新的海報，大力宣傳政府最新的重建經濟口號：經濟前線。

過去幾年，清津出現了幾家民間餐廳，他們利用國營餐廳或國營公司倒閉後留下的空大樓來營業，此外，也出現了幾家歌唱房，也就是卡拉ＯＫ。然而，這些生意絕大多數都維持不久。「我看不到任何進展的跡象。事實上，清津像是一座時光倒退的城市，每一件東西都年久失修，而且似乎只有愈來愈糟的份」，世界糧食計畫署亞洲地區主任安東尼．班伯利（Anthony Banbury）於二〇〇八年八月造訪清津後表示。「絕大多數的工廠都已經停工。八根煙囪頂多只有一根在冒煙。」

德國地理學家艾卡特．德格慷慨提供許多照片給本書。二〇〇八年九月，他獲准參觀清津與鏡城，鏡城就是美蘭成長的地方；他也發現當地幾乎沒有任何經濟活動，只看到一大群平民在通往鏡城的路上，完全以人力重新修築公路。「好幾千人在山上鏟土，把土運下山，然後倒在地上形成好幾座小土堆，彷彿在建築金字塔似的」，德格說。在清津市內，他注意到數量多得不尋常的民眾蹲坐著，這個姿勢幾乎已成為北韓的象徵，他們彎曲著膝蓋頂著自己的胸部，僅靠著雙足維持全身的平衡。「世界其他地方的人們總是在做著某件事，但這裡的人們只是蹲坐著。」

這是許多人眼中看到的北韓景象。由於缺少椅子或長凳，民眾往往直接往地上一坐，一等幾個小時，不管在路旁、公園、還是市場，都是如此。他們兩眼直視前方，彷彿在等待什麼——他們等待的是路面電車？也許。還是經過的車輛？朋友，或是親人？也許他們並沒有明確等待的東西，他們只是在等待改變。

——芭芭拉．德米克

二〇〇九年九月

epilogue

新 版 後 記

★

二〇一一年十二月十九日正午，北韓的廣播和電視發布了一則特別的消息，宣告金正日已死於心臟衰竭。他在相對年輕的六十九歲與世長辭，而他的死並不完全在意料之外。兩年半前，他就中風了，走起路來步履蹣跚，一隻手臂明顯麻痺，一度飽滿的大肚腩也消了氣，一連數月沒有出現在公眾面前。平壤按照金日成於一九九四年辭世後的處理方式處理每一個細節。在他死後，北韓政府給自己兩天的時間做準備，接著通報所有相關單位、軍隊、學校與官方機構即將發布特別公告的消息。電視主播李春姬穿著似乎是之前同一套的黑色傳統服裝，以顫抖的哭腔播報金正日之死。為期十天的國喪期正式展開。也和之前一樣，平壤的電視連續播出哀戚的群眾在全市各銅像聚集的鏡頭，只不過這一次是穿著冬天的大衣。街上有著唏唏嗦嗦的低喃聲，伴隨著抽噎和啜泣，間或傳來一聲聲的「Abogi、Abogi」，或者「父親」。葬禮的儀式包括在平壤街上長達三小時的遊行。紛飛的白雪覆蓋街道，某位播報員說是「從天堂落下的眼淚」。帶領送葬隊伍的是一輛黑色大禮車，車上架著一副面帶微笑的金正日肖像，肖像有廣告看板那麼大。後方，另一輛大禮車載著棺木，政府高官在兩旁隨行。前方，身著一襲黑衣、一手扶著禮車的，是個胖嘟嘟的青年，這人還不滿三十歲。

金正恩剛成為全世界最年輕的國家元首。他從不明朗的處境中一躍而出，把金氏王朝延續下去。身為身分受到承認的金正日的三子，他是晉升領導者的一匹黑馬。小時候，他假冒成北韓大使館某位普通外交官的兒子，被送到瑞士的伯恩（Bern）念中學。金老三本來不是什麼重要人物。金日成假定的繼承人是長子金正男，但他因為二〇〇一年持假護照赴日本迪士尼樂園遊玩被捕，令北韓蒙羞而喪失了資格。於是，排名最末的金老三被帶回北韓，伴著他的是一份捏造得天衣無縫的學經歷，以及新的一頁神話。據稱，他有金日成綜合大學（Kim Il Sung University）物理系的學位，還有金日成軍事學校（Kim Il Sung military academy）的學位。政令宣導人員在二〇〇九年開始推出這位新的偶像。首先，他們在意識形態訓練課程中以「年輕將領」和「傑出同志」介紹他，直到翌年他成為四星上將及中央軍事委員會副委員長才提及他的大名。這就等同於出道發表會。二〇一〇年十月十日，金老三站在父親身旁，出席勞動黨六十五週年慶的盛大閱兵典禮，在公眾面前亮相。

金正恩是個身材渾圓的年輕人，以年僅三十歲的人來說，他的腰圍和雙下巴頗為突出。他那像貓王般頂部往上梳、兩側剃光光的髮型，就如同他父親的增高鞋和墨鏡一般，惹得諷刺漫畫不畫他都不行。年輕的金老三的最佳招牌是笑容，露出一口白牙，還有個小酒窩，讓他顯得和祖父有幾分神似，而又惹人喜愛。在外人眼中，這位少年頭家的體重在一個瀕臨饑荒的國家顯得很突兀，但北韓人似乎只因此而更尊敬他。

金正日死後的餘波，是我第一次聽到北韓人民表達出一絲樂觀的跡象。不需要太多的刺探，北韓人就會承認他們對金正日的觀感是五味雜陳；他們把饑荒歸咎於他。「金日成死時，我哭得死去活來。我不知道我們要怎麼活下去。金正日死時，我也哭了，但沒哭得那麼慘。我們的生活這麼艱難。老實說，我們對他沒那麼忠誠。」二〇一二年，我在中國遇到一名來自平壤的女性，她告訴我：「他這麼年輕。我們認為他會開放北韓。他不會像其他人那樣治理國家。」

金正恩此時上任可謂相當走運，一波和二〇一二年金日成百歲冥誕綁在一起的建設計畫已經動工。數以千計的住房單位有著現代主義大師柯比意所設計的流線形外觀。大學生被拖出學校來當蓋房子的「自願者」。柳京飯店這棟一百零五層樓高的金字塔型建築，還沒蓋完就空蕩蕩地閒置了超過二十年，儼然已成為全國的笑話，如今也再度開工。平壤火車站上方，一塊時代廣場風格的電子看板播送著北韓的電視節目。在這個從一九八〇年代以來就沒什麼改變的城市，亞洲最故步自封的首都之一，這副景象相對更顯壯觀。建造工程實際上從二〇〇八年就展開了──那年，我很訝異在一次旅途中聽到電鑽的聲音──但這一切卻讓人覺得是精力旺盛的年輕領導人的傑作。

成為領導人不久後，金正恩娶了年輕迷人的李雪主為妻。根據某些報導，她來自清津。她和她的領導人丈夫常被拍到一起公開亮相──她往往身穿香奈兒風格的訂製套裝，而最引人注目的是，她沒有配戴金日成肖像的襟章。在過去，領導人的配偶是國家機密。她的公開形象猶如一大進步，讓這個國家顯得稍微不那麼奇怪。

至少在一開始，金正恩表現得比他父親對經濟改革的態度更為開放。金正日最後幾年執政的特色是幾乎持續不斷地打擊市場──政府頻頻禁止大豆、馬鈴薯、化妝品或任何「中國製」

的東西。二〇〇九年底，更以迅雷不及掩耳的速度作廢北韓貨幣，藉以控制市場。此舉引發連月混亂，幾乎掀起暴動。金正日死後，壓力減輕，市場獲准更為自由地運作，民眾稍微鬆綁。北韓官員會私下告訴高層代表，新的領導人會將經濟擺在第一順位。二〇一二年夏天，一名資深人道救援官被告知：「黨與人民團結的力量遠遠強過核子武器」、「為了發展敝國經濟，敝國需要和平的氣氛」。

情況還是一樣，金正恩並沒有要背離父親的武器計畫。二〇一二年四月，北韓嘗試發射人造衛星，基本上是和洲際彈道飛彈一樣的技術，它在升空後幾秒鐘就墜毀了。十二月，他們又試了一次，這次成功把一顆小型衛星送上軌道。接著，二月時，他們宣布他們已經在距離清津六十哩的吉州完成一次地下核子試爆，那是二〇〇六年以來的第三次測試，多多少少證實了北韓至少也擁有粗糙的核武技術。這本來可以是金正恩慶祝勝利的一刻，結果卻演變成一場公共關係的災難。面對聯合國不可避免的核子試爆制裁行動，北韓做出猶如集體精神崩潰般的反應。它撕毀一九五三年終結韓戰的停戰協議，對南韓宣戰，威脅要以核武攻擊美國和美國在關島與太平洋的基地，警告說他們會「扭斷喪心病狂的敵人的手腕，徹底切斷他們的氣管，讓他們清楚看到真正的戰爭是什麼樣子」。二〇一三年四月初，北韓要求外國大使館從平壤撤離，因為這個區域「就要掀起核子大戰」。

即使以北韓的誇張標準來說，這也夠嚇人的了。全世界的頭條新聞叫嚷著重啟韓戰的可能，這一次說不定還牽涉到核子武器。美國增強武力嚴陣以待。北京氣急敗壞地指責年輕傲慢的金老三把更多美國軍隊引來太平洋。中國一反過去對北韓的支持，在聯合國安理會投票贊成制裁行動。中國學者公開表示中國應該終止對北韓的支持，這可是讓北韓的前景蒙上陰霾，因為截至二〇一三年為止，北韓有大約九成的燃油都仰賴中國進口。雪上加霜的是，北韓沒來由地決定關閉非軍事區北邊的開城特級市工業園區。在這座工業園區，北韓勞工受僱於南韓人經營的工廠，一度展現了南北韓之間的「陽光政策」，也是北韓其中一個最穩定的合法收入來源，每年供應九千萬美元的薪資。一般認為，北韓政權是想藉由經過精打細算的威脅得到注意，最終獲得援助與讓步。換言之，北韓政權是個理性而高竿的演員。這下子，威脅攻打美國的北韓，卻顯得像「河東鼠吼」（譯注：典故出自電影《河東鼠吼》〔*The Mouse That Roared*〕，片中的迷你小國對美國宣戰，打了一場糊塗仗）的老鼠一樣滑稽。

此舉引發的反效果始料未及，那些威脅太言過其實，並不符合北韓實際上的能力，人們開始質疑新政權走不走得下去。一位退役的中國將領告訴我：「這孩子不知道自己在做什麼。」

金正恩的行為只變得更加陰晴不定。截至目前為止，最莫名其妙的一起事件要屬在二〇一三年十二月剷除並處決他的姑丈張成澤。六十七歲的張成澤在咸鏡北道長大，也有人說是清津。在神魂顛倒地墜入愛河之後，他違背金日成的意願，娶了金正日的小妹、也是唯一同父同母的手足金敬姬，他們的羅曼史是清津熱門的八卦話題。年輕時衝勁十足的張成澤到過南韓和中國，成為這個封閉的統治家族當中最見多識廣的一位。他把他的兩個哥哥安插在高階將領的職位，又為姪子和妻舅安排外交職位。他透過軍事貿易公司，一手掌握海產、煤炭、礦物和民生消費品等邊境貿易，被認為是推動國境之北商業活動的功臣。在他的最後幾年，意識到自己健康狀況衰退之下，金正日拔擢張成澤為實質上的攝政王，輔佐年輕的繼承人步上軌道。在這之後，他被認為是舉國上下權位第二高的人。

此番肅清行動之戲劇化足以讓史達林引以為豪。北韓電視播出勞動黨一次特別會議的畫面，會議中張成澤當場被拖了出去。幾天後，新聞報導說「連狗都不如的卑鄙人渣張成澤」已因意圖掌權遭到處決。（中國某些部落客聲稱張成澤被脫個精光，活活餵給一群餓狗。不過這個說法幾乎可以確定是空穴來風，比較有可能的情節是張成澤單純只是遭到槍斃。）一篇非比尋常、長達兩千七百字的報導指控張成澤將天然資源賤價賣給中國人，並對金正恩表現出種種不敬的行為。舉例來說，張成澤被控在金正恩升任中央軍事委員會副委員長時「拍手拍得意興闌珊」，並且在內衛部隊辦公室將金正恩的銅像放在陰暗的角落，而不是放在見得著光的地方。後續報導指出張成澤垮台的真正原因是他獨吞中國邊境貿易的大餅，與重要的軍事夥伴做出切割。

儘管沒那麼大張旗鼓，金正恩後續還處理掉多位前朝元老。截至二〇一三年底，當初為金正日扶靈的七位大臣，已有五人遭到肅清。似乎因肅清張成澤而獲益的副委員長崔龍海，也在二〇一四年五月一日遭到降職。金正恩彷彿是有計畫地從政權中踢掉這些人，同時拉拔他自己的手足——主要以身為艾瑞克・克萊普頓（Eric Clapton）的歌迷、並追隨他在世界各地的演唱會而出名的哥哥金正哲，以及經常現身陪同其側的小妹金汝貞。

在他的統治之下，金正恩以追求年輕化為重。身為新任領導人，他的其中一個當務之急就是監督平壤的老舊遊樂園翻新。北韓的政令宣導人員廣為散布他坐在新雲霄飛車上的照片。在閱兵表演和施放氣球的助陣之下，一座新的水上樂園於去年開張，裡面有紅、黃、藍相間的滑水道；全國第一座滑雪場於一月開始營運。至於與國際上的接觸，在金正恩統治下獲邀到平壤的外國人，最受矚目的要屬渾身刺青、臉上穿環的籃球員丹尼斯・羅德曼（Dennis Rodman）。他在二〇一四年一月八日醉醺醺地出席金正恩的三十一歲慶生會，高唱生日快樂歌，令人毛骨悚然地聯想到瑪麗蓮・夢露（Marilyn Monroe）給約翰・甘迺迪（John F. Kennedy）的生日祝福。

筆者寫作的此時，北韓一如既往地和國際社會脫節。聯合國人權委員會二〇一四年二月發布的北韓人權調查報告，對這個國家做出了截至目前為止最為全面的控訴。在這份長達四百頁的報告中，委員會指控北韓「屠殺、謀殺、奴役、刑求、監禁、強暴、強迫墮胎及施行其他性暴力，以政治、宗教、種族、性別為由進行迫害，強迫人口遷徙，強迫人口失蹤，以及蓄意導致長期饑荒等不人道行為。聯合國專案小組形容這些慘無人道的罪行「在當今世上無出其右者」，並提高領導階層應受國際刑事法庭審訊的可能性，甚至包括金正恩本人在內。

再來，北韓也牽連上近年來最具毀滅性的網路攻擊。駭客入侵索尼影視娛樂（Sony Pictures）的電腦網，竊取珍貴的機密資料，包括令人難為情的私人電子郵件。這起事件成了接下來好幾個月的頭條新聞。北韓此舉顯然是為了報復塞斯．羅根（Seth Rogen）的諷刺電影《名嘴出任務》（*The Interview*），片中一名電視記者被派去暗殺金正恩。就某方面而言，這次的網路攻擊是金正恩截至目前為止做得最成功的一件事；在二〇一五年第一季，索尼必須撥出一千五百萬美元的預算做危機處理，而這次的攻擊比起任何核武或飛彈測試都讓金正恩獲得更持久的關注。

有關解除核武的談判始終陷入僵局，多位談判者都做出金正恩永遠不會願意放棄發展核武的結論。二〇一三年，他在一次勞動黨中央委員會上公布他的口號——「byungjin」，大概可以粗略翻譯成「同步政策」，宣告北韓將同步發展經濟與核武實力。為了推廣這項新政策，他們製作了一首歌和一支歡樂的政令宣導影片，飛彈和滑水道、坦克與工廠的畫面在片中交替出現，搭配好記又動聽的副歌：「經濟和核武同步前進。」

美國的分析家對這種想法嗤之以鼻。「他妄想魚與熊掌兼得。」一位美國官員對我說。但北韓卻微微顯露出經濟復甦的跡象。在二〇一三年和二〇一二年，北韓經濟實際上呈現略微成長的態勢。根據南韓中央銀行發布的數據，北韓這兩年的經濟成長率分別是百分之一．一和一．三。位於首爾的現代研究院（Hyundai Research Institute）預測二〇一五年將提升至百分之七。

至少直到張成澤的肅清之前，北韓都還在研擬十三個經濟特區，這些計畫就仿效中國在一九八〇年代的自由貿易實驗。

北韓在過去十年所發生的頭號大事或許是手機的引進。二〇〇八年，負責翻新柳京飯店的埃及電信商奧斯康引進了這項服務，據報在二〇一三年北韓國內已有兩百萬支手機。要裝電話也變得容易得多。對北韓來說，電話是一種啟蒙，它就算沒將這個國家帶到二十一世紀，至少也帶到了二十世紀中期。儘管電話不能用來打到國外或搜尋網路，它至少也把這個國家往前推進了幾十年，讓它得以正常運作。市場裡的商販如果需要更多存貨，或想要知道在國內其他地方的商品價格，只要打一通電話給供應商就可以了。在此之前，就連想要完成最簡單的任務都會困難得令人抓狂。

金正恩試圖要玩與中國共產黨一樣的把戲——試探一下開放經濟的效果，但依舊緊握政權不放。儘管在經濟上有種種補破網的作為，但思想的自由和表達還是付之闕如。

北韓依舊是兩千三百萬人民的牢籠，只不過籠子裡的條件可能有所改善，至少對平壤的核心階層而言是如此。金正日和金正恩顯然明白他們的存續有賴於死忠擁護者的效忠。平壤的高層幹部過去頂多擁有和南韓工廠工人一樣的生活水準，如今菁英分子至少也有舒適的公寓。如果他們有錢，也有民生消費品可買。高級商場曾經被視為恥辱，但現在北韓的電視會播出豪華的開幕典禮。就連金正日都擁抱消費主義：在他死前最後一次的公開露面，他去平壤逛一家由中國人經營的沃爾瑪，那間超市有二十種牙刷、十二種不同牌子的啤酒，以及像是四季寶花生醬（Skippy peanut butter）這種進口貨。

近來參觀平壤的外國人會很訝異地看到，這座首都並不符合它史達林主義時間膠囊的形象。這座城市的年輕女性穿高跟鞋，青少年把棒球帽反過來戴，小女孩穿著漂漂亮亮的粉紅色。平壤有迪士尼卡通人物T恤，也有憤怒鳥背包。而北韓最新的流行是溜直排輪——金正恩的年輕化政策所引進的另一項產物——一樣也為這個國家營造出一個幸福生活的假象。

清津最近發生了高樓竄起的現象。幾年前，一號道路上的建築外牆做了拉皮，有些建築也展開整修。浦項廣場的金日成銅像旁，去年開工建造一棟二十二層樓高的大樓。截至去年夏天為止，他們已經蓋到十二樓，儘管工程似乎停擺了。廣場後方是一個展覽中心，裡面有模型展示一座計畫中的遊樂園，以及一座被一位參觀者形容是「未來派杜拜風格的高塔」。

這看來是為了吸引觀光客所費的一番工夫，而吸引觀光客則是希望他們能帶來強勢貨幣。在最近的參訪行程中，學者被護送去參觀一所模範幼稚園，那裡的女童臉頰和嘴唇塗得紅通通，穿著螢光粉紅色的裙子，在舞台上娛樂觀眾。模範兒童盛裝打扮給外國人看。但當遊客走出幼稚園的大門，從公車上看過去，他們瞥見兩個大約和裡面的幼童年紀相當的小男孩，穿著骯髒、過大的衣服，正在徒手挖著一堆石頭。

北韓觀察家花很多時間彼此爭論這個國家的國內情況究竟是比較好、比較差，或根本沒有改變。但我們的觀察都存有疑點，因為北韓在蒙蔽真相上下了不可思議的苦工。觀光客會在各種不可能的場所，看見盛裝打扮的可疑人物在那邊擺姿勢。年輕女性坐在金日成銅像前的水泥長椅上假裝看書，她們的臉頰抹了鮮豔的腮紅，身穿傳統服飾，方方正正的上衣繫了一個蝴蝶結，僵硬的裙襬膨得像帳篷似的。事實真相只在轉瞬之間。有一次，在雕像前，我從後面看著一群軍人代表，穿著光鮮體面、燙得筆挺的制服上前獻花。當他們深深一鞠躬以表敬意時，他們的褲管提了上來，剛好可以讓人看到他們沒穿襪子。

二〇〇五年初次造訪平壤時，我在晚上回到高麗飯店的房間，發現儘管有標語建議賓客節約用電，服務生卻把每一盞電燈都打開了，包括浴室和衣櫃裡的電燈。後來有人向我解釋，由於適逢中國國家主席胡錦濤造訪，燈火通明是為了給他的代表團一個好印象。二〇〇八年，我再度造訪平壤，這次是一個代表團伴隨紐約愛樂交響樂團而來，只見全城張燈結綵，彷彿正值耶誕佳節。金日成廣場沐浴在探照燈下，白色小燈編成的花圈讓主要街道明亮起來。包括音樂家和記者在內，人數超過三百人的代表團住在羊角島國際飯店。雖然是二月，外面冷得要命，旅館房間卻熱到我們脫得只剩T恤。他們設了一個可以連上網路的媒體採訪中心。晚餐是有鮭魚、奶油烤螃蟹、羔羊肉、薄切雉肉和維也納風格巧克力蛋糕等多道餐點的饗宴。我們的自助式早餐檯裝飾了冰雕和果雕，食物也相當豐盛——當中還包括香蕉三明治——或許有點怪，但仍舊不失為一場華麗的大秀。就連我們當中最為心存懷疑的記者都不禁認為北韓要出頭天了，它正穩步脫離一九九〇年代的困境。當然，我們被騙了。那只是海市蜃樓，是一片漆黑中一道稍縱即逝的光芒。北韓的真面目是一個失能的國家。網路連結消失了。萬家燈火熄滅了。音樂會過後一星期，我和當時在平壤的聯合國世界糧食計畫署代表尚-皮耶．德．瑪傑里通電話，他告訴我：「你們一離開，這裡又是漆黑一片。」

只要離開平壤，真實的北韓就映入眼簾，儘管只是透過客運巴士或快速移動的汽車車窗才能看見。在南浦特別市（美蘭初次親眼目睹屍體的那座西岸城市），這是我第一次瞥見「kotchebi」，流浪的燕子——一名年約九歲的男孩，穿著一件髒兮兮的制服，光腳走在路邊。顯然無家可歸的人們，就睡在馬路旁的草地上。在一般工作日的早上十點，不少人彎腰駝背蹲坐在路旁，他們垂著頭，一副無事可做的模樣。

近來我在中國遇到的北韓女性大致和宋太太很像，都是疲於工作勉力維持家計的伶俐人。她們有些是勞動黨員，運用人脈或金錢到中國來工作。我在二〇一二年被介紹認識金槿姬，她是年紀五十開外的婦女，皮膚皺得像陳年羊皮紙，粗硬的捲髮綁在脖子後面。她告訴我她是怎麼協助她先生和兩個成年兒子釀私酒和養豬的——這兩件工作搭配得天衣無縫，因為她就用釀酒產生的酒糟餵豬。她凌晨四點半起床，拔草為她自己和豬隻加菜。她從不吃肉，他們會把豬賣掉去買米，把米加到做為他們主食的玉米糊裡。金太太說，她二十五歲的大兒子在從軍七年之後被軍方解職，因為他營養不良病倒了。「他一餐只能吃到三顆馬鈴薯。沒有米。」她的小兒子二十歲，被分配到一家工廠製作鐵路設備，但由於沒有薪水，他實際上還每個月付給工廠三塊錢，好讓他能開小差去幫他媽媽養豬、釀酒。

金太太來自平壤郊區，定期會進城去，她看得出來平壤在進步。「有更多建設，更多人在蓋房子，平壤也有更多東西可買。但日復一日，我們的生活其實更困難。」

金正恩似乎把他的好意都揮霍在他的浮華計畫上了。「大家在挨餓的時候蓋一座遊樂園有什麼用？」五十八歲的卡車司機金永哲質疑道。他也來自平壤郊區，於二〇一三年八月脫北。「金正恩上任時說他會改善人民的生活，可是這件事根本就沒有發生。」

近年來，我所遇見的每一個北韓人都描述了暴力犯罪和吸毒氾濫的現象。在咸興市遮得密不透風的製藥廠附近，失業的製藥師於二〇〇四年左右開始在廚房實驗室裡煉製甲基安非他命。從那之後，北韓人稱之為「orum」或「冰毒」的甲基安非他命，就散布到清津和像會寧這樣的邊境城鎮。它既便宜又能抑制食慾，對北韓來講是理想的毒品。北韓人告訴我，它被任意當成用來招待客人的東西。主人不是請客人喝杯茶，而是哈一口。

隨著貧富差距愈來愈大，無業遊民有增無減，這當中不只有流浪兒童，也有流浪老人。「年輕人自身難保，有時只好把老人掃地出門。」一名於二〇一二年夏天脫北的四十九歲婦女說。這名婦女名叫朴貞淑，她向我提到在脫北幾個月前，她在水南河岸從一具無人認領的老人屍體旁邊走過。「一直走到火車站，我還是看到很多無家可歸的孩子。你得把你的食物遮好，否則他們會來搶。」

跟宋太太很像，朴太太也是自食其力。她靠烤餅乾維生，但由於買不起糖，她只好添加糖精讓餅乾變甜。她先生在工廠有一份無薪的工作。朴太太告訴我，她是勞動黨黨員，並運用她的人脈獲准造訪中國，希望能來跟親戚借點錢幫助家裡。

我問她，她覺得還有多少人依舊是北韓政權的信徒？

她壓低聲音，毫不含糊，斬釘截鐵地說：「零個。讓我們支撐下去的不是對體制的信心，而是對活著的信心。」

其中一個體制衰敗的跡象在於：如今金錢比政治上的效忠重要得多。人們可以靠金錢越過邊境或逃出勞改營。諷刺的是，脫北者的家庭通常比一般人生活優渥，因為他們有南韓送來的錢。幫人偷渡出去的掮客也賺到了現金，而這些現金則用來買公寓、電腦，或只是買米。漸漸地，保安人員都知道哪些是脫北者的家庭，並且登門索賄。玉熙告訴我，街坊上的保安人員需要刮鬍子的時候就去找她老公。「他們知道他是唯一一個有刮鬍刀的人。」玉熙說。

北韓政權還能維持多久？這是我在公開談論北韓時最常被問到的問題，也是我在首爾出席的無數晚宴上，記者、學者和外交人員談話的主題。

儘管有種種不利條件，北韓撐過了柏林圍牆倒塌、蘇聯解體、中國的市場改革、一九九〇年代的饑荒、金日成之死、布希總統的兩任任期——布希將北韓列為「邪惡軸心國」，並威脅要讓金正日遭到跟海珊一樣的下場。金正日不只讓他氣數已盡的預言落空，還成功將權力巧妙移交給他那年輕、生澀的兒子。

北韓持續破除有關它垮台在即的預言。許多分析家預期，在金正恩肅清姑丈張成澤之後，北韓政權會因為內部鬥爭而導致內爆的結果。但目前看來，這個年輕人依舊穩坐王位，猶如還在冷戰時期似地治理他的國家，大量濫造誇張的政令宣導，禁止多數外國人造訪，以核武和飛彈威脅真實的和想像的敵人。他活脫脫是當今之世碩果僅存的獨裁者，也是一個活生生的時代錯誤。

北韓政權的延續對脫北者而言是一大絕望。今年稍早，我最後一次看到俊相時，他告訴我他對北韓垮台不抱希望，也不期望它有什麼重大改革。他已經接受這輩子再也見不到父母的事實。「事情的發展令人無法置信。我不認為我們會有必要開放邊境，但我不能想像在過了十年之後，我們還是不能傳簡訊或通電話。」俊相有點苦澀地說：「北韓照理說有上百萬支手機，但如果你不能打到國外，那它就是個笑話。」

以本書當中和家人有所聯絡的脫北者來說，他們是透過在茂山和會寧等城鎮使用非法中國手機撥打，這些地方靠中國夠近，能夠接收到邊境那頭的訊號。為了打手機，他們的家人必須從清津過來，旅途所費不貲，而且愈來愈冒險。自從張成澤去年遭到肅清以來，北韓政府顯露出制裁跨境與中國交易的跡象。家人害怕被監聽，不敢多說，對話通常很簡短而無法令人滿足。「他們總是說情況不好，寄錢過來。」宋太太說。她一年和住在清津的哥哥姊姊聯絡幾次。

我和這本書裡的六個人仍保持聯絡。我認為他們過得都比一般脫北者要好，而這或許並非巧合。至少在潛意識裡，我不自覺地挑選了比較樂觀的樣本來勾勒脫北者的面貌；我也認為他們之所以願意對我敞開心房，意謂著他們已經能夠消化脫北的衝突情緒，又或者聊一聊具有能讓他們宣洩一下、走出陰霾、繼續前進的作用。

從妹妹、妹妹的丈夫到孩子，玉熙一個接著一個將家中的晚輩帶了出來，每次付給人口販子一萬美元。玉熙經過一番苦勸、花了一筆錢，才把自己的女兒弄出來。現在，玉熙經營三家「唱歌房」。每個人都在家族事業裡工作，包括宋太太在內。儘管年近七十，宋太太已經可以退休了，但她說：「我怕不工作會太無聊。」

經過幾年的苦熬，金智恩通過醫療執照考試，在南韓成為一位合格的醫生。她在東首爾開了一家診所，收入足以讓她付錢給掮客，把她的兒子從北韓弄出來。（她的前夫已死於癌症，所以沒人阻止他離開。）她誇口說她兒子「聰明、高大，在和一位南韓女性交往」。上次和她談話時，這個年輕人和他的教會唱詩班去了夏威夷。金醫生自己也四處旅行，善加把握脫北者所能享有的機會。去年她去了柏林，對德國分裂又統一的故事很是著迷。「我很訝異有些東德人說以前的日子還比較容易，因為你會按照技能分派到工作，他們有些人費了一番工夫重新適應。北韓和南韓也會像那個樣子。」除卻她的成功，她說她還是覺得自己很北韓。「聽到南韓人罵北韓，或者說領導人壞話的時候，我內心深處還是一陣刺痛。那甚至是無意識的，就是我這個人的一部分。」我是在二月十六日和她說上話的，我問她知不知道那天是什麼日子。她在電話那頭猶豫了一下，接著哈哈大笑起來。「喔，我的老天，我的老天！」她用英文重複說著。那天是金正日的生日，北韓行事曆上一年當中最重要的一天。「我不敢相信我忘得一乾二淨。」

美蘭去年搬到江南，這地方是首爾一個繁榮熱鬧的新興區域，因為朴載相的〈江南Style〉而聲名大噪。她生了另一個寶寶，這次是個女兒，再加上本來的兒子，組成一個圓滿的家庭。她和她的孩子常常拜訪她先生在加拿大的親戚，好讓孩子可以學英文。今年稍早，我們共進晚餐時，我很興奮我們至少可以用一點我的語言溝通。比起這本書裡的其他人，美蘭最沒有脫離她對北韓的自我認同。每個月有幾次，她會開車到首爾北邊的一間新生活適應中心，指導初來乍到的北韓人怎麼找工作、買公寓、融入社會。「我猜我是其中一個成功的故事。他們聽我談話，而我的話讓他們在適應過程中受到鼓勵。」美蘭說。

俊相在首爾過著平凡而平靜的生活。他迴避輔導北韓人的教會和互助團體。他不公開談論北韓，以免殃及他的家人。他經營一門小生意。繼一開始對穿牛仔褲和留長髮的熱情之後，現在他愛的是專業男性意氣風發的形象——麻料西裝外套、歐洲風格的墨鏡、讓南韓男人成為亞洲最潮型男的髮型。兩年前，他和一個受過良好教育的專業女性結婚了，對方也來自北韓。他們在首爾住的是同一個社區，一位鄰居幫他倆居中牽線。初次約會時，俊相發現他之前曾在圖書館看到她在念書，他很喜歡她就像他一樣好學這一點。我參加了這場婚禮，地點是在首爾南部一棟玻璃帷幕辦公大樓裡的婚宴廳。賓客稀稀落落，因為他和他太太在南韓都沒有家人，朋友也不多。

在這本書裡的所有人當中，最令我訝異的是金赫。他回學校繼續學業，讀完高中和大學，又從南韓政府附設的統一研究院獲得碩士學位。上次交談時，金赫說他在攻讀研究北韓局勢的博士學位。他說他未婚，因為現階段的人生太忙了。在休閒娛樂的方面，他踢足球、上健身房、滑雪。金赫是這本書裡最公開的一位人士。他的人生被拍成一部動畫短片。他在聯合國人權委員會面前為北韓的人權狀況做見證。

在北韓沒有倖存的家人使得他比較大膽。隨著時間過去，我發現我在南韓認識的脫北者變得愈來愈戒慎惶恐。他們擔心脫北者的圈子裡會有試圖舉報他們的間諜。他們害怕談論人權或接受記者訪問會招來報復。你可以離開北韓，但永遠也沒辦法完全脫離那份恐懼。

——芭芭拉·德米克

二〇一五年三月

致謝

我最感謝的是在本書出現的六名北韓人。他們慷慨地撥出時間，忍受各種窺探性的問題，重新回想痛苦的記憶。他們這麼做，只是為了幫助我與我的讀者了解他們的世界。我要感謝他們的家人提供的各項幫助。我特別要感謝Jinna Park對語言的熱愛與耐心，本書絕大多數的訪談內容都是出自她的翻譯。已故的Jae Nam醫生讓我首次有機會與來自清津的北韓人接觸。K是一名極有勇氣的女性，少了她的協助我不可能了解這麼多有關北韓的事。K放棄了在美國舒適的退休生活，儘管年事已高，仍不辭勞苦與丈夫一同為北韓的難民奔走。她與許多人一樣，值得在這裡提出來加以誌謝。

除了本書出現的人物之外，還有許多北韓流亡者協助填補了北韓的空白：《東亞日報》的Joo Sung-ha，日後他將寫下自己的作品；Kim Do-seon；Kim Yong-il；Cho Myong-chol；Kim Hye-young；與Kim Tae-jin。

我參考許多非政府組織的北韓議題作品。總部設在首爾的「好朋友」刊行了以北韓為主題的優秀新聞通訊。「解救北韓人民組織」的李英和給予我許多指導，讓我看了許多照片與錄影帶，使我對清津做出較豐富的描述。其他出色的資料來源包括Tim Peters、Michael Horowitz、Suzanne

Scholte、Daily NK的Han Ki-hong、Sunny Han、Kim Young-shik牧師、Chun Ki-won、人權觀察，以及北韓人權公民聯盟。Do Hee-yun對南韓戰俘與被綁架者所做的研究協助我掌握玉熙父親的故事。

我要感謝人道援助團體的工作人員：Swiss Agency for Development and Cooperation的Katharina Zellweger；美國農學家Pil-ju Kim Joo；聯合國世界糧食計畫署的Jean-Pierre de Margerie、Gerald Bourke與Tony Banbury。

一些北韓專家非常慷慨地提供協助：Michael Breen與Scott Snyder，以及Stephan Haggard、Marcus Noland、Nicholas Eberstadt、Bob Carlin與Leonid Petrov、Brian Myers、Daniel Pinkston、Donald Gregg、David Hawk與Brent Choi。學者Andrei Lankov對我的幫助很大，本書經常引用他的作品。同業Donald Macintyre與Anna Fifield跟我一樣對北韓極為投入，他們不吝分享他們的想法與靈感。Charles Sherman持續鼓勵這項計畫，首爾的其他朋友與同事也從旁給予助力，包括Jennifer Nicholson、Jennifer Veale、Scott Diaz、Sue-Lynn Koo、Patricio Gonzalez、Pascal Biannac-Leger、Lachlan Strahan與Lily Petkovska。其他作者的韓國作品也對本書很有幫助，Moon Il-hwan、Tim Savage、Paul Eckert、Jasper Becker、Choe Sang-hun、Kim Jung-eun、Donald Kirk，以及Bradley Martin，他的作品Under the Loving Care of the Fatherly Leader本書經常引用。Chi Jung-nam與Lim Bo-yeon協助我訪談北韓人。

我要感謝提供照片給本書的人士：Eckart Dege，他是一名地理學家，曾於二〇〇八年秋天到清津與鏡城郡旅行；攝影家Jean Chung與Eric Lafforgue；與新聞工作者Anna Fifield與Jonathan Watts。Asia Press的Jiro Ishimaru協助我追蹤北韓人冒險拍攝的清津照片。

本書使用的其他研究作品來自Lina Park Yoon、Park Ju-min、Hisako Ueno與Rie Sasaki。Howard Yoon對於本書的提案幫助很大。

我的朋友Julie Tale與Tirza Biron充當我的寫作指導，協助我將報導文學的風格轉變成適合書籍閱讀的風格。沒有Jim Dwyer的話，我不知道我如何能讓這本書出版。Margaret Scott與Terri Jentz在書籍提案與寫作過程中提供我許多建議。其他對本書做出珍貴貢獻的人包括Gady Epstein、Molly Fowler、Ed Gargan、Eden Soriano Gonzaga、Lee Hockstader、Aliza Marcus、Ruth Marcus、Nomi Morris、Evan Osnos、Catherine Peterson、Flore de Preneuf、David Schmerler與Isabel Schmerler、Lena Sun、Jane Von Bergen、Nicholas Von Hoffman、Eric Weiner、Laura Wides-Munoz，與Tracy Wilkinson。儘管過了許多年，我仍感謝我的大學寫作老師，已故的John Hersey，他教導非文學寫作學生從其他作者的作品中尋求結構與模式。當我將本書六名主人翁的故事交織在一起時，他的作品Hiroshima成了我靈感的來源。

我非常幸運能找到Flip Brophy擔任我的經紀人，他從嚴重的流行性感冒中康復後，於二〇〇六年耶誕節開始肩負這項計畫，他的支持已遠超過他的職責範圍。我的出版商Julie Grau與Celina Spiegel從動筆之初就充分了解這本書的精神。Laura Van der Veer將所有事務處理得井井有條。

我要感謝《洛杉磯時報》的Simon Li，最早是他派我去採訪韓國，以及幾位編輯Dean Baquet、John Carroll、Marc Duvoisin、Doug Frantz、Marjorie Miller與Bruce Wallace，他們鼓勵我從事這項調查報導工作，使我對於自己能在《洛杉磯時報》工作感到自豪。Julie Makinen對於一系列報導清津的文章所做的專業編輯，構成了本書的雛型。Mark Magnier、John Glionna、Valerie Reitman、

Ching-ching Ni、Don Lee與David Pierson，這幾位《洛杉磯時報》同事給予我許多幫助。

二〇〇六年到二〇〇七年，我在普林斯頓大學人文委員會擔任Ferris研究員，Carol Rigolot給我一個地方，讓我在Henry House裡寫作。其他研究員，Lisa Cohen、Martha Mendoza、T. R. Reid與Rose Tang給予我珍貴的建議，我還要感謝學院裡的其他朋友Gary Bass、Maryanne Case、Gabe Hudson與Jeff Nunakawa。

最後，我特別要感謝我的母親Gladys Demick，當我告訴她我要帶著她唯一的孫子去韓國時，她非但沒有抱怨，反而回答說：「多麼難得的機會呀！」她的鼓勵是我事業的基礎。我要感謝我的兒子Nicholas，他大概找不出自己小時候有哪一刻自己所得到的注意勝過北韓，想必他已經問過我數十次這樣的問題：「妳的書寫完沒？」而我終於能回答，我寫完了。

註釋

本書主要以口述歷史的方式呈現。我已經盡最大的努力來證實受訪者是否所言屬實，而這些用來佐證的資料主要來自於其他史料以及我在北韓採訪期間得到的補充資訊。

我在二〇〇一年到二〇〇八年之間曾九次前往北韓，其中有三次是去平壤與鄰近地區；其餘六次則是前往非武裝地區偏北一點的地帶，例如已經開放觀光的金剛山。我為本書與《洛杉磯時報》進行報導時，訪談了近一百名脫北者，現在他們絕大多數定居於南韓或中國；其中約有半數來自於清津。我也看過在清津祕密拍攝長度約數小時的錄影內容，其中有一部分是由勇敢的北韓人安明哲與李俊將攝影機放在袋子裡偷偷拍攝的。我要感謝總部設在大阪的解救北韓人民組織，謝謝他們允許我觀看這些影帶。我還要感謝Asia Press授權讓我使用這些靜物照片。此外，二〇〇八年德國地理學家Eckart Dege在清津與鏡城拍攝了一系列完美的照片，這些影像幫助我證實了受訪者的描述，也讓當地的地貌與風景活生生地展現在我面前。

第一章：在黑暗中手牽著手

「大辱罵者」是研究北韓的學者Aidan Foster-Carter所創。"Great Vituperator: North Korea's Insult Lexicon," *Asia Times*, May 26, 2001.

金正日對電影的看法充分展現在他的作品《論電影藝術》(Pyongyang: Foreign Language Publishing House, 1973)。他對電影的熱愛也表現在一九七八年的極端行為上，他下令綁架他喜愛的南韓女星崔銀姬與她的前夫申相玉。在遭綁架前崔申兩人已經離婚，但在金正日的「建議」下，他們於北韓再婚。他們為北韓拍片，直到一九八六年他們在維也納尋求庇護為止。崔申兩人於一九八七年合寫了一本回憶錄，是極少數有關金正日的第一手資料。

更多北韓電影的研究，可以參閱Andrei Lankov, "The Reel Thing," in *North of the DMZ: Essays on Daily Life in North Korea* (Jefferson, N.C.: McFarland, 2007)。Lankov引用一九八七年平壤電台的一份報告指出，北韓人每年平均上電影院的次數是二十一次。南韓社會學家調查脫北者之後發現，他們過去在北韓每年平均上電影院的次數是十五到十八次。根據Lankov的研究，南韓人每年平均上電影院的次數是二點三次。

我也曾在二〇〇八年為《洛杉磯時報》寫了一篇有關北韓電影的報導，當時我參加了平壤電影節。"No Stars, No Swag, but What a Crowd!" *Los Angeles Times*, October 11, 2008.

第二章：帶有污點的血統

太佑的童年的記述，來自於我在二〇〇八年二月二十八日所做的訪談，受訪者是他的兩名童年玩伴，他們現在仍住在南韓瑞山。

南韓在韓戰之前的農村生活背景，我取材了Cornelius Osgood, *The Koreans and Their Culture*

(New York: Ronald Press, 1951).

Dean Rusk在他的回憶錄*As I Saw It* (New York: W. W. Norton, 1990)提到決定韓國命運的這場南北分裂。

南韓人自己如何看待韓戰，一份很有用的資料是Bong Lee, *The Unfinished War: Korea* (New York: Algora Publishing, 2003).

太佑被俘地點的羅馬拼音經常以Kumhwa或Kimhwa兩種拼法交替使用（不過中文譯名都是金化）。這個地區的地形描述，我取材自前駐韓美軍指揮官Matthew B. Ridgeway的回憶錄*The Korean War* (New York: Doubleday, 1967)。

一名在二〇〇〇年從北韓逃出的戰俘許宰錫（音譯），他寫的回憶錄是一份極珍貴的史料。與美蘭的父親一樣，許宰錫於一九五三年在金化這個地方被中國軍隊俘虜，時間只比美蘭的父親早一個星期，他後來也被分發到礦坑工作：Huh Jae-Suk, *Nae Ireumeun Ttonggannasaekki-yeotta* [My Name Was Dirt] (Seoul: Won Books, 2008).

南韓戰俘的資訊與統計數據來自美國眾議院國際關係委員會亞太事務小組委員會於二〇〇六年四月二十七日公布的〈最新人權與國際綁架問題〉（"Human Rights Update and International Abduction Issues"）。該小組委員會聽取了被北韓虜為戰俘的南韓人的廣泛證言。

有許多關於戰俘問題的新報導，其中特別有幫助的是"Hardly Known, Not Yet Forgotten, South Korean POWs Tell Their Story," Radio Free Asia, January 25, 2007.

其他介紹韓戰與兩韓分裂的作品：

Blair, Clay, *The Forgotten War: America in Korea, 1950-1953* (Annapolis: Naval Institute Press, 1987).

Hastings, Max, *The Korean War* (New York: Simon & Schuster),1987.

Oberdorfer, Donald, *The Two Koreas: A Contemporary History* (Basic Books, 1997).

Stueck, William, *The Korean War: An International History* (Princeton, N.J.: Princeton University Press, 1995).

北韓「敵對階級」所涵蓋的類別，取材自南韓政府資助的智庫，韓國國家統一研究所於二〇〇五年出版的〈北韓人權白皮書〉頁103-12。這份文件主要根據南韓情報人員從脫北者口中得到的證詞寫成。跟隨前朝鮮勞動黨書記黃長燁（勞動黨員最高階的脫北者）一起逃離北韓的祕書金德弘，於二〇〇六年的訪談中告訴我，這些出身成分的記錄都保存在兩江道的一處巨大的地下倉庫。

以下是幾本有關出身成分制度的出色研究：

Hunter, Helen-Louise, *Kim Il Song's North Korea* (Westport, Conn.: Praeger, 1999)

Oh, Kongdan, and Ralph C. Hassig, *North Korea Through the Looking Glass* (Washington, D.C.: Brookings Institution Press, 2000).

Scalapino, Robert A., and Chong-sik Lee, *Communism in Korea, Part II: The Society* (University of California Press, 1972).

招募年輕女性到金日成與金正日的行館工作，這項職務主要由勞動黨中央第五部的人負責。關於這方面的介紹，可以參閱一部極為詳盡的北韓現代史：Bradley Martin, *Under the Loving Care of the Fatherly Leader: North Korea and the Kim Dynasty* (New York: Thomas Dunne Books, 2004), pp. 198-202.

在日朝鮮人返回北韓的相關統計數據，取材自Yoshiko Nozaki, Hiromitsu Inokuchi, and Kim Tae-young, "Legal Categories, Demographic Change and Japan's Korean Residents in the Long Twentieth Century," *The Asia-Pacific Journal: Japan Focus*, September 10, 2006.

俊相的家庭背景與姜哲煥有著類似之處。姜哲煥曾是北韓勞改營的犯人，他的家人來自日本，與俊相一家一樣懷抱著建設新祖國的大夢。他的回憶錄是最近介紹北韓的作品中最知名的：Kang Chol-hwan and Pierre Rigoulot, *The Aquariums of Pyongyang: Ten Years in the North Korean Gulag* (New York: Basic Books, 2002).

第三章：真正的信仰者

清津是一座充滿官方虛構歷史的城市，北韓政府想把日本的建設成果一筆勾消。我要感謝Andrei

Lankov願意提供我一篇尚未出版的文章“The Colonial North”來介紹這處偏遠地區。於一九九八年逃離北韓的前清津貿易官員金斗善（音譯），他成了南韓對這座城市的非正式資訊來源。金斗善填補了清津一部分的歷史與地理。

我所看過的清津史，以下這一本是最好的。*Choson Hyangto Daebaekkwa* [Encyclopedia of North Korean Geography and Culture] (Seoul: Institute for Peace Affairs, 2003).

清津精確的人口數字難以得知。北韓上一次戶口調查是在一九九三年，據信從那時起人口逐漸減少，原因是饑荒、投奔國外與低出生率。聯合國人口基金會與中央統計局在我寫作之時正在進行相關的人口統計。

金日成崛起的歷史，我取材自Suh, Dae-Sook, *Kim Il-sung: The North Korean Leader* (New York: Columbia University Press, 1988).

以金日成為中心而形成的個人崇拜，史家Charles Armstrong做了理由充足的解釋。他表示：「金正日的個人崇拜結合了儒家家庭主義與史達林主義，結合了日本天皇崇拜與基督教教義的延伸。儒家的家庭主義，尤其是孝道的觀念，或許是這種『個人崇拜』中最特出的韓國要素。」Charles K. Armstrong, *The North Korean Revolution, 1945-1950* (Ithaca: Cornell University press, 2003), pp. 223-25.

根據停戰時期美國空軍所做的轟炸損害評估顯示，清津有百分之六十五在韓戰轟炸中被夷為平地。在韓戰中被俘的美國將領威廉．迪恩將軍（General William Dean）描述他看到的清津不過是「一塊覆蓋著白雪的瓦礫堆」。Conrad C. Crane, *American Airpower Strategy in Korea, 1950-1953*

(Lawrence: University Press of Kansas, 2000), pp. 168-69.

金正日不僅認為自己精通電影、戲劇、歌劇與文學，他還認為自己是新聞工作的專家。參閱*The Great Teacher of Journalists: Kim Jong-il* (Pyongyang: Foreign languages Publishing House, 1973).

北韓人彼此窺探的方式，參閱Lankov's *North of the DMZ*, "Big Brother Is Watiching."

第四章　陷入黑暗之中

關於一九九〇年以前的北韓經濟狀況，Helen-Louise Hunter的*Kim Il-sung's North Korea*記載相當豐富的關於北韓人領取到的薪資與津貼的資料。宋太太告訴我，這些數據跟她的記憶吻合。

歷史學家Bruce Cumings表示：「美國中央情報局幾乎是在很不情願的狀況下承認北韓政權的各項成就：給予一般兒童與特定戰爭孤兒撫卹與照顧；婦女地位的『劇烈變化』；不折不扣的免費住房、免費醫療與預防接種；在最近的饑荒之前，嬰兒死亡率與預期壽命與最先進的國家相比毫不遜色。」Bruce Cumings, *North Korea: Another Country* (New York: New Press, 2003), pp. ii-ix.

Bradley Martin在*Under the Loving Care of the Fatherly Leader*寫道：「外界針對這段時期所做的分析，證實了金的主張。一份研究顯示，一九五三年兩韓停戰時，南北韓的國民生產毛額分別是人均五十五美元與五十六美元。到了一九六〇年，南韓是六十美元，幾乎沒什麼增長，但北韓卻增加到將近原來的四倍，也就是兩百零八美元……某位西方學者在一九六五年的一篇文章，題為〈韓國奇蹟〉，他指的不是南韓，而是北韓的經濟表現。」pp. 104-5.

更多有關北韓經濟的資料，參閱Nicholas Eberstadt, *The North Korean Economy: Between Crisis and Catastrophe* (New Brunswick, N.J.: Transaction Publishers, 2007).

贈送給金日成的禮物公開陳列在平壤北方妙香山的國際友誼展覽館。我於二〇〇五年參觀這座展覽館，據說金日成收到了219,370件禮物，而金正日的禮物也有53,419件。參閱我的同事Mark Magnier寫的一篇文章，刊登於二〇〇五年十一月二十五日《洛杉磯時報》專欄一，"No Gift Is Too Small for Them; At a fortress museum, North Korea shows off every present sent to the Kims, from a limo given by Stalin to plastic tchotchkes."

朝鮮中央通信社關於糧食的說法，由路透社於一九九二年九月二十六日加以報導，"North Korea angrily denies reports of food riots."

第五章　維多利亞式的羅曼史

Andrei Lankov的*North of the DMZ* (Part 8: "Family Matters")提到幾篇論文，裡面討論了北韓的性與約會。

關於韓國傳統，Isabella Bird的作品大量提到當時韓國對女性與家庭生活的態度。Isabella Bird Bishop, *Korea and Her Neighbors: A Narrative of Travel with an Account of the Recent Vicissitudes and Present Position of the Country* (Seoul: Yonsei University Press, 1970), pp.

37, 345.

第六章　上帝的黃昏

有關金日成去世的詳盡記載，參閱Oberdorfer, *The Two Koreas*, pp. 337-45.

關於守喪期的記錄，我看了北韓電視報導的錄影帶，這些錄影帶保存在南韓首爾的統一部圖書館。

我看過的美國新聞報導之中，在這方面敘述最完整的是T. R. Reid的“Tumultuous Funeral for North Korean: Throngs Sob at Kim Il-sung's Last Parade,” *Washington Post*, July 20, 1994.

本章提到的經典作品是Charles Mackay, *Extraordinary Delusions and the Madness of Crowds* (1841; New York: Three Rivers Press, 1980).

第七章　酒瓶當點滴

一九九八年，聯合國機構進行的營養調查發現，七歲以下幼童有百分之六十二因為營養不良而成長遲緩。到了二〇〇四年，這個數字降到了百分之三十七，人道援助是原因之一。

二〇〇四年四月二十二日，龍川郡火車爆炸事件導致多人傷亡，北韓罕見地允許外國援助機構到醫院進行協助。參與這次行動的幾名援助人員提出了他們的觀察。Barbara Demick and Mark Magnier, “Train Victims' Suffering Is Compounded,” *Los Angeles Times*, April 28, 2004.

一九九五年，北韓承認遭遇糧荒：Kevin Sullivan, "North Korea Makes Rare Pleas after Floods Devastate Country," *Washington Post*, September 22, 1995.

本章的統計數據引用自Nicholas Eberstadt的*The North Korean Economy*, p.31. 北韓經濟數據是出了名的不可靠，Eberstadt在書中的"Our Own Style of Statistics"中提到這點。一九九七年，在提交給聯合國的報告中，北韓列出它的人均國民生產毛額是兩百三十九美元。出口數據引用自Eberstadt的"The Persistence of North Korea," *Policy Review*, October/November 2004.

更多有關北韓兒童營養不良與醫療體系的資訊：

Central Bureau of Statistics, Institute of Child Nutrition, in Collaboration with UNICEF and World Food Programme, *DPRK 2004 Nutrition Assessment: Report of Survey Results*.

"Medical Doctors in North Korea." *Chosun Ilbo North Korea Report*, October 30, 2000.

第八章　手風琴與黑板

關於北韓在學校內部進行的宣傳，參閱Andrei Lankov, "The Official Propaganda in the DPRK: Ideas and Methods." (Available at http://north-korea.narod.ru/propaganda_lankov.htm)

有一名脫北者最近出版了一本回憶錄，裡面對北韓的小學有詳盡的描述。Hyok Kang, *This is*

Paradise! My North Korean Childhood (London: Abacus, 2007), pp. 64-65.

本章舉的北韓學校教科書的例子，取材自我在中國圖們市購買的二手書籍。這座邊境城市的商店販賣許多脫北者賣給他們的個人物品。我也在首爾的統一部圖書館中查閱了這類書籍。這些寫有殺日本兵詩句的讀本，於二〇〇七年在日本電視上報導。

韓文在名稱後面加上語尾來表示尊敬或不敬。語尾*nim*是敬語，而*nom*則是極端粗魯。北韓宣傳文件上經常把美國人稱為*miguknom*，基本上就是「美國雜碎」的意思。

美蘭的學校必須自行籌錢成立金正日研究室，這與一九九〇年代北韓中央政府命令各級機關要自籌經費的狀況是相符的。就連海外的外交機構也是一樣，所以才出現一連串令人困窘的事件，如北韓的外交人員被查獲從事毒品走私、偽造貨幣與象牙買賣等違法行為。

平壤流通著數十種介紹金正日生平的作品，每一本都極盡吹捧之能事。比較寫實的介紹，參閱 Michael Breen, *Kim Jong-il: North Korea's Dear Leader* (Singapore: John Wiley & Sons, 2004).

第九章　好人不長命

關於北韓饑荒，有幾部傑出的研究作品提供了有用的資料。

Becker, Jasper, *Hungry Ghosts: Mao's Secret Famine* (1996; New York: Henry Holt, 1998).

Beck是最早提及北韓饑荒的幾位西方記者之一。他在作品的後記以一章的篇幅談論北韓。

Flake, L. Gordon, and Scott Snyder (eds.), *Paved with Good Intentions: The NGO Experience in North Korea* (Westport, Conn.:Praeger, 2003). 這本論文集把焦點放在對北韓的人道干預上。

Haggard, Stephan, and Marcus Noland, *Famine in North Korea: Markets, Aid, and Reform* (New York: Columbia University Press, 2007). 這部權威性的研究作品對北韓饑荒死亡人數所做的統計，是迄今為止最精詳的，估計人數約在六十萬到百萬之間。黃長燁，從北韓脫逃的最高層勞動黨官員，他表示北韓內部估計的死亡人數在一百萬到兩百五十萬之間。

Natsios, Andrew S., *The Great North Koran Famine* (Washington, D.C.: United State Institute of Peace Press, 2001).

Smith, Hazel, *Hungry for Peace: International Security, Humanitarian Assistance, and Social Change in North Korea* (Washington, D.C.: United States Institute of Peace Press, 2005).

Andrew Natsions是饑荒期間非政府組織世界展望會的副會長，他寫道：「死亡人數開始減少後，糧食才運到」，p. 186. Jasper Becker也廣泛討論了援助機構從北韓撤離的情況，Becker, Jasper., *Rogue Regimes: Kim Jong-il and the Looming Threat of North Korea* (New York: Oxford University Press, 2005), pp. 213-217.

宣傳文宣表示金正日吃得很簡單，這完全是鬼扯。在饑荒期間，金正日將國家大筆財富虛擲於鋪張宴席上。金正日喜愛美食的習性，被他的前任壽司師傅公諸於世。這名廚師以假名藤本健二寫了一本回憶錄，書中描述他走訪世界各地為金正日搜羅山珍海味。根據俄國官員康斯坦丁・普里科夫斯基（Konstantin Pulikovsky）的說法，當金正日於二〇〇一年訪問俄羅斯時，大量運來了為領袖訂購的生猛龍蝦與法國紅酒。我曾寫了一篇文章提到金正日的飲食習慣，"Rich Taste in a Poor Country: North Korea's enigmatic leader Kim Jong-il Demands the Finest Food and Drink," *Los Angeles Times*, June 26, 2004.

第十章　需要為發明之母

金正日在一九九六年十二月於金日成大學發表演說，這場演說最先刊載於首爾的《朝鮮月刊》。Natsios大量引用了這篇講稿，*The Great North Korean Famine*, p. 99.

世界糧食計畫署也認為，餅乾方便而營養，可以補充飲食。聯合國為了援助清津，利用當地工廠生產微量營養補充餅，分發給當地學童。

北韓市場不許外國人參觀。二〇〇四年，有北韓人以隱藏攝影機拍攝清津的水南市場。解救北韓人民組織的李華泳（音譯）提供這段影片給我，影片顯示人道援助的物品公然在市場販售。世界糧食計畫署官員表示，這些可能只是重複使用的糧食麻袋。

本章引用的市場價格，有很多取材自總部設在首爾的「好朋友：和平、人權與難民中心」（Good Friends: Center for Peace, Human Rights and Refugees）的作品。這個佛教組織收集了許多北韓內部的資料，定期刊載於《今日北韓》（*North Korea Today*），相關資訊可查閱網站 http://goodfriends.or.kr/eng/。

我寫的有關清津的一系列文章中，煤礦工人也是我關心的主題，"Glimpses of a Hermit Nation," *Los Angeles Times*, July 3, 2005, and "Trading Ideals for Sustenance," *Los Angeles Times*, July 4, 2005.

第十一章　流浪的燕子

Andrei Lankov提到，北韓身分證的功用如同護照，主要用來限制國內遷徙（*North of the DMZ*, pp. 179-80）。

有關吃人肉的描述取材自Jasper Becker's *Hungry Ghosts*, pp. 211-19.

葬禮的描述引自Andrew Natsio's *Great North Korean Famine*, p. 76.

第十二章　人人自危

關於北韓刑法的資訊，取材自Yoon Dae-kyu, "Analysis of Changes in the DPR Criminal Code," Institute for Far Eastern Studies, Kyungnam University, January 31, 2005. 北韓刑法的部分條文譯文，引自Korea Institute for National Unification, *White Paper on Human Rights in North Korea* (Seoul, 2006).

很少有脫北者來自於北韓古拉格，也就是長期政治犯監獄，因此大部分資訊是以衛星情報與傳聞為根據。

最詳細的古拉格生活描述，來自於Kang Chol-hwan的*Aquariums of Pyongyang*。Kang的童年幾乎都在耀德政治犯收容所度過，這是北韓最惡名昭彰的政治犯集中營。

統計數據以及用來表示政治犯監獄的詞彙，這些資料全出自經過審慎研究的人權報告書：David Hawk, *The Hidden Gulag* (Washington, D.C.: U.S. Committee on Human Rights, 2003).

九二七中心是遊民收容所與監獄集中營的混合物。Natsios估計，在一年之內，約有三十七萬八千名到一百九十萬名北韓人入住這種中心。(*The Great North Korean Famine*, pp. 74-75).

前清津居民對於第六軍遭到整肅的時間說法不一。前貿易官員金斗善（音譯）住在羅南軍事基地附近，他在二〇〇四年八月二十六日的訪談中表示，最大規模的軍事調動發生在一九九五年秋天。以下這本北韓軍事權威研究也曾提及第六軍的整肅事件：Joseph S. Bermudez, Jr., *The Armed Forces of North Korea* (London and New York: I. B. Tauris, 2001), p. 202.

學生因裸奔而遭到處決，這項資訊來自於*White Paper on Human Rights in North Korea*, p. 30.

第十三章　井底之蛙

關於北韓人的閱讀習慣與北韓文學，參閱Brian R. Myers, *Han Sorya and North Korean Literature: The Failure of Socialist Realism in the DPRK* (Ithaca, N. Y.: Cornell East Asia Series no. 69, 1994).

這段俄國經濟文章的引文是以俊相的回憶為根據。我無法找出原書。俊相收聽到的南韓廣播節目，絕大多數是為了滲透北韓無線電波而製作的，但俊相當時並不知道。

第十四章　河流

二〇〇〇年六月，金正日與金大中舉行了劃時代的高峰會。會中同意讓分隔南北的家人能夠團聚，並於兩個月後開始實施。直到本書寫作為止，已有一萬六千兩百一十二名兩韓民眾直接面對面接觸，另外有三千七百四十八名民眾透過影像傳輸見到彼此。超過九萬名南韓民眾仍在等待與家人團聚。這裡引用的南韓紅十字會數據出自*Korea Herald*, May 13, 2009。

我所看過最廣泛的脫北者研究，是Stephan Haggard and Marcus Noland, eds., *The North Korean Refugee Crisis: Human Rights and International Response* (Washington, D.C.: U.S. Committee for Human Rights in North Korea, 2006).

第十五章　頓悟

直到一九九八年十月為止，只有九百二十三名北韓人來到南韓。參閱一九九八年十月十一日的聯合新聞報導，引用的數據來自南韓統一部。

這裡引用的東德叛逃者數字取材自Haggard and Noland, *The North Korean Refugee Crisis* (p. 54),

而其原始出處則是Albert O. Hirschman, “Exit, Voice and the Fate of the German Democratic Republic: An Essay in Conceptual History,” *World Politics* 45:2 (1993).

關於ＤＶＤ的資訊，我是在二〇〇五年五月於曼谷訪談一名北韓走私客時得到的。他說，一九九〇年代，人們把錄影帶帶進北韓，但ＤＶＤ的出現讓交易量快速增加，因為光碟片很薄，可以藏在其他貨物下面。

演講稿由朝鮮勞動黨出版社出版（二〇〇五年四月）。我手上的複本是解救北韓人民組織提供的。

第十六章　買來的老婆

北韓女性被賣給中國人的估計數字來自於崔珍伊。崔珍伊是北韓詩人與作家，她叛逃到南韓，而且本人就是被賣到中國的北韓新娘。我也曾在鄰近北韓邊界的中國村落訪問許多北韓婦女。“North Korea’s Brides of Despair,” *Los Angeles Times*, August 18, 2003.

針對這種現象，已有多篇出色的報導。

Mucio, Norma Kang. *An Absence of Choice: The Sexual Exploitation of North Korean Women in China* (London: Anti-Slavery International, 2005).

Denied Status, *Denied Education: Children of North Korean Women in China* (New York:

Human Rights Watch, 2008).

北韓刑法於二〇〇四年修法，稍微降低非法跨越國境的刑度。參閱Haggard and Noland, *The North Korean Refugee Crisis*, p. 18.

農圃拘禁所的一些詳細描述，參閱David Hawk的*The Hidden Gulag*。這份報導也收集了農圃拘禁所與其他監獄營的衛星照片。受到拘禁的人表示，入獄者產下的嬰兒遭到殺害是常見的事，因為他們的父親是中國漢人。玉熙說，她在拘禁所裡並未聽說有殺嬰的事。她認為這種做法可能在她被捕之前就已經停止。

第十七章　多看少說

本章標題來自一篇題為〈如何徹底粉碎敵人陰謀，防止他們散播不正當的生活方式〉的講稿，由朝鮮勞動黨出版社出版。

關於各種從北韓「計畫逃亡」的方式，Blaine Harden在二〇〇七年十一月十八日於《華盛頓郵報》上寫道：

> 低預算的逃亡要經由中國與泰國，然後才到首爾。根據四名掮客的說法，廉價的旅程需要橫渡危險河流，靠雙足艱苦步行，在泰國移民監獄忍受悲慘的幾個星期，這樣只需支付不到兩千美元。頭等艙等級的叛逃，逃亡者可以拿到偽造的中國護照與從北京到首爾的機票，其價格高達

一萬美元以上。然而從開始到結束，整個過程只需要三個星期。

第十八章　應許之地

關於南韓憲法以及南韓憲法如何適用於北韓難民的身分，參閱Haggard and Noland, *The North Korean Refugee Crisis*. 他們在結論（p.75）中寫道：「如果中國的立場是毫無建樹，那麼南韓的立場則可形容為模稜兩可，這樣更是羞恥。」

脫北者在南韓定居的數字，來自於南韓統一部，而且也被引用到前書p.54。南韓接受脫北者的數字在二〇〇八年有顯著增加，這可能是因為首爾此時由較為保守的政府主政的緣故。前兩任政府（金大中與盧武鉉）都極力避免觸怒平壤。

社會學家尹麟鎮最早接受我的訪問是我在撰寫以下這篇報導的時候，"Fleeing to Culture Shock," *Los Angeles Times*, March 2, 2002.

關於統一院再教育計畫，參閱Norimitsu Onishi, "North Korean Defectors Take a Crash Course in Coping," *New York Times*, June 25, 2006.

關於身高，參閱Sunyoung Pak, "The Biological Standard of Living in the Two Koreas," *Economics and Human Biology* 2:3 (2004), pp. 511-18.

我曾針對發育不良寫過長篇報導，"A Small Problem Growing: Chronic Malnutrition Has Stunted a Generation of North Koreans," *Los Angeles Times*, February 12, 2004.

身高差異成為北韓人難以適應南韓生活的重要原因。Don Oberdorfer曾提到一件事，有兩名矮小的北韓士兵，分別是十九歲與二十三歲，意外漂流到南韓水域。他們在軍醫院裡的對話無意間被人聽見，他們說他們永遠不可能娶南韓女人，因為「她們對我們來說太高大了」。遵照他們的要求，這兩名士兵被送回了北韓。（*The Two Koreas*, p. 314.）

兩德經濟數據取材自Werner Smolny and Matthias Kirback, "Wage Differentials Between East and West Germany," University of Ulm and Centre for European Economic Research, Mannheim, March 17, 2004. 如Eberstadt所言，北韓的經濟統計數據極不可信，所以與南韓的比較是從最樂觀的角度來估算。

有關戰後南韓的書籍，最可讀的是Michael Breen's *The Koreans* (New York: Thomas Dunne Books, 1998).

第十九章　祖國的外人

關於基督教活動分子在協助北韓難民脫逃上所扮演的角色：

Macintyre, Donald, "Running out of the Darkness," *Time*, April 24, 2006.

Reitman, Valerie, "Leading His Flock of Refugees to Asylum: A Missionary Helps North Koreans Flee via China and Mongolia,"*Los Angeles Times*, October 27, 2002. 這本書提到在中國二連浩

特的難民，他們跟金赫一樣，也是繞道蒙古前往南韓。

關於北韓宗教的角色，參閱David Hawk, *Thank You, Father Kim Ilsung* (Washington, D.C.: U.S. Commission on International Religious Freedom, 2005).

第二十章　團聚

美蘭的表親遭到逮捕，而且因偽造護照而被判處短期徒刑。當消息傳到南韓，指出許多南韓戰俘及其家人逃離北韓卻遭到南韓駐中國外交人員刁難時，南韓政府的難堪行徑才公諸於世。南韓退伍軍人對此感到憤怒，而南韓國防部也公開表示歉意。對於這些事件，我曾寫了一篇文章：“Fifty Years after Korean War's End, Ex-POW Returns Home,” *Los Angeles Times*, December 25, 2003.

到二〇〇五年為止，有六十二名前南韓戰俘渡過圖們江逃出北韓。一般相信還有數百名戰俘仍居住在北韓。

Sandor Petofi的詩“Szabadság, Szerelem”的翻譯，來自G. F. Cushing from the Corvinius Library of Hungarian History, http://www.hungarian-history.hu/lib/timeless/chapter23.htm.

結語：等待

Eberstat提出理由，說明自己為什麼錯誤地認定北韓即將崩潰，"The Persistence of North Korea," *Policy Review*, October/November 2004.

經濟統計數據來自於首爾的韓國銀行。

目前北韓經濟的狀況，相關資訊來自於以下資料：

Food and Agriculture Organization and World Food Programme (FAO/WFP) Crop and Food Security Assessment Mission to the Democratic People's Republic of Korea, December 8, 2008.

Stephan Haggard, Marcus Noland, and Erik Weeks. "North Korea on the Precipice of Famine," Erik Weeks Peterson Institute for International Economics, May 2008.

關於美國非政府組織，參閱 "Rapid Food Security Assessment. North Pyongan and Chagang Provinces, Democratic People's Republic of Korea." Mercy Corps, World Vision, Global Resource Services, Samaritan's Purse, June 2008.

關於清津市場的緊張：Good Friends: Center for Peace, Human Rights and Refugees, *North Korea Today*, no. 275, May 2009; "City of Chungjin Declares, 'Do Not Sell Any Items Other Than Agricultural Products,'" "Mass Protest Against Control over Commercial Activities at Chungjin," *North Korea Today*, no. 206, April 2008.

另外有關市場活動的資訊，參閱Kyungnam University, Institute for Far Eastern Studies, "New

Restrictions on DPRK Market Trading," *NK Brief*, November 15, 2007. 該研究所引用獲得的勞動黨內部文件來解釋為什麼需要「取締可能淪為反社會主義溫床的市場」。

新版後記

「中國將超市的概念帶給北韓。」—JEAN H. LEE. Associated Press (AP) Sunday, February 26, 2012

我們最幸福
北韓人民的真實生活（新版）

Nothing to Envy:
Ordinary Lives in North Korea

我們最幸福：北韓人民的真實生活／
芭芭拉．德米克(Barbara Demick)著；
黃煜文，祁怡瑋譯.
－三版.－臺北市：麥田出版：
英屬蓋曼群島商家庭傳媒股份有限公司
城邦分公司發行，2023.10
面；　公分
譯自：Nothing to envy: ordinary lives
in North Korea.
ISBN 978-626-310-535-5（平裝）
1.CST: 社會生活　2.CST: 經濟發展
3.CST: 北韓
732.28　　112013336

封面設計　許晉維
印　　刷　漾格科技股份有限公司
初版一刷　2011年06月
二版一刷　2015年06月
三版一刷　2023年10月
三版二刷　2024年02月
定　　價　新台幣450元

I S B N　978-626-310-535-5
E I S B N　9786263105584(EPUB)
Printed in Taiwan.
本書如有缺頁、破損、裝訂錯誤，
請寄回更換

作　　者　芭芭拉．德米克（Barbara Demick）
譯　　者　黃煜文　祁怡瑋
責任編輯　林如峰
國際版權　吳玲緯
行　　銷　闕志勳　吳宇軒　余一霞
業　　務　李振東　陳美燕
副總經理　何維民
編輯總監　劉麗真
發 行 人　凃玉雲

出　　版

麥田出版
台北市中山區104民生東路二段141號5樓
電話：(02) 2500-7696　傳真：(02) 2500-1967
網站：http://www.ryefield.com.tw

發　　行

英屬蓋曼群島商家庭傳媒股份有限公司城邦分公司
地址：10483台北市民生東路二段141號11樓
網址：http://www.cite.com.tw
客服專線：(02) 2500-7718；2500-7719
24小時傳真專線：(02) 2500-1990；2500-1991
服務時間：週一至週五09:30-12:00；13:30-17:00
劃撥帳號：19863813　戶名：書虫股份有限公司
讀者服務信箱：service@readingclub.com.tw

香港發行所

城邦（香港）出版集團有限公司
地址：香港灣仔駱克道193號東超商業中心1樓
電話：+852-2508-6231　傳真：+852-2578-9337
電郵：hkcite@biznetvigator.com

馬新發行所

城邦（馬新）出版集團【Cite(M) Sdn. Bhd. (458372U)】
地址：41, Jalan Radin Anum, Bandar Baru Sri Petaling,
57000 Kuala Lumpur, Malaysia.
電話：+603-9057-8822　傳真：+603-9057-6622
電郵：services@cite.my